KB037199

ACCOUNTING

개정
증보판

# 사례를 통해 보는
# K-IFRS 회계원리

박성욱 · 김선일 공저

SAMIL | 삼일인포마인

차 례

# 차 례

C O N T E N T S

**Part 02** 재무상태표

CONTENTS

# CONTENTS

# 차 례

**Part 03** 현금흐름표 및 재무제표분석

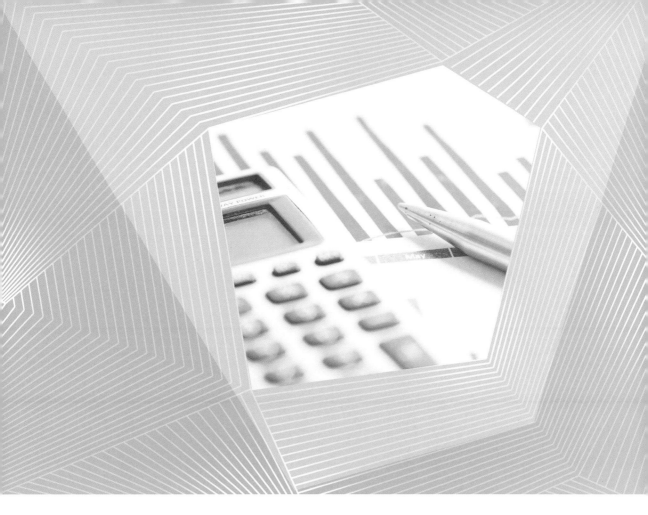

Part 01

# 회계의 기초개념

# chapter
# 01 회계의 의의

## 1. 회계의 정의

회계[1]란 회계정보이용자가 기업에 대한 합리적인 판단이나 경제적 의사결정을 할 수 있도록 기업 실체에 관한 **유용한 경제적 정보를 식별하고 측정하여 전달하는 과정으로 구성된 정보시스템**이라고 할 수 있다.

회계정보이용자는 이러한 회계 정보를 이용함으로써 사회적으로 한정된 자원을 기업에게 효율적으로 배분하여 사회 전체적으로 긍정적인 효과를 일으킨다.

## 2. 회계정보이용자

기업의 회계시스템은 기업에 대한 유용한 경제적 정보를 제공하여 회계정보이용자로 하여금 합리적인 의사결정을 하도록 한다. 경제 환경이 다양해짐에 따라 기업의 회계정보를 이용하는 회계정보이용자 또한 다음과 같이 다양해졌다.

① 경영자 : 경영자는 기업 외부에 회계정보를 제공하는 책임자이면서 회계정보의 이용자이기도 하다. 기업의 경영자는 회계정보를 바탕으로 다양한 의사결정을 하며 그러한 의사결정에 대해 피드백을 받기도 한다.

② 투자자 : 투자자는 기업이 발행한 지분증권(주식), 채무증권(회사채) 및 기타 금융상품에 투자하였거나 투자할 의사를 가진 개인이나 기관을 말한다. 이러한 투자자는 회계정보를 통하여 경영자의 수탁책임을 감시할 수 있고 투자수익을 평가할 수 있다.

③ 채권자 : 채권자는 기업에 자금을 대여한 은행, 증권회사 및 보험회사 등을 말한다. 채권자는 회계정보를 기초로 기업의 부채상환능력을 분석해서 대출여부를 판단하거

---

1) 회계정보이용자들의 경제적 의사결정에 유용한 정보를 제공하는 것을 목표로 하는 회계는 부기와는 다르다. 부기는 장부기입(帳簿記入)의 줄임말로 경제주체(개인, 가계, 기업, 학교, 정부 등)의 경제활동에 따른 재산의 증감·변화를 일정한 원리에 따라 기록, 계산, 정리하는 방법을 말한다. 회계에서의 부기란 복식부기를 의미한다. 또한 경리란 경영관리(經營管理)를 줄인 말로, 기업에서 발생하는 사건을 포착하여 기록하는 것은 물론 기업에서 수행하는 계획·예산편성·원가의 계산과 관리, 자금조달, 업적평가 등을 모두 포함한다.

나 채권의 상환가능성을 분석한다.

④ 종업원 : 종업원은 고용계약에 따라 보수를 받고 근로용역을 제공하는 기업 내부의 구성원이다. 종업원은 자신의 성과와 회사의 재무적 안정성과 수익성을 고려하여 근로조건을 협상한다. 따라서 종업원은 근로조건 협상과 함께 회사의 자금 건전성을 판단하기 위하여 회계정보를 이용한다.

⑤ 정부기관 : 정부기관은 기업의 안정적인 경영을 위한 기업 환경조성을 위해 공공서비스를 제공하고 기업의 이해관계자를 보호하고 기업에 대해서는 이익에 따른 세금을 부과하기도 한다. 국세청은 조세 부과 또는 징수를 위하여 회계정보를 이용하고, 각종 정부기관은 규제와 관리를 위하여 회계정보를 이용한다.

## 3. 회계의 분류★★★

### (1) 재무회계

재무회계는 투자자나 채권자 및 정부와 같은 **외부정보이용자**의 경제적 의사결정에 유용한 회계정보를 제공하는 것을 목적으로 한다. 외부정보이용자는 이러한 회계정보를 이용하여 기업의 재무상태 및 경영성과를 판단하고 자본변동 및 현금흐름 등을 파악할 수 있다.

다만, 다양한 외부정보이용자의 모든 이용목적에 적합한 정보를 제공하는 것은 불가능한 일이다. 따라서 재무회계에서는 일반적으로 인정된 회계원칙에 따라 재무제표를 작성하여 보고한다.

재무제표는 매 보고기간 말에 정기적으로 작성하여야 하며, 과거 기업의 재무상태 및 경영성과와 자본의 변동, 현금흐름을 집계하여 보고한다. 이는 법적강제력이 있다.

### (2) 관리회계

관리회계는 기업 내부이해관계자인 경영자의 관리적 의사결정에 유용한 회계정보를 제공하는 것을 목적으로 한다. 경영자는 이러한 회계정보를 이용하여 다양한 기업에 대한 의사결정을 하고 경영계획을 실행하거나 기업 내부를 통제 또는 관리할 수 있다.

관리회계는 경영자의 빈번하고 다양한 의사결정을 위한 회계이므로 별도의 보고양식이 존재하지 않는다. 이는 별도의 회계기준 및 양식[2]을 따르지 않아도 됨을 의미한다. 또한 경영자의 필요에 의해 작성되기 때문에 필요에 따라 수시로 보고될 수 있으며, 관리회계는

---

2) 다만 실무적으로는 재무회계와 마찬가지로 일반적으로 인정된 회계원칙에 따라 작성된 재무제표를 이용하며 추가적으로 관리자의 니즈에 따른 보고양식을 이용한다.

과거정보는 물론이고 현재 및 미래정보까지도 제공하게 된다.

| | 재무회계 (외부보고) | 관리회계 (내부보고) |
|---|---|---|
| 의의 | 기업의 재무상태, 경영성과, 자본변동, 현금흐름을 표시 | 의사결정을 위한 정보의 제공 경영 계획, 통제를 위한 회계 |
| 목적 | 외부 정보이용자의 경제적 의사결정에 유용한 정보를 제공 (투자 결정, 신용 결정 등) | 경영자의 관리적 의사결정에 유용한 정보의 제공 |
| 보고대상 | 투자자, 채권자, 정부 등 (외부정보이용자) | 경영자(내부정보이용자) |
| 작성근거 | 일반적으로 인정된 회계원칙 | 의사결정에 목적적합한 방법 |
| 보고양식 | 재무제표 | 일정한 양식이 없음 |
| 보고시점 특징 | 보통 1년 단위 (또는 분기, 반기) 과거 정보의 집계와 보고 | 필요에 따라 수시보고 미래와 관련된 정보 위주 |
| 법적강제력 | 있음 | 없음 |

## 4. 일반목적재무보고

### (1) 목적

　기업에 현재 투자하고 있는 투자자뿐만 아니라 잠재적 투자자, 대여자 및 기타 채권자가 기업에 자원을 제공하는 것에 대한 의사결정을 할 때 필요한 유용한 재무정보를 제공하는 것이다.

### (2) 정보이용자

| | |
|---|---|
| 주요 이용자 | • 현재 및 잠재적 투자자, 대여자 및 기타 채권자<br>→ 보고기업에 직접 정보를 제공하도록 요구할 수 없고, 필요로 하는 재무정보 대부분을 일반목적 재무보고서에 의존<br>　(기업이 해당 기업의 모든 정보를 제공하지는 않으며 제공할 수도 없음) |
| 기타 이용자 | • 경영진<br>　(재무정보 내부 획득 가능하여 일반목적 재무보고서에 의존할 필요 없음)<br>• 감독 당국, 종업원 및 고객 등 기타 이용자 |

### (3) 일반목적 재무보고서가 제공하는 정보

① 경제적 자원과 청구권 : 보고기업의 경제적 자원과 청구권의 성격 및 금액에 대한 정
보는 정보이용자가 보고기업의 유동성과 지급능력, 추가적인 자금 조달의 필요성 및
자금 조달의 성공 여부 가능성에 대한 평가를 하는데 도움을 준다.

② 경제적 자원 및 청구권의 변동 : 보고기업의 재무성과 및 채무상품 또는 지분상품의
발행과 같은 사건에서 발생된다. 이를 통해 미래 현금흐름에 대한 예상을 할 수 있다.

③ 발생주의 회계가 반영된 재무성과 : 발생주의 회계는 단순히 현금 수취와 지급을 통
한 정보보다 기업의 과거 및 미래성과를 평가하는데 더 나은 근거를 제공한다.

④ 과거 현금흐름이 반영된 재무성과 : 현금흐름에 대한 정보는 정보이용자가 보고기업
의 영업을 이해하고, 재무활동과 투자활동을 평가하며, 유동성이나 지급능력을 평가
하고, 재무성과에 대한 그 밖의 정보를 해석하는 데 도움이 된다.

⑤ 재무성과에 기인하지 않는 경제적 자원 및 청구권의 변동

## 5. 회계원칙과 외부감사제도

재무제표는 기업의 유용한 경제적 정보를 회계정보이용자에게 제공하는 대표적인 수단
이다. 이러한 재무제표가 정보이용자들의 의사결정에 유용하게 사용되기 위해서는 경영자
가 회계처리를 수행하고 재무제표를 작성함에 있어서 반드시 준수해야 할 **회계원칙**이 마련
되어야 한다. 또한 작성된 재무제표를 독립된 제3자로부터 **회계감사**를 받도록 하여 재무제
표의 신뢰성을 제고시켜야 할 필요성이 있다.

### (1) 일반적으로 인정된 회계원칙

일반적으로 인정된 회계원칙[3](generally accepted accounting principles : GAAP)이란
다수의 권위 있는 전문가의 합의에 의하여 체계화된 회계행위의 지침이다. 이러한 회계행
위의 지침은 영구불변의 진리가 아닌 사회적·경제적 환경에 따라 변화하는 특징이 있다.

---

3) 회계원칙은 경영자가 기업의 일반적인 거래나 경제적 사건이 기업에 미치는 영향을 판단하여 측정 분석하여
보고하는 경우 따라야 할 기본적 수칙이다.

## (2) 국제회계기준

### 1) 국제회계기준의 필요성

① 국가 간 회계의 통일로 번거로운 회계 변환 작업등의 노력과 비용 절감

② 회계정보의 국제적 비교가능성 및 신뢰성 제고

③ 국제적 상호이해가능성을 증진

④ 해외사업 확장 촉진으로 자본시장의 활성화

### 2) 국제회계기준의 특징★★★

| | 한국채택국제회계기준<br>(K-IFRS) | 일반기업회계기준<br>(K-GAAP) |
|---|---|---|
| 회계처리 방식 | **원칙중심**<br>(경제적 실질에 기초하여 합리적으로<br>회계처리 할 수 있도록 기본원칙과<br>방법론 제시) | **규칙중심**<br>(상세하고 구체적인 회계처리 방법을<br>제시) |
| 기본 재무제표 | **연결재무제표**<br>(종속회사가 있는 경우 경제적<br>실질에 따라 지배회사와 종속회사의<br>재무제표를 결합) | 개별재무제표 |
| 공정가치 적용 | **공정가치 회계 확대 적용** | 제한적인 공정가치 회계 적용 |
| 공시 | **공시 항목의 확대** | 필요한 부분만 공시 |
| 기준 제정 | 각국의 협업 | 독자적인 기준 |

## (3) 우리나라 국제회계기준의 도입 및 적용

우리나라[4] 상장기업은 2011년부터 한국채택국제회계기준(K-IFRS)을 의무적으로 적용하게 되어 일반기업회계기준을 적용하는 비상장기업과 이원화되었다. 반면에 외부감사를 받지 않는 소규모 기업은 회계시스템이나 인력이 제대로 갖추어져 있지 않기 때문에 위 두 기준을 적용하기에는 현실적으로 어려움이 있어 별도로 중소기업회계기준을 제정하였다.

---

4) 한국채택국제회계기준(K-IFRS)을 의무적으로 적용해야 하는 기업은 주권상장법인뿐만 아니라 상장예정법인, 비상장 금융회사, 일부 공기업 등이 포함

| | 한국채택국제회계기준<br>(K-IFRS) | 일반기업회계기준<br>(K-GAAP) |
|---|---|---|
| 적용대상 | • 상장법인(코넥스 제외)<br>• 상장예정[5]법인<br>• 금융지주회사[6]<br>• 자발적으로 채택한 비상장법인 | 코넥스 및 비상장법인 |

## (4) 외부감사제도

외부감사제도란 기업의 경영자가 제시한 기업의 재무상태와 경영성과 및 기타 재무정보가 일반적으로 인정된 회계원칙에 따라 작성되었는지를 독립적 전문가가 감사하고 그에 따른 의견을 표명함으로써 재무제표의 신뢰성을 높이고 재무제표의 이용자가 회사에 관하여 올바른 판단을 할 수 있도록 한 제도이다.

---

5) 해당 사업연도 또는 다음 사업연도 중에 주권상장법인이 되려는 회사
6) 금융지주회사, 은행, 금융투자업자(투자매매업자, 투자중개업자, 집합투자업자, 신탁업자, 종합금융회사), 보험회사, 신용카드업자

**01.** 다음은 재무회계와 관리회계를 비교한 것이다. 빈칸에 들어갈 내용으로 가장 올바른 것은?

| 구 분 | 재무회계 | 관리회계 |
|---|---|---|
| 목적 | ( ㄱ )의 경제적 의사결정에 유용한 정보의 제공 | ( ㄴ )의 관리적 의사결정에 유용한 정보의 제공 |
| 보고대상 | 투자자, 주주, 채권자 등 | 내부이용자 |
| 보고양식 | ( ㄷ ) | 일정한 양식 없음 |

| | ㄱ | ㄴ | ㄷ |
|---|---|---|---|
| ① | 외부정보이용자 | 외부이해관계자 | 재무제표 |
| ② | 내부이용자 | 경영자 | 일정한 양식 없음 |
| ③ | 외부정보이용자 | 경영자 | 재무제표 |
| ④ | 내부이용자 | 외부이해관계자 | 일정한 양식 없음 |

**02.** 재무회계와 관리회계에 대한 다음 설명 중 옳지 않은 것은?

① 재무회계는 기업 외부의 정보이용자를 위한 회계인 반면 관리회계는 기업 내부의 정보이용자를 위한 회계이다.

② 재무회계는 재무제표라는 양식으로 보고하지만 관리회계는 일정한 양식이 없다.

③ 재무회계는 일반적으로 인정된 회계원칙에 따라 작성되지만 관리회계는 경제, 경영, 통계 등 다양한 정보를 활용하여 작성된다.

④ 재무회계와 관리회계 모두 법적 강제력을 지닌다.

**03.** 다음은 정보이용자에 따라 기업회계의 특징을 구분하기 위한 표이다. 옳게 설명하고 있는 것을 모두 고르시오.

| 구 분 | 재무회계 | 관리회계 |
|---|---|---|
| (가) 보고대상 | 투자자, 주주, 채권자 등 외부 이해관계자 | 경영자 및 기타 내부이용자 |
| (나) 작성근거 | 일반적으로 인정된 회계원칙 | 경제이론, 경영학, 통계학 등 |
| (다) 보고양식 | 비정형화 | 정형화 |
| (라) 보고시점 | 보통 1년(또는 분기, 반기) | 주기적 또는 수시 |
| (마) 법적 강제력 | 있음 | 있음 |

① (가), (나), (다)　　　　② (가), (나), (라)

③ (가), (나), (다), (라)　　　④ (가), (나), (라), (마)

**04.** 다음 중 재무보고의 목적에 대한 설명으로 타당하지 않은 것은?

① 재무보고의 주된 목적은 투자자 및 채권자가 합리적인 투자의사결정과 신용의사결정을 하는데 유용한 정보를 제공하는 것이다.

② 재무제표의 작성책임은 일차적으로 경영자에게 있다.

③ 경영자의 수탁책임의 이행 등을 평가할 수 있는 정보를 제공할 필요는 없다.

④ 기업의 재무상태, 경영성과, 현금흐름 및 자본변동에 관한 정보를 제공하여야 한다.

**05.** 한국채택국제회계기준(K-IFRS)에 관한 설명으로 옳지 않은 것은?

① 우리나라는 2011년부터 모든 기업에 적용해왔다.

② K-IFRS를 적용하면 자산·부채는 원칙적으로 공정가치로 평가된다.

③ 종속회사가 있는 경우 경제적 실질에 따라 지배회사와 종속회사의 재무제표를 결합한다.

④ 국제회계기준을 적용하기로 함에 따라 회계기준은 상장기업들이 의무적으로 적용해야 하는 한국채택국제회계기준과 이를 의무적으로 적용하지 않는 비상장기업들이 사용할 수 있는 일반기업회계기준으로 이원화되었다.

**06.** 다음 중 국제회계기준의 특징으로 볼 수 없는 것은?

① 국제회계기준은 연결재무제표를 기본 재무제표로 제시하고 있다.

② 통일된 국제회계기준의 채택으로 공시되는 주석 사항이 증대되고 있다.

③ 국제회계기준은 원칙 중심의 회계기준으로 구체적인 회계처리 방법을 제시하고 있다.

④ 국제회계기준은 각국의 협업을 통해 기준을 제정한다.

**07.** 다음 중 국제회계기준의 특징으로 볼 수 없는 것은?

① 국제회계기준은 원칙중심의 회계기준이다.

② 국제회계기준은 연결재무제표가 아닌 개별재무제표 중심이다.

③ 국제회계기준의 가장 큰 특징은 역사적 원가에 기초한 측정에서 공정가치 측정으로 대폭 그 방향을 전환하였다는 점이다.

④ 국제회계기준은 각국의 협업을 통해 기준을 제정한다.

**08.** 다음 중 한국채택국제회계기준(K-IFRS)에 대한 설명으로 타당하지 않은 것은?

① 국제적으로 통용되는 회계기준을 채택함으로써 회계정보의 신뢰성을 향상 시키고, 다른 나라로부터의 자금조달이 용이해지며 차입원가를 절감할 수도 있다.

② 한국채택국제회계기준은 회계처리에 대하여 구체적인 회계처리방법을 제시하기보다는 전문가적 판단을 중시하는 접근법을 따르고 있다.

③ 한국채택국제회계기준의 연결범위에는 '주식회사의 외부감사에 관한 법률'에 의한 외부감사대상인 회사만 포함된다.

④ 한국채택국제회계기준은 국제회계기준위원회에서 공표한 국제회계기준을 기초로 한국회계기준위원회에서 제정하고 금융위원회에 보고 후 공표된 것이다.

**09.** 다음은 K-IFRS의 특징에 대한 설명이다. 빈칸에 가장 알맞은 말을 고르면?

> K-IFRS는 ( ㄱ ) 중심의 회계기준으로서 회사 경영자가 경제적 실질에 기초하여 합리적으로 회계처리할 수 있도록 유도하고 있다. 또한 국제자본시장의 정보이용자들에게 보다 목적 적합한 정보를 제공하기 위해 자산과 부채를 원칙적으로 ( ㄴ )로 측정하여 공시할 것을 요구하고 있다.

| | ㄱ | ㄴ |
|---|---|---|
| ① | 원칙 | 공정가치 |
| ② | 규칙 | 공정가치 |
| ③ | 원칙 | 역사적 원가 |
| ④ | 규칙 | 역사적 원가 |

**10.** 우리나라는 2011년부터 상장사(코넥스 제외)에 대하여 국제회계기준을 전면 도입하였다. 다음 중 이에 따른 효과에 대한 설명으로 가장 올바르지 않은 것은?

① 회계정보의 국제적 비교가능성이 제고되는 반면 재무제표에 대한 신뢰성은 일반적으로 낮아진다.

② 각국의 회계기준이 별도로 운영됨에 따라 발생했던 비용손실이 절감된다.

③ 국제적 합작계약 등에서 상호 이해가능성이 증대된다.

④ 해외사업 확장을 촉진하여 자본시장의 활성화에 기여할 수 있다.

**11.** 다음 중 한국채택국제회계기준을 적용해야 하는 기업으로 가장 올바르지 않은 것은?

① 주권상장기업                    ② 은행
③ 비상장기업                      ④ 자발적 채택 비상장기업

**12.** 다음 중 회계의 기본 목적을 가장 잘 설명한 것은? (전산회계 2급 35회)

① 기업의 재무상태와 경영성과를 파악하고자 한다.
② 기업의 경영성과만 파악하고자 한다.
③ 기업에서 단순히 장부 정리하는 작업이다.
④ 기업에서 발생하는 사건을 포착하여 기록하는 것이다.

**13.** 회계정보에 관한 설명 중 가장 옳은 것은?

① 회계정보가 제공하는 모든 정보는 계량적이고 화폐액으로 표현됨.
② 분기 재무제표는 감사를 받은 보고서가 아니므로, 연차 재무제표에 비해 유용성이 낮다.
③ A기업이 B기업에 비해 부채수준이 낮으므로, 채권자는 A기업에 투자(대여)해야 한다.
④ 일반목적의 재무제표는 정보이용자들의 모든 정보수요를 충족시키지는 않는다.

**14.** 다음 중 회계정보의 사회적 기능에 관한 설명으로 옳지 않은 것은?

① 회계정보를 통해 우량기업과 비우량기업을 구분할 수 있다.
② 회계정보는 무한정 존재하는 자원의 배분의 투자비중을 결정하는데 유용하다.
③ 수요를 많이 창출하고 생산성이 우월하며 수익성이 높은 기업에 많은 자원이 투입되는 것이 바람직하다.
④ 자본주의 경제체재를 떠받치고 있는 중요한 하부구조(infra-structure)라 할 수 있다.

**15.** 다음 중 재무회계와 관리회계에 관한 설명으로 가장 올바르지 않은 것은?

① 관리회계의 주된 목적은 경영자의 관리적 의사결정에 유용한 정보를 제공하는 것이다.
② 관리회계는 일반적으로 인정된 회계원칙에 따라 정해진 양식으로 보고해야 한다.
③ 재무회계는 법적 강제력이 있는 반면 관리회계는 내부보고 목적이므로 법적 강제력이 없다.
④ 재무회계의 주된 목적은 정보이용자의 경제적 의사결정에 유용한 정보를 제공하는 것이다.

| 1 | 2 | 3 | 4 | 5 | 6 | 7 | 8 | 9 | 10 | 11 | 12 | 13 | 14 | 15 |
|---|---|---|---|---|---|---|---|---|----|----|----|----|----|----|
| ③ | ④ | ② | ③ | ① | ③ | ② | ③ | ① | ① | ① | ③ | ④ | ② | ② |

# chapter
# 02 재무보고를 위한 개념체계

일반적으로 인정된 회계원칙을 일관성 있게 제정하기 위해서는 재무회계의 이론적 틀을 정립할 필요가 있다. 개념체계는 회계기준제정기구가 외부이용자를 위한 재무제표의 작성과 표시에 있어 기초가 되는 개념을 정립한 것이다. 본 개념체계는 한국채택국제회계기준이 아니므로 **어떤 경우에도 특정 한국채택국제회계기준에 우선하지 않는다.** 따라서 본 개념체계와 한국채택국제회계기준이 상충이 되는 경우에는 한국채택국제회계기준이 우선한다. 개념체계의 목적은 이용자별로 다음과 같다.

① 회계기준 제정기구
  - 한국회계기준위원회 : 새로운 한국채택국제회계기준을 제정하거나 기존의 한국채택국제회계기준의 개정을 검토할 때에 도움을 제공
  - 한국채택국제회계기준에서 허용하고 있는 대체적인 회계처리방법의 수를 축소하기 위한 근거를 제공하여 한국회계기준위원회가 재무제표의 표시와 관련되는 법규, 회계기준 및 절차를 조화시킬 수 있도록 도움을 제공
② 재무제표 작성자 : 한국채택국제회계기준을 적용하거나 한국채택국제회계기준의 미비한 거래에 대해 회계처리를 하는 데 도움을 제공
③ 재무제표 감사인 : 재무제표가 한국채택국제회계기준을 따르고 있는지에 대한 감사의견을 형성하는 데 도움을 제공
④ 재무제표 이용자 : 한국채택국제회계기준에 따라 작성된 재무제표에 포함된 정보를 해석하는 데 도움을 제공
⑤ 기타 이해관계자 : 한국채택국제회계기준을 제정하는 데 사용한 접근방법에 대한 정보를 제공

## Ⅰ 재무보고의 목적

재무보고의 목적은 현재 및 잠재적 투자자와 대여자 및 기타 채권자가 기업에 자원을 제

공하는 것에 대한 **의사결정을 하는 데 유용한 정보를 제공**하는 것이다. 유용한 정보가 되려면 투자나 신용제공에 따른 미래의 현금흐름에 관한 정보를 제공해야 하고, 이를 위해서는 기업의 재무상태, 경영성과, 현금흐름 및 자본변동에 관한 정보를 제공해야 하며, 이러한 재무적 정보는 경영자의 수탁책임을 평가하는 측면에서도 활용될 수 있다. 즉, 재무제표를 작성하여 정보이용자에게 제공함으로써 재무보고의 목적을 달성하게 되는 것이다.

## ⒤ 유용한 재무정보의 질적 특성 ★★★

질적 특성이란 재무제표를 통해 제공되는 정보가 정보이용자에게 유용하기 위해 갖추어야 할 속성을 말한다. 이러한 재무정보가 의사결정에 유용하기 위해서는 목적 적합성과 충실한 표현의 두 가지 근본적인 질적 특성과 목적 적합하고 충실하게 표현된 정보의 유용성을 보강시키는 비교가능성, 검증가능성, 적시성 그리고 이해가능성의 보강적 질적 특성이 있다.

| 유용한 재무정보의 질적 특성 | | 내용 |
|---|---|---|
| 근본적 질적 특성 | 목적적합성 | 예측가치와 확인가치 (의사결정에 차이를 발생) 중요성 (정보의 누락이 이용자의 의사결정에 영향) |
| | 충실한 표현 | 서술이 완전하고 중립적이며 오류가 없어야 함 |
| 보강적 질적 특성 | 비교가능성 | 회계 정보의 항목 간 유사점, 차이점 식별 및 이해 |
| | 검증가능성 | 경제적 현상을 충실히 표현하는지에 대한 검증에 도움을 줌 |
| | 적시성 | 정보이용자가 회계 정보를 제때에 이용 |
| | 이해가능성 | 정보이용자가 쉽게 이해할 수 있어야 함 |

## 1. 근본적 질적 특성

## (1) 목적적합성

목적적합성이란 정보이용자의 <u>의사결정에 차이</u>가 나도록 하는 재무정보의 질적 특성을 말한다. 재무정보에 예측가치, 확인가치 또는 이 두 가지 모두가 있다면 그 재무정보는 의사결정에 차이가 나도록 할 수 있다.

### 1) 예측가치

정보이용자가 기업 실체의 미래 재무상태, 경영성과 등을 예측하는데 그 정보가 활용될 수 있는 재무정보는 예측가치를 갖는다. 재무정보가 예측가치를 가지기 위해 그 자체가 예측치 또는 예상치일 필요는 없다.

### 2) 확인가치

재무정보가 과거 평가에 대한 피드백을 제공, 즉 확인하거나 변경시킨다면 확인가치를 갖는다. 재무정보의 예측가치와 확인가치는 상호 연관되어 있다.

### 3) 중요성

특정 정보가 생략되거나 잘못 표시된 재무제표가 정보이용자의 의사결정에 영향을 미칠 수 있는 경우 이를 중요한 정보라 하며, 중요성은 단순히 금액의 크기로만 결정되지 않으며 금액이 적더라도 해당 항목의 상대적인 성격이 중요할 경우에는 중요성을 갖는다.

## (2) 충실한 표현

재무정보가 유용하기 위해서는 목적적합성뿐만 아니라 나타내고자 하는 현상을 충실하게 표현해야 한다. 충실한 표현을 위해서는 서술이 완전하고, 중립적이며, 오류가 없어야 한다.

## 2. 보강적 질적 특성

## (1) 비교가능성

비교가능성은 정보이용자가 항목 간의 유사점과 차이점을 식별하고 이해할 수 있게 하는 질적특성이다. 보고기업에 대한 정보는 다른 기업에 대한 유사한 정보(기업별 비교가능성) 및 해당 기업에 대한 다른 기간이나 다른 일자의 유사한 정보(기간별 비교가능성)와 비교할 수 있다면 더욱 유용하다. 다른 질적 특성과 달리 비교가능성은 단 하나의 항목에 관련된 것이 아니며, 비교하려면 최소한 두 항목이 필요하다.

일관성은 비교가능성과 관련되어 있지만 이와 동일하지는 않다. 비교가능성은 목표이고 일관성은 그 목표를 달성하는 데 도움을 준다.

## (2) 검증가능성

다양한 정보이용자가 동일한 거래를 동일한 방법으로 독립적으로 측정했을 때 유사한 결과가 나와야 한다. 검증가능성은 정보가 나타내고자 하는 경제적 현상을 충실히 표현하는

지를 정보이용자가 검증하는 데 도움을 준다. 측정치의 검증가능성이 높을수록 나타내는 바를 충실히 표현한다고 믿을 수 있다.

## (3) 적시성

적시성은 의사결정에 영향을 미칠 수 있도록 의사결정자가 정보를 제때에 이용가능하게 하는 것을 의미한다. 적시에 제공되지 못한 정보는 의사결정에 도움을 주지 못하기 때문에 그 정보는 목적적합성을 상실할 수 있다.

## (4) 이해가능성

이해가능성은 이용자가 정보를 쉽게 이해할 수 있어야 한다는 것으로, 정보를 명확하고 간결하게 분류하고, 특징을 묘사하며, 표시하면 이해가능하게 된다.

## Ⅲ 개념체계의 기본가정

### 1. 계속기업

재무제표는 일반적으로 기업이 계속기업이며 예상 가능한 기간 동안 영업을 계속할 것이라는 가정 하에 작성된다. 따라서 기업은 그 경영 활동을 청산하거나 중요하게 축소할 의도나 필요성을 갖고 있지 않다는 가정을 적용한다. 그러나 계속기업의 가정이 더 이상 타당하지 않다면 재무제표는 계속기업을 가정한 기준과는 다른 기준을 적용하여 작성하는 것이 필요하며, 이때 적용한 기준은 별도로 공시하여야 한다.

## Ⅳ 재무제표의 기본요소

재무제표는 거래나 그 밖의 사건의 재무적 영향을 경제적 특성에 따라 대분류하여 나타내는데, 이러한 대분류를 재무제표의 요소라고 한다. 재무상태표에서의 요소는 자산, 부채 및 자본이며, 포괄손익계산서의 요소는 수익과 비용이다. 자본변동표나 현금흐름표는 일반적으로 재무상태표 요소의 변동과 포괄손익계산서 요소를 반영하므로 별도의 요소를 식별하지 않는다.

## 1. 재무상태표의 기본요소

### (1) 자산

과거 사건의 결과로 기업이 통제하고 있고, 미래경제적 효익이 기업에 유입될 것으로 기대되는 자원으로 정의한다. 자산에 내재 된 미래경제적 효익이란 직접 또는 간접적으로 미래 현금 및 현금성자산이 기업에 유입되도록 기여하게 될 잠재력을 말한다.

### (2) 부채

과거 사건에 의하여 발생하였으며, 경제적 효익을 갖는 자원이 기업으로부터 유출됨으로써 이행될 것으로 기대되는 현재 의무이다.

### (3) 자본

자본은 기업의 자산에서 모든 부채를 차감한 잔여지분으로서, 순자산 또는 기업실체의 자산에 대한 소유주의 잔여청구권을 의미한다.

## 2. 손익계산서의 기본요소

### (1) 수익

수익은 자산의 유입이나 증가 또는 부채의 감소에 따라 자본의 증가를 초래하는 특정 회계기간 동안에 발생한 경제적 효익의 증가로서, 지분참여자에 의한 출연과 관련된 것은 제외한다.

### (2) 비용

비용은 자산의 유출이나 소멸 또는 부채의 증가에 따라 자본의 감소를 초래하는 특정 회계기간 동안에 발생한 경제적 효익의 감소로서, 지분참여자에 대한 분배와 관련된 것은 제외한다.

## 3. 현금흐름표의 기본요소

### (1) 영업활동 현금흐름

사업활동의 지속, 차입금의 상환, 배당금지급 등에 필요한 현금을 외부로부터 조달하지 않고 제품의 생산과 판매활동, 상품과 용역의 구매와 판매활동 및 관리활동 등 자체적인 영업활동으로부터 얼마나 창출하였는지에 대한 정보를 제공한다.

### (2) 투자활동 현금흐름

미래이익과 미래영업현금흐름을 창출할 자원의 확보와 처분에 관련된 현금흐름에 대한 정보를 제공한다.

### (3) 재무활동 현금흐름

주주, 채권자 등이 미래현금흐름에 대한 청구권을 예측하는 데 유용한 정보를 제공하며, 영업활동 및 투자활동의 결과 창출된 잉여현금흐름이 어떻게 배분되는지를 나타내어 준다.

## 4. 자본변동표의 기본요소

### (1) 소유주의 투자

기업실체에 대한 소유주로서의 권리를 취득 또는 증가시키기 위해 기업실체에 경제적 가치가 있는 유·무형의 자원을 이전하는 것을 말한다. 소유주의 투자가 있게 되면 기업실체의 순자산은 증가한다.

### (2) 소유주에 대한 분배

기업실체가 소유주에게 자산을 이전하거나 용역을 제공하거나 또는 부채를 부담하는 것을 의미한다. 현금배당, 자기주식의 취득, 감자 등이 이에 속하며, 소유주에 대한 분배가 있게 되면 기업실체의 순자산은 감소한다.

## Ⓥ 재무제표 요소의 인식

인식이란 재무제표 요소의 정의에 부합하고 인식기준을 충족하는 항목을 재무상태표나 포괄손익계산서에 반영하는 과정을 말한다. 재무제표 요소의 정의에 부합하는 항목이 다음

기준을 모두 충족한다면 재무제표에 인식되어야 한다.

> ① 그 항목과 관련된 미래경제적 효익이 기업에 유입되거나 기업으로부터 유출될 **가능성이 높다.**
> ② 그 항목의 원가 또는 가치를 **신뢰성 있게 측정할 수 있다.**

## Ⅵ 재무제표 요소의 측정

측정이란 재무상태표와 포괄손익계산서에 인식되고 평가되어야 할 재무제표 요소의 화폐금액을 결정하는 과정이다.

| 종류 | 자산의 측정 | 부채의 측정 |
|---|---|---|
| 역사적 원가 | 자산을 취득하였을 때 그 대가로 지급한 현금 또는 현금성자산이나 그 밖의 대가의 공정가치로 기록 | 그 부채를 부담하는 대가로 수취한 금액으로 기록 |
| 현행원가 | 동일하거나 동등한 자산을 현재시점에서 취득할 경우 그 대가로 지불해야 할 현금이나 현금성자산의 금액으로 평가 | 현재시점에서 그 의무를 이행하는데 필요한 현금이나 현금성자산의 할인하지 않은 금액으로 평가 |
| 실현가능가치 이행가치 | 정상적으로 처분하는 경우 수취할 것으로 예상되는 현금이나 현금성자산의 금액으로 평가(실현가능가치) | 정상적인 영업과정에서 부채를 상환하기 위해 지급될 것으로 예상되는 현금이나 현금성자산의 할인하지 않은 금액으로 평가(이행가치) |
| 현재가치 | 정상적인 영업과정에서 그 자산이 창출할 것으로 기대되는 미래 순현금유입액의 현재할인가치로 평가 | 정상적인 영업과정에서 그 부채를 상환할 때 필요로 할 것으로 예상되는 미래 순현금유출액의 현재할인가치로 평가 |

**01.** 감가상각, 유동성배열, 자산평가 등의 회계처리와 가장 관련성이 많은 회계의 기본가정은?

① 계속기업의 가정　　　　　② 발생기준
③ 기업실체의 가정　　　　　④ 현금주의 회계

**02.** 다음 중 정보이용자의 재무제표의 활용에 대한 설명으로 가장 옳은 것은?

① 특정 시점의 재무상태는 과거 사건에 대한 기록이므로 이를 통해 미래 현금 창출 능력을 예측하기는 어렵다.
② 재무상태에 관한 정보는 주로 포괄손익계산서에서 확인할 수 있다.
③ 만기가 도래한 차입금에 대한 이행 능력을 예측하기 위해서는 그 기업의 유동성과 관련된 정보를 파악해 보면 된다.
④ 재무보고서는 현재 투자자, 잠재적 투자자, 대여자 및 기타 채권자의 의사결정을 위해 필요한 모든 정보를 제공하여야 한다.

**03.** 재무보고를 위한 개념체계에 관한 설명으로 옳지 않은 것은?

① 한국채택국제회계기준과 개념체계가 상충되는 경우 한국채택국제회계기준이 개념체계보다 우선한다.
② 근본적 질적 특성은 목적적합성과 표현의 충실성이다.
③ 기업이 그 경영활동을 중단할 의도가 있더라도 재무제표는 계속기업을 가정한 기준을 적용하여 작성해야 한다.
④ 재무제표가 완벽하고 충실한 표현을 하기 위해서는 서술이 완전하고, 중립적이며, 오류가 없어야 한다.

**04.** 다음 중 재무회계개념체계에서 규정하고 있는 내용과 다른 것은 어느 것인가?

① 경영자는 기업실체 외부의 이해관계자에게 재무제표를 작성하고 보고할 일차적인 책임을 진다.
② 회계정보의 질적 특성이란 회계정보가 유용하기 위해 갖추어야 할 주요 속성을 말하며, 회계정보 유용성의 판단기준이 된다.
③ 개념체계는 한국회계기준위원회가 새로운 한국채택국제회계기준을 제정하거나 기존의 한국채택국제회계기준의 개정을 검토할 때에 도움을 제공한다.

④ 회계기준 제정기구가 회계기준을 제정 또는 개정할 때에는 회계정보의 제공 및 이용에 소요될 비용이 그 효익보다 클수록 좋다.

**05.** 정보이용자가 과거, 현재 또는 미래의 사건을 평가하거나 과거의 평가를 확인 또는 수정하도록 도와줄 수 있는 정보의 질적 특성은 다음 중 어느 것인가?

① 목적적합성        ② 비교가능성
③ 검증성          ④ 충실한 표현

**06.** 대부분의 질적 특성은 단 하나의 항목에 관련되어 갖추어야 할 성격을 설명한다. 다른 질적 특성과 달리 단 하나의 항목에 관련된 것이 아닌 성격을 가진 질적 특성으로 맞는 것은?

① 목적적합성        ② 비교가능성
③ 검증성          ④ 충실한 표현

**07.** 다음 중 재무제표의 질적 특성에 대한 설명으로 가장 타당하지 않은 것은?

① 분·반기 보고서를 작성하는 것은 재무정보의 적시성을 중요시하기 때문이다.
② 목적적합성이란 재무정보 이용자로 하여금 의사결정에 차이가 나도록 하는 것이다.
③ 복잡한 계정을 통합하여 공시하면 그 재무보고서의 정보를 더욱 이해하기 쉽게 만들 수 있으나 그 보고서는 불완전하여 잠재적으로 오도할 수 있다.
④ 재무정보는 나타내야 하는 현상을 충실하게 표현하여야 하고, 충실하게 표현하였다고 하는 것은 그 자체만으로 반드시 유용한 정보를 만들어 내는 것이다.

**08.** 다음 중 보강적 질적 특성이 아닌 것은?

① 목적적합성        ② 비교가능성
③ 검증성          ④ 적시성

**09.** 다음 중 재무정보의 근본적 질적 특성인 목적적합성에 대한 설명으로 옳지 않은 것은?

① 재무정보에 예측가치와 확인가치 또는 둘 모두가 있다면 정보이용자로 하여금 의사결정에 차이가 나도록 할 수 있다.
② 예측가치와 확인가치는 서로 분리되지 않고 상호보완적으로 사용된다.
③ 재무정보가 예측가치를 가지기 위해서는 그 자체로 예측치가 될 필요는 없다.
④ 당초에 정보이용자에게 제공된 회계정보가 그 기대치를 확인하거나 수정시킨다면 예측가치를 가진다고 본다.

**10.** 다음 중 중요성에 대한 설명 중 옳지 않은 것은?

① 중요성은 목적적합한 정보를 제공하기 위한 최소한의 판단 요건이다.
② 중요성은 기업의 특유한 측면의 목적적합성으로 미리 정할 수 있다.
③ 중요성은 단순히 금액의 크기로만 결정되지 않는다.
④ 회계기준위원회는 중요성에 대한 획일적인 계량 임계치를 정할 수 없다.

**11.** 다음 중 재무정보의 근본적인 질적 특성인 충실한 표현과 관련된 설명으로 틀린 것은?

① 완벽하게 충실한 표현을 하기 위해서는 서술이 완전하고 중립적이며 오류가 없어야 할 것이다.
② 관측가능하지 않은 가격이나 가치의 추정치는 절차상의 오류가 없더라도 충실한 표현이라고 할 수 없다.
③ 완전한 서술은 필요한 기술과 설명을 포함하여 정보이용자가 서술되는 현상을 이해하는데 필요한 모든 정보를 포함하는 것이다.
④ 중립적 서술은 재무정보의 선택이나 표시에 편의가 없어야 함을 의미한다.

**12.** 다음 중 재무제표의 작성과 표시를 위한 개념체계에 관한 설명으로 가장 올바르지 않은 것은?

① 한국채택국제회계기준 개념체계는 계속기업을 기본 가정으로 하고 있다.
② 회계정보가 유용성을 가지려면 나타내야 하는 현상을 충실하게 표현하여야 한다.
③ 오류가 없다는 것은 보고 정보를 생산하는데 사용되는 절차의 선택과 적용 시 절차상 오류가 없음을 의미하며, 모든 면에서 완벽하게 정확하다는 것을 의미한다.
④ 특정 정보가 정보이용자의 의사결정에 영향을 끼친다면 그 정보는 중요한 것이다.

**13.** 다음 중 재무정보가 이용자에게 유용하기 위해 갖추어야 할 속성 가운데 근본적인 질적 특성에 해당되는 것들로만 짝지어진 것은?

① 중요성, 예측가치와 확인가치, 충실한 표현
② 중요성, 비교가능성, 충실한 표현
③ 적시성, 이해가능성, 충실한 표현
④ 비교가능성, 검증가능성, 적시성, 이해가능성

**14.** 재무상태표의 기본요소에 대한 설명으로 적절하지 않은 것은?

① 자산은 과거의 거래나 사건의 결과로서 현재 기업실체에 의해 지배되고 미래에 경제적 효익을 창출할 것으로 기대되는 자원이다.

② 부채는 과거의 거래나 사건의 결과로서 현재 기업실체가 부담하고 미래에 자원의 유출이 예상되는 의무이다.

③ 재무상태표에 표시되는 자본의 총액은 발행주식의 시가총액과 일치한다.

④ 기업실체의 재무상태에 대한 정보를 제공하는 재무상태표의 기본요소는 자산, 부채 및 자본이다.


**15.** 다음 중 자산의 측정방법에 대한 설명으로 가장 타당한 것은?

① 역사적 원가 : 취득 당시에 대가로 지급한 현금 및 현금성자산 등의 공정가치

② 실현가능가치 : 보유하고 있는 자산과 동일하거나 동등한 자산을 취득하고자 할 경우에 그 대가로 지불할 금액

③ 현행원가 : 자산을 정상적으로 처분할 경우 수취할 것으로 예상되는 금액

④ 현재가치 : 이상적인 최대 조업도를 가정했을 때 그 자산이 창출할 것으로 기대되는 미래 순현금유입액을 합산한 금액


**16.** 다음 사례에서 위배된 '재무제표의 기본가정'을 고르시오.

> 회사는 자본으로 구성되어 있으며 발행한 주식을 소유한 자가 곧 '주인'이다. 즉, 회사는 그 자체로서 존재하는 것이 아니라 주식을 가진 주주들의 집합이다. 따라서 회사가 영위한 사업에서 창출된 이익은 궁극적으로 주주에게 귀속되므로, 주주들이 회사의 재무정보를 공개하지 않기로 합의하였으면 재무정보를 작성하여 제공할 필요가 없다.

① 기업 실체의 가정       ② 기간별 보고의 가정
③ 화폐 평가의 가정       ④ 계속 기업의 가정

**17.** 다음의 상황에서 표명될 감사의견을 고르시오.

A회계법인은 B기업의 감사용역 계약에 따라 기말 재무제표 감사를 수행하였다. 감사 중에 대손충당금 금액과 관련하여 K-IFRS의 기준과 다른 회계처리를 발견하였고, 검토를 위해 자료를 기업에 요청하였다. 기업은 관련 자료를 제공하였고 일부 오류가 발견되어 경영진과의 의사소통 후에 관련 부분을 기준에 맞게 수정하였다.

① 적정의견                  ② 한정의견
③ 부적정의견             ④ 의견거절

**18.** 목적적합성을 높이기 위하여 회계정보가 갖추어야 할 회계정보의 질적 특성에 해당하는 것은?

① 적시성                  ② 이해가능성
③ 검증가능성             ④ 중요성

**19.** 다음 중 재무정보의 근본적 질적 특성인 충실한 표현과 관련된 설명으로 가장 올바르지 않은 것은?

① 충실히 표현된 자산이라도 목적적합성이 충족되지 않을 수 있다.
② 완전한 서술은 필요한 기술과 설명을 포함하여 정보이용자가 서술되는 현상을 이해하는 데 필요한 모든 정보를 포함하는 것이다.
③ 중립적 서술은 재무정보의 선택이나 표시에 편의가 없는 것을 말한다.
④ 충실한 표현 그 자체가 반드시 유용한 정보를 만들어낸다.

| 1 | 2 | 3 | 4 | 5 | 6 | 7 | 8 | 9 | 10 | 11 | 12 | 13 | 14 | 15 | 16 | 17 | 18 | 19 |
|---|---|---|---|---|---|---|---|---|----|----|----|----|----|----|----|----|----|----|
| ① | ③ | ③ | ④ | ① | ② | ④ | ① | ④ | ② | ② | ③ | ① | ③ | ① | ① | ① | ④ | ④ |

## chapter
# 03 재무제표의 작성과 표시

## Ⅰ 재무제표의 의의

기업에 관한 재무정보를 정보이용자에게 전달하기 위해서는 재무제표를 작성하여야 한다. 재무보고의 목적을 달성하기 위하여 한국채택국제회계기준에서는 재무제표의 종류[7]로 재무상태표, 포괄손익계산서, 자본변동표, 현금흐름표를 언급하였고 주석을 포함시켰다.

### 1. 재무제표의 목적

재무제표의 목적은 정보이용자의 경제적 의사결정에 유용한 기업의 재무상태, 재무성과와 재무상태변동에 관한 정보를 제공하는 것이다. 또한 재무제표는 위탁받은 자원에 대한 경영진의 수탁 책임 결과도 보여준다.

### 2. 전체 재무제표

재무회계의 목적인 정보이용자에게 유용한 정보의 전달을 달성하기 위해서는 재무제표를 작성하여야 한다. 한국채택국제회계기준에서는 전체 재무제표를 다음과 같이 정의하고 있다.
 ① 기말 재무상태표
 ② 기간 포괄손익계산서
 ③ 기간 자본변동표
 ④ 기간 현금흐름표
 ⑤ 주석(기본적인 재무제표에 표시하는 정보에 추가하여 제공된 정보)
 ⑥ 회계정책을 소급하여 적용하거나, 재무제표의 항목을 소급하여 재작성 또는 재분류하는 경우 가장 이른 비교 기간의 기초 재무상태표

---

7) 일반기업회계기준에서는 재무상태표, 손익계산서, 현금흐름표, 자본변동표를 기본재무제표로 규정하고 있다.

## 3. 재무제표 작성과 관련된 일반사항

### (1) 공정한 표시와 한국채택국제회계기준의 준수

① 재무제표는 기업의 재무상태, 경영성과 및 현금흐름을 공정하게 표시해야 한다.
② 공정한 표시를 위해서는 '개념체계'에서 정한 자산, 부채, 자본, 수익 및 비용에 대한 정의와 인식요건에 따라 거래, 그 밖의 사건과 상황의 효과를 충실하게 표현해야 한다.
③ 한국채택국제회계기준에 따라 작성된 재무제표는 공정하게 표시된 재무제표로 본다.
④ 재무제표가 한국채택국제회계기준의 요구사항을 모두 충족한 경우가 아니라면 한국채택국제회계기준을 준수하여 작성되었다고 기재할 수 없다.

### (2) 계속기업

① 경영진은 재무제표를 작성할 때 계속기업으로서의 존속 가능성을 평가해야 한다.
② 계속기업의 가정이 적절한지의 여부를 평가할 때 경영진은 적어도 보고기간 말로부터 향후 12개월 기간에 대하여 이용 가능한 모든 정보를 고려한다.
③ 청산이나 중단 등의 불확실성이 있는 경우 이를 공시하여야 한다.

### (3) 발생기준 회계

기업은 현금흐름 정보를 제외하고는 발생기준 회계를 사용하여 재무제표를 작성한다.

### (4) 중요성과 통합표시

① 유사한 항목은 중요성 분류에 따라 재무제표에 구분하여 표시하고, 상이한 성격이나 기능을 가진 항목은 구분하여 표시한다.
② 중요하지 않은 항목은 성격이나 기능이 유사한 항목과 통합하여 표시할 수 있다.

### (5) 상계

① 한국채택국제회계기준에서 요구하거나 허용하지 않는 한 자산과 부채 그리고 수익과 비용은 상계하지 않는다.
② 이들 항목을 상계표시하면 발생한 거래, 그 밖의 사건과 상황을 이해하고 기업의 미래 현금흐름을 분석할 수 있는 재무제표이용자의 능력을 저해할 수 있다.
③ 재고자산에 대한 재고자산평가충당금과 매출채권에 대한 대손충당금과 같은 평가충당금을 차감하여 관련 자산을 순액으로 측정하는 것은 상계표시에 해당하지 아니한다.

## (6) 보고빈도

① 전체 재무제표(비교정보를 포함)는 적어도 1년마다 작성한다.

② 보고기간 종료일을 변경하여 재무제표의 보고기간이 1년을 초과하거나 미달하는 경우 재무제표 해당 기간뿐만 아니라 보고기간이 1년을 초과하거나 미달하게 된 이유와 재무제표에 표시된 금액이 완전하게 비교 가능하지 않다는 사실을 추가로 공시한다.

## (7) 비교정보

① 한국채택국제회계기준이 달리 허용하거나 요구하는 경우를 제외하고는 당기 재무제표에 보고되는 모든 금액에 대해 전기 비교정보를 공시한다.

② 당기 재무제표를 이해하는 데 목적적합하다면 서술형 정보의 경우에도 비교정보를 표시한다.

## (8) 표시의 계속성

재무제표 항목의 표시와 분류는 다음의 경우를 제외하고는 매기 동일하여야 한다.

① 사업내용의 유의적인 변화나 재무제표를 검토한 결과 다른 표시나 분류방법이 더 적절한 것이 명백한 경우

② 한국채택국제회계기준에서 표시방법의 변경을 요구하는 경우

## Ⅱ 재무상태표

재무상태표[8]는 특정 시점의 재무상태를 나타내는 정태적인 재무제표로서 기업이 소유하고 있는 기업의 자산, 경제적 자원에 대한 의무(부채) 및 소유주 지분(자본)의 잔액을 보고하는 재무제표로서 일반기업회계기준에서 규정하는 대차대조표와 동일한 재무제표이다.

재무상태표는 기업의 재무구조, 유동성과 지급 능력, 영업 환경변화에 대한 적응능력을 평가하는데 필요한 정보를 제공한다.

> **재무상태표의 사례 〈The bell 기사 수정〉**
>
> A그룹에 따르면 B사는 A그룹에 흡수합병 되는 방식으로 하나가 될 전망이다. A그룹은

---

8) 재무상태표의 구조는 회계등식 또는 재무상태표 등식에 의해 결정된다.

$$\boxed{\text{자산의 합계 = 부채의 합계 + 자본의 합계}}$$

방산사업을 떼어낸 분할존속회사 A그룹에 B사와 A그룹의 자회사였던 C사를 더한다. 분할 후 A그룹의 1분기 말 기준 예상 자산은 6조 6,006억 원, 부채는 3조 431억 원이다. A그룹의 분할 후 예상 재무상태표에 B사와 C사의 자산·부채를 더하면 새롭게 재탄생하는 A그룹의 재무구조를 예측할 수 있다. B사의 1분기 말 기준 자산은 5조 8,611억 원, 부채는 1조 1,628억 원이었다. C사의 지난해 말 기준 자산은 3,197억 원, 부채는 1,655억 원이었다. C사는 정기보고서 제출 대상이 아니라 1분기 자산·부채가 공시되지 않았다.

## 1. 재무상태표에 표시되는 정보

일반기업회계기준에서는 재무상태표의 형식을 구체적으로 제시하고 개별 항목을 상세하게 예시하고 있으나, 한국채택국제회계기준에서는 재무상태표에 포함될 최소한의 항목을 대분류 수준에서만 예시하고 있다. 또한 재무상태표의 형식이나 항목의 순서를 제시하고 있지 않다. 즉, 기업마다 재무상태표의 양식 및 재무상태표에 포함할 항목을 재량적으로 결정하는 것이 가능하다.

| 자산 | 자본 및 부채 |
|---|---|
| ① 유형자산 | ① 지배기업소유주 귀속 자본 |
| ② 투자부동산 | ② (자본에 표시된) 비지배지분 |
| ③ 무형자산 | ③ 충당부채 |
| ④ 금융자산 | ④ 금융부채 |
| ⑤ 지분법투자자산 | ⑤ 매입채무 및 기타 채무 |
| ⑥ 생물자산 | ⑥ 당기법인세 관련 부채 |
| ⑦ 재고자산 | ⑦ 이연법인세부채 |
| ⑧ 매출채권 및 기타 채권 | ⑧ 매각예정 자산집단에 포함된 부채 |
| ⑨ 현금 및 현금성자산 | |
| ⑩ 당기법인세 관련 자산 | |
| ⑪ 이연법인세자산 | |
| ⑫ 매각예정 비유동자산과 매각예정 자산집단에 포함된 자산 | |

## 2. 재무상태표의 작성 방법

일반기업회계기준에서는 대차대조표의 자산과 부채를 유동과 비유동으로 구분하고 유동성이 큰 항목부터 배열하도록 규정하고 있다. 반면에 한국채택국제회계기준에 따르면 다음과 같은 구분표시방법 중 한 가지를 선택할 수 있다.

① 유동성 / 비유동성 구분법 (원칙)
② 유동성 배열법
③ ①+②의 혼합법

## 3. 유동과 비유동의 구분

### (1) 유동자산

유동자산은 한 형태로부터 다른 형태로 전환되는 속도가 빠르거나 유동성이 높은 자산을 말하며, 비유동자산은 상대적으로 자산의 전환속도가 느리고 유동성이 낮은 자산을 말한다. 일반적으로 결산일로부터 정상영업주기(보통 1년) 이내에 현금화할 수 있는 자산을 유동자산, 그렇지 않은 자산을 비유동자산으로 분류한다. 유동자산은 크게 당좌자산과 재고자산으로 분류되고, 비유동자산은 크게 투자자산과 유형·무형자산으로 분류된다.

당좌자산은 유동자산 중에서 유동성이 매우 높은 자산으로서 사용에 제한이 없고, 단기간 내에(보통 1년) 특별한 거래비용 없이 현금화가 가능하며, 현금화할 것으로 예상되는 자산이다. 현금및현금성자산, 단기투자자산, 매출채권, 선급비용, 당좌자산, 기타당좌자산(미수수익, 미수금, 선급금 등) 등이 있다. 한국채택국제회계기준에서는 당좌자산으로 분류하지 않고 금융자산으로 분류한다. 재고자산은 판매를 목적으로 보유하고 있는 자산이고 상품, 제품, 반제품, 재공품, 원재료 등이 해당된다.

투자자산은 장기적(보통 1년 이상) 투자수익을 얻기 위하여 보유하는 자산으로 한국채택국제회계기준에서는 투자부동산과 금융자산으로 분류한다. 기업이 사용하기 위하여 보유하고 있는 자산 중에서 물리적인 형태 유무에 따라 유형자산과 무형자산으로 분류한다. 유형자산은 물리적 형태가 있는 자산으로서 토지·건물·기계장치 등이 있다. 무형자산은 물리적 형태가 없는 자산으로서 영업권·산업재산권·개발비 등이 있다.

자산은 다음의 경우에 유동자산으로 분류하며, 그 밖의 모든 자산은 비유동자산으로 분류한다.

① 기업이 정상영업주기 내에 실현될 것으로 예상되거나 정상영업주기 내에 판매하거나 소비될 의도가 있다.
② 주로 단기매매 목적으로 보유하고 있다.
③ 보고기간 후 12개월 이내에 실현될 것으로 예상한다.
④ 현금이나 현금성자산으로서, 교환이나 부채 상환 목적으로의 사용에 대한 제한 기간이

보고기간 후 12개월 이상이 아니다.

| 유동 · 비유동 | 일반기업회계기준 | 계정과목 | 한국채택국제회계기준 (K-IFRS) |
|---|---|---|---|
| 유동 자산 | 당좌자산 | 현금 및 현금성자산, 당기금융상품, 매출채권 등 | 금융자산 |
| | 재고자산 | 상품, 제품, 원재료 등 | 재고자산 |
| 비유동 자산 | 투자자산 | 장기금융상품, 장기대여금 등 | 투자부동산, 금융자산 |
| | 유형자산 | 토지, 건물, 비품, 차량운반구 등 | 유형자산 |
| | 무형자산 | 영업권, 산업재산권, 개발비 등 | 무형자산 |
| | 기타비유동자산 | 임차보증금, 장기매출채권, 장기미수금 등 | 기타비유동자산 |

**유동자산의 사례 〈머니투데이 기사 수정〉**

L사의 예금 확대 결정에는 최근 유동성 확보가 시급해졌다는 점도 영향을 미쳤다. 유동자산은 1년 이내 현금화할 수 있는 자금이다. 올초 27조원에서 9월 말 33조원으로 5조원 가량 늘었기에 환금성이 좋아진 것으로 보인다. 그러나 대부분이 재고자산과 매출채권 증가분이라 사전 리스크 관리가 필요하다는 분석이다. 재고를 쌓아 둘 경우 창고비용과 창고를 유지하기 위한 운영비용 등이 발생하고 재고자산을 구입할 때 들어갔던 돈과 재고가 판매돼 현금이 회수될 때까지 묶이는 이자부담도 뒤따른다.

## (2) 유동부채

유동부채와 비유동부채는 일반적으로 정상영업주기(보통 1년)를 기준으로 구분된다. 유동부채란 결산일로부터 정상영업주기(보통 1년) 이내에 지급기한이 도래하는 부채로서, 매입채무 · 단기차입금 · 미지급비용 등이 있다. 비유동부채란 결산일로부터 정상영업주기(보통 1년) 이후에 지급기한이 도래하는 부채로서, 사채 · 장기차입금 · 장기성매입채무 등이 있다.

부채는 다음의 경우에 유동부채로 분류하며, 그 밖의 모든 부채는 비유동부채로 분류한다.

① 정상영업주기 내에 결제될 것으로 예상되고 있다.
② 주로 단기매매 목적으로 보유하고 있다.
③ 보고기간 후 12개월 이내에 결제하기로 되어 있다.
④ 보고기간 후 12개월 이상 부채의 결제를 연기할 수 있는 무조건의 권리를 가지고 있지 않다.

| | 계정과목 |
|---|---|
| 유동부채 | 매입채무, 단기차입금, 미지급금, 선수금, 예수금, 미지급비용, 미지급법인세, 미지급배당금, 유동성장기부채, 선수수익 등 |
| 비유동부채 | 사채, 장기차입금, 장기매입채무 등 |

**유동부채의 사례 〈Top daily 기사 수정〉**

현금이 지속적으로 빠져나가면서 A사의 유동자산은 유동부채에 미달하는 실정이다. 올해 3분기 기준 A사의 유동자산은 44억 원 정도이며 유동부채는 194억 원으로, 22.35%의 유동비율을 나타내고 있다. 1년 내 갚아야 할 빚이 가용 자산을 5배 정도 앞지른다. 금융부채로 분류된 상환우선주가 모두 자본전입이 된다고 가정하면 유동비율은 55.31%로 소폭 개선된다.

**비유동부채의 사례 〈연합인포맥스 기사 수정〉**

금융감독원 공시 등에 따르면 H사의 9월 말 연결 기준 현금성 자산은 5조 3천334억 원으로 전년 동기(4조 3천71억 원) 대비 1조 원가량 증가했다. 수년간의 추이를 살펴보면 현재 현금성 자산이 상당한 편이라는 걸 알 수 있다. 동시에 차입금도 대폭 증가했다. 9월 말 기준 차입금은 17조 3천868억 원으로 지난해 14조 2천407억 원보다 3조 1천억 원가량 많아졌다.
구체적으로 1년 내 갚아야 하는 유동부채가 9조 792억 원으로 절반 이상을 차지했다. 작년까지는 상환에 시간적 여유가 있는 비유동부채가 7조 9천15억 원으로 유동부채(6조 3천392억 원) 대비 비중이 컸다.

## 4. 자본

자본은 기업의 자산에서 모든 부채를 차감한 후의 잔여지분이다. 자본은 흔히 소유주지분이라고 불리는 것으로 자산총액에서 부채총액을 차감한 잔액이다. 자본은 일정 시점에서 회계실체의 소유주에게 귀속될 소유주의 지분 혹은 청구권을 나타낸다. 소유주의 청구권은 채권자의 청구권이 우선적으로 행사된 후 잔액이 있어야만 성립될 수 있는 것으로, 잔여지분으로도 정의된다.

한국채택국제회계기준상 자본은 납입자본, 적립금, 비 지배지분(연결재무상태표일 경우에만 표시됨)으로 분류하도록 하고 있는데, 납입자본과 적립금은 자본금, 주식발행초과금, 적립금 등과 같이 다양한 분류로 세분화할 수 있다. 자본의 분류는 다음과 같다.

| 분류 | 계정과목 |
|---|---|
| 자본금 | 보통주자본금, 우선주자본금 |
| 자본잉여금 | 주식발행초과금, 감자차익, 자기주식처분이익 등 |
| 자본조정 | 주식할인발행차금, 감자차손, 자기주식, 자기주식처분손실 등 |
| 기타포괄손익누계액 | 매도가능금융자산평가손익, 해외사업환산손익 등 |
| 이익잉여금 | 법정적립금, 임의적립금, 미처분이익잉여금 등 |

자본금은 주주의 불입자본 중에서 상법의 규정에 따라 정관에 자본금으로 확정되어 있는 금액으로서, 법정자본액(액면금액×발행주식총수)이며 주식의 종류별(보통주, 우선주)로 구분하여 기재한다.

자본잉여금은 자본거래를 통하여 발생된 잉여금으로, 주주의 납입자본에서 자본금을 제외한 부분이며 주식발행초과금, 감자차익. 기타자본잉여금이 그에 해당된다.

자본조정은 성격상 자본거래나 최종 성격을 결정할 수 없거나, 자본의 가감성격으로 자본금 또는 자본잉여금으로 분류할 수 없는 항목으로 주식할인발행차금, 자기주식, 주식 매수선택권, 감자차손 등이 해당된다.

기타포괄손익누계액은 일정 기간 동안 주주와의 자본거래를 제외한 모든 거래에서 인식된 자본의 변동액이다. 자본의 변동을 발생시키는 손익 중 당기손익에는 반영되지 않는 손익이며 매도가능금융자산평가손익, 해외사업 환산손익 등이 그에 해당된다.

이익잉여금은 영업활동을 통하여 기업 내부에 유보된 잉여금으로, 순이익은 이익잉여금을 증가시키고 순손실과 배당금은 이익잉여금을 감소시킨다. 이익준비금, 기타법정적립금, 임의적립금, 차기이월이익잉여금 등이 이익잉여금에 해당된다.

<table>
<tr><td colspan="2" align="center">재무상태표</td></tr>
<tr><td>○○회사</td><td align="right">20××년 ×월 ×일</td></tr>
</table>

| 〈자산〉 | 〈부채〉 |
|---|---|
| 1. 유동자산 | 1. 유동부채 |
|   (1) 당좌자산 |    단기차입금 |
|      현금 및 현금성자산 |    매입채무 |
|      단기금융상품 |    미지급금 |
|      매출채권 |    선수금 |
|      미수금 |    기타유동부채 |
|      대여금 | |
|      선급금 | 2. 비유동부채 |
|   (2) 재고자산 |    사채 |
|      상품 |    장기차입금 |
|      제품 |    충당부채 |
|      원재료 | |
|   (3) 기타유동자산 | 3. 기타비유동부채 |
| | |
| 2. 비유동자산 | 부채총계 |
|   (1) 투자자산 | |
|      매도가능금융자산 | 〈자본〉 |
|      만기보유금융자산 |    자본금 |
|      장기대여금 |    주식발행초과금 |
|   (2) 유형자산 |    이익잉여금 |
|      토지 |    기타자본항목 |
|      건물 | |
|      기계 | 자본총계 |
|   (3) 무형자산 | |
|      영업권 | |
|      산업재산권 | |
| | |
| 3. 기타비유동자산 | |
| | |
|   자산총계 | 부채 및 자본총계 |

# Ⅲ 포괄손익계산서

포괄손익계산서란 일정 기간 동안 발생한 모든 수익과 비용을 보고하는 재무제표이다. 포괄손익계산서에는 당기순손익뿐만 아니라 기타포괄손익[9]의 당기 변동액도 표시된다는 점이 일반기업회계기준에서 제시하고 있는 손익계산서와 다른 점이다.

## 1. 포괄손익계산서에 표시되는 정보

① 수익(유효이자율법을 사용하여 계산한 이자수익은 별도 표시)
② 금융원가(이자비용)
③ 지분법 적용대상인 관계기업과 공동기업의 당기순손익에 대한 지분
④ 법인세비용
⑤ 중단 영업의 합계를 표시하는 단일금액

## 2. 포괄손익계산서 양식

| 포괄손익계산서 | |
|---|---|
| ○○회사 | 20××년 1월 1일부터 20××년 12월 31일까지 |

Ⅰ. 매출액
Ⅱ. 매출원가
  1. 기초상품재고액
  2. 당기매입액
  3. 기말상품재고액
Ⅲ. 매출총이익
Ⅳ. 판매비와관리비
  1. 급여
  2. 감가상각비
  3. 대손상각비
  4. 광고선전비
  5. 소모품비
Ⅴ. 영업손익
Ⅵ. 영업외수익 (금융수익·기타수익)
  1. 잡이익

---

9) 당기순손익을 구성하지 않고 직접 재무상태표의 자본으로 인식하는 것으로 이를 기타포괄손익이라고 한다.

        2. 투자자산처분이익
        3. 배당금수익
        4. 이자수익
        5. 보험차익
    Ⅶ. 영업외비용 (금융비용·기타비용)
        1. 이자비용
        2. 유형자산처분손실
        3. 단기매매금융자산평가손실
        4. 재해손실
    Ⅷ. 법인세비용차감전순손익
    Ⅸ. 법인세비용
    Ⅹ. 당기순손익
    Ⅺ. 기타포괄손익
    Ⅻ. 총포괄손익

포괄손익계산서는 다단계 형태로 표시한다. 먼저, 매출액(수익)에서 매출원가(비용)를 차감하여 매출총이익을 표시하고, 매출총이익에 판매비(물류비)와 관리비를 차감하여 영업이익을 표시한다. 그런 다음 기타수익과 금융수익을 가산하고 기타비용과 금융비용을 차감하여 법인세비용차감전순이익을 표시한다. 법인세비용차감전순이익에서 법인세비용을 차감하면 당기순이익이 산출되고 마지막으로 기타포괄손익을 당기순이익에 가감하여 총포괄손익을 표시한다.

포괄손익계산서를 이처럼 다단계 형태로 작성하는 이유는 수익과 비용이 기업의 다양한 활동에서 발생하기 때문에 정보이용자들이 순이익의 발생원천을 용이하게 파악할 수 있도록 하기 위함이다. 포괄손익계산서를 구성하고 있는 주요 항목을 설명하면 다음과 같다.

매출액은 기업의 주된 영업활동에서 발생한 제품, 상품, 용역 등의 총매출액에서 매출할인과 매출환입 및 에누리를 차가감한 금액이다. 매출원가는 매출액에 대응되는 원가로서 판매된 제품이나 상품 등에 대한 제조원가 또는 매입원가이다.

판매비와 관리비는 상품 등의 판매활동과 기업의 관리활동에서 발생하는 비용으로서 매출원가에 속하지 아니하는 영업성 비용을 총칭한다, 예를 들면, 종업원에 대한 급여, 감가상각비, 보험료, 임차료 등이 있다. 따라서 매출액(수익)에서 매출원가 및 판매비와 관리비를 차감한 영업이익은 기업의 주된 영업활동에서 발생한 성과를 보여주는 지표가 된다.

기타수익과 기타비용은 기업의 주된 영업활동이 아닌 활동으로부터 발생한 차익과 차손을 말하며 유형자산 처분손익, 금융자산처분손익 등이 있다.

금융수익은 기업이 여유자금을 운용함에 따라 발생한 이자수익, 배당금수익 등을 말하며, 반대로 금융비용은 기업이 타인자본을 사용함에 따라 발생하는 이자비용 등을 말한다. 법인세비용은 기업의 이익에 부과되는 세금비용으로서 세전이익이 결정된 후에 법인세가 산출되므로 다른 손익항목과는 구분하여 표시된다. 매출액으로부터 법인세비용까지 수익과 비용을 가감한 잔여액은 당기순이익으로 표시되며, 이는 금번 회계기간의 경영성과를 가장 직접적으로 보여 주는 이익지표이다.

기타포괄손익은 회계규정상 당기순이익 산정에 포함되지 않는 손익으로서 유형자산에 대한 자산재평가잉여금. 장기금융상품에 대한 공정가치평가손익 등이 있다. 이러한 손익도 자본(순자산)의 변동을 가져오지만 기업의 경영활동과는 관련성이 낮으며 대부분 미실현손익이라는 점에서 당기순이익과 구별하여 표시하고 있다. 마지막으로, 당기순이익에 기타포괄손익을 가산한 총포괄이익은 금번 회계기간 중에 발생한 자본(순자산)의 순증가를 의미한다.

> **포괄손익계산서의 사례 〈그린포스트코리아 기사 수정〉**
>
> A사는 렌터카 사업의 실적 호조에 힘입어 영업이익을 대폭 개선했다. 철강, 화학 등의 무역 불황으로 인한 영향을 최소화하고 신사업으로 실적을 만회하였다. A사는 1일 애널리스트와 주주들에게 잠정실적을 공개하는 콘퍼런스 콜에서 올해 2분기에 매출액 3조 3,633억 원, 영업이익 521억 원을 달성했다고 밝혔다. 이는 전년 동기보다 매출액은 2% 감소한 반면 영업이익은 144.3% 상승한 수치다. A사가 2분기에 영업이익을 대폭 개선할 수 있었던 배경에는 지난 1월 인수한 B사의 영향이 컸던 것으로 보인다. 이날 공개된 A사 포괄손익계산서에 따르면 B사의 연결효과를 제외한 영업이익은 전년 2분기의 213억 원에서 60억원 증가한 273억 원에 그쳤다.

## 3. 포괄손익계산서의 작성 방법

포괄손익계산서를 작성할 때 ① 단일 포괄손익계산서 또는 ② 별개의 손익계산서와 포괄손익계산서 둘 중 하나의 양식을 선택하여 표시할 수 있다. 포괄손익계산서를 작성할 때 당기순손익과 총 포괄손익은 비 지배지분과 지배기업의 소유주로 구분하여 표시하여야 한다.

### (1) 당기손익항목

기업은 성격별 분류법과 기능별 분류법 중 하나의 방법으로 당기손익으로 인식한 비용의 분석내용을 표시하며, 좀 더 신뢰성 있고 목적적합한 정보를 제공할 수 있는 방법을 선택하여 당기손익으로 인식한 비용의 분석내용을 표시한다.

① 성격별 분류법 : 당기손익에 포함된 비용을 그 성격(ex. 감가상각비, 운송비등)별로 통합하여 표시하는 방법이다.

② 기능별 분류법[10] : 비용을 매출원가, 그리고 물류원가와 관리활동원가 등과 같이 기능별로 분류하는 방법으로 매출원가를 다른 비용과 분리하여 공시하는 것이 특징이다.

## (2) 기타포괄손익

손익거래임에도 불구하고 당기손익에는 포함하지 않는 항목들을 말한다.

## (3) 재분류조정

재분류조정은 당기나 과거기간에 기타포괄손익으로 인식되었으나 당기손익으로 재분류된 금액을 말하는데 다음과 같은 경우 발생된다.

① 기타포괄손익 – 공정가치 측정 금융자산(채무상품)이 제거되거나 손상되었을 때

② 해외사업장을 매각할 때

③ 위험회피예상거래가 당기손익에 영향을 미칠 때

④ 관계기업 및 공동기업의 기타포괄손익이 당기손익으로 재분류될 때

| 후속적으로 당기손익으로 재분류되지 않은 항목 | 후속적으로 당기손익으로 재분류되는 항목 |
|---|---|
| ① 재평가잉여금의 변동<br>② 당기손익 – 공정가치 측정 항목으로 지정한 특정부채의 신용위험 변동으로 인한 공정가치 변동금액<br>③ 기타포괄손익 – 공정가치 측정 항목으로 지정한 지분상품에 대한 투자에서 발생한 손익<br>④ 기타포괄손익 – 공정가치 측정하는 지분상품 투자에 대한 위험회피에서 위험회피 수단의 평가손익 중 효과적인 부분<br>⑤ 관계기업 및 공동기업의 재분류되지 않는 기타포괄손익에 대한 지분<br>⑥ 확정급여제도의 재측정요소 | ① 기타포괄손익 – 공정가치로 측정하는 금융자산(채무상품)에서 발생한 손익<br>② 해외사업장의 재무제표 환산으로 인한 손익<br>③ 관계기업 및 공동기업의 재분류되는 기타포괄손익에 대한 지분<br>④ 현금흐름위험회피의 위험회피수단평가손익 중 효과적인 부분 |

---

10) 기능별 분류법 사용 시 주석으로 성격별 분류에 대한 추가 공시

# Ⅳ 자본변동표

자본변동표는 자본의 크기와 그 변동에 관한 정보를 제공하는 재무보고서로서, 자본을 구성하고 있는 각 분류별 납입자본, 각 분류별 기타포괄손익의 누계액과 이익잉여금의 누계액 등에 대한 포괄적인 정보를 제공해 준다. 따라서, 기업실체의 자본변동에 관한 정보는 일정 기간동안 발생한 기업 실체와 소유주(주주)간의 거래 내용을 이해하고 소유주에게 귀속될 이익 및 배당가능이익을 파악하는 데 유용하다.

> **자본변동표의 사례 〈머니투데이 기사 수정〉**
>
> C사가 1,000억 원 가까이 투자해온 T가 적자 행진을 벗어나지 못하고 있다. 지난해 700억 원대를 기록한 것에 이어 올해는 규모가 더 커질 것으로 전망된다. 그동안 C사가 T에 쏟아 부은 자금을 살펴보면 물적분할 당시 136억 원, 이후 1년만에 796억 원 등 총 932억 원에 달한다. 분할 당시 자본변동표에 따르면 T는 자본금은 60억 원, 주식발행초과금은 76억 원 이었다.

| 자본변동표 | | | | | | |
|---|---|---|---|---|---|---|
| ○○회사 20××년 1월 1일부터 20××년 12월 31일까지 | | | | | | |
| 구분 | 자본금 | 주식발행초과금 | 자본조정 | 기타포괄손익누계액 | 이익잉여금 | 총계 |
| 20××년 1.1 (기초잔액) 연차배당 유상증자 자기주식처분 당기순이익 기타포괄손실 20××년 12.31 (기말잔액) | | | | | | |

# Ⅴ 현금흐름표

현금흐름표는 기업의 현금및현금성자산에 대한 창출능력과 기업의 현금흐름 사용 필요성에 대한 평가의 기초를 재무제표이용자에게 제공하는 재무제표로서 영업활동으로 인한 현금흐름, 투자활동으로 인한 현금흐름 및 재무활동으로 인한 현금흐름으로 구분하여 표시한다.

---

### 현금흐름표

| 현금흐름표 | |
|---|---|
| ○○회사 | 20××년 1월 1일부터 20××년 12월 31일까지 |

Ⅰ. 영업활동 현금흐름
   1. 현금유입액
   2. 현금유출액

Ⅱ. 투자활동 현금흐름
   1. 현금유입액
   2. 현금유출액
Ⅲ. 재무활동 현금흐름
   1. 현금유입액
   2. 현금유출액
Ⅳ. 현금의 증가(감소) (Ⅰ+Ⅱ+Ⅲ)
Ⅴ. 기초의 현금
Ⅵ. 기말의 현금 (Ⅳ+Ⅴ)

---

**현금흐름표의 사례 〈비즈니스워치 기사 수정〉**

기업의 현금 상황은 현금흐름표를 통해 확인할 수 있다. 현금흐름표는 크게 △영업활동으로 인한 현금흐름 △투자활동으로 인한 현금흐름 △재무활동으로 인한 현금흐름 등으로 구성된다. 지난 1분기 A사의 현금흐름표를 보면 '투자활동으로 인한 현금흐름'이 마이너스 (-) 6조 5,254억 원이다. 현금 6조 5,254억 원을 투자로 썼다는 의미다. 투자 재원은 공모자금을 통해 마련했다. A사는 지난 1월 기업공개(IPO)를 통해 10조 원 가량의 현금을 조달했다. 이는 현금흐름표에도 반영됐다. 지난 1분기 '재무활동으로 인한 현금흐름'은 9조 9,602억 원이었다. IPO 등 재무활동을 통해 10조 원 가량의 현금이 회사로 들어온 것이다. 종합해보면, 지난 1분기 A사는 IPO 등 재무활동으로 9조 9,602억 원의 현금이 유입됐고, 이 기간 6조 5,254억 원의 현금을 투자를 위해 쓴 것이다.

## Ⅵ 주석공시

주석은 재무제표를 이해하는 데 필요한 추가적인 정보를 기술한 것으로서 재무제표의 본문과 별도로 작성되며 추가적 설명이 필요하거나 동일한 내용으로 둘 이상의 계정과목에 대하여 설명을 하게 되는 경우 사용된다. 주석은 재무제표 본문 다음에 별지로 첨부되지만, 재무제표 본문의 내용을 이해하는 데 필요하므로 재무제표의 일부로 간주된다.

주석을 통해 공시되는 정보의 예는 다음과 같다.

- 재무제표가 한국채택국제회계기준을 준수하였다는 사실
- 기업이 재무제표 작성에 적용한 주요 회계정책 (예 : 재고자산 매매기록방법)
- 재표제표 본문에 표시된 항목에 대한 보충정보 (예 : 재고자산 세부항목별 내역)
- 우발부채와 재무제표에서 인식하지 않은 계약상 약정사항
- 비재무적 공시항목 (예 : 기업의 재무위험 관리목적과 정책)

---

**주석공시의 사례 〈조세일보 기사 수정〉**

금융위원회는 중소기업 회계부담 합리화 방안의 후속조치로 정보이용자의 이해도를 높이고, 경제적 실질을 보다 적절하게 반영하기 위해 회계기준을 개정했다고 밝혔다. 상장회사의 경우 주가 변동에 따라 행사가격이 조정되는 금융부채(RCPS 등)는 관련 평가손익을 별도의 주석으로 공시하도록 했다. 반면, 비상장회사는 모회사 규모와 이해관계자 수 등을 고려해, 연결의무 대상 종속회사의 범위를 축소했다. 그동안 주가 변동에 따라 행사가격이 조정되는 금융부채(리픽싱 조건부 금융부채·RCPS 등)와 관련해서는 K-IFRS에 의해 부채로 분류되고 있어 상장기업의 손익이 다소 왜곡된 측면이 있었다. 즉, 경영성과 호전 등으로 주가 상승시 RCPS 부채가 증가해 당기손익 악화요인으로 작용한 것이다. 이에 금융위와 한국회계기준원은 정보이용자들의 이해도를 높이기 위해, 이와 같은 금융부채의 평가손익 정보를 주석사항으로 별도 공시하도록 한 것이다.

---

## Ⅶ 재무상태표와 포괄손익계산서의 관계

포괄손익계산서의 수익항목과 비용항목은 기업의 자산과 부채에 영향을 미치고 결국 자본에도 영향을 미친다. 수익이 발생하면 자산이 증가하거나 부채가 감소해서 자본이 증가하는 효과를 가진다. 반대로 비용이 발생하면 자산이 감소되거나 부채가 증가해서 자본이 감소되는 효과를 가진다. 결론적으로 수익은 자본을 증가시키고 비용은 자본을 감소시키므로 결국 수익과 비용의 차이인 이익만큼 자본이 증가한다.

**01.** 다음 중 한국채택국제회계기준에서 정의된 재무제표 구성항목에 포함되지 않는 것은?

① 재무상태표                 ② 포괄손익계산서
③ 현금흐름표                 ④ 이익잉여금처분계산서

**02.** 다음 중 재무제표에 대한 설명 중 옳지 않은 것은?

① 재무상태표는 일정 시점의 기업의 재무상태를 보여주는 보고서이다.
② 포괄손익계산서는 일정 기간 동안 발생한 모든 수익과 비용을 보고하는 재무제표
   이다.
③ 주석은 한국채택국제회계기준에서 정의된 재무제표에 포함되지 않는다.
④ 현금흐름표의 현금흐름은 영업활동으로 인한 현금흐름, 투자활동으로 인한 현금흐
   름, 재무활동으로 인한 현금흐름으로 구성된다.

**03.** 다음은 재무상태표 작성방법에 대한 설명이다. 옳은 것은?

① 재무상태표의 형식이나 계정과목순서에 대해서 강제규정을 두고 있다.
② 기업이 정상영업주기 내에 실현될 것으로 예상되거나 정상영업주기 내에 판매하거
   나 소비될 의도가 있는 자산은 유동자산으로 분류한다.
③ 재무상태표를 작성할 때 반드시 유동성배열법을 사용하여야 한다.
④ 원래의 결제기간이 12개월을 초과하고, 보고기간 후 재무제표 발행승인일 전에 지급
   기일을 장기로 재조정하는 약정이 체결되었으나, 보고기간 후 12개월 이내에 결제일
   이 도래하면 비유동부채로 분류한다.

**04.** 다음의 포괄손익계산서에 대한 설명 중 옳지 않은 것은?

① 포괄손익계산서는 일정 기간 동안 소유주의 투자나 소유주에 대한 분배거래를 제외
   한 기타거래에서 발생하는 순 자산의 변동내용을 표시하는 동태적 보고서이다.
② 포괄손익계산서는 단일의 포괄손익계산서를 작성하거나 당기순손익을 표시하는 손
   익계산서와 포괄손익계산서를 포함하는 2개의 보고서로 작성될 수 있다.
③ 포괄손익계산서에서 비용을 표시할 때는 기능별로 분류하여 표시하여야 한다.
④ 기타포괄손익항목은 관련 법인세효과를 차감한 순액으로 표시하거나 세전금액으로
   표시하고 관련 법인세효과는 단일 금액으로 합산하여 표시하는 방법이 가능하다.

**05.** 다음 중 기타포괄손익항목 중 후속적으로 당기손익으로 재분류되는 항목 중 옳지 않은 것은?

① 기타포괄손익 – 공정가치로 측정하는 금융자산에서 발생한 손익
② 해외사업장의 재무제표 환산으로 인한 손익
③ 확정급여제도의 재측정요소
④ 관계기업 및 공동기업의 재분류되는 기타포괄손익에 대한 지분

**06.** 다음 중 재무제표에 관한 설명으로 가장 올바르지 않은 것은?

① 재고자산, 매출채권 등의 운전 자본에 대해서는 보고기간 후 12개월 이내 또는 1년을 초과하더라도 정상적인 영업주기 내에 판매 또는 실현되리라 예상되는 경우에는 유동자산으로 분류한다.
② 포괄손익계산서에서 비용을 표시할 때 반드시 기능별로 분류하여 표시한다.
③ 자본변동표는 지배기업의 소유주와 비 지배지분에게 각각 귀속되는 금액으로 구분하여 표시한 해당 기간의 총 포괄손익 정보를 포함한다.
④ 현금흐름표는 기업의 현금및현금성자산에 관한 창출능력과 기업의 현금흐름 사용 필요성에 관한 평가의 기초 정보를 정보이용자에게 제공한다.

**07.** 다음 중 포괄손익계산서의 구성요소 중 기타포괄손익으로 분류될 항목으로 가장 올바르지 않은 것은?

① 유형자산의 재평가잉여금
② 관계기업의 기타포괄손익에 대한 지분
③ 기타포괄손익 – 공정가치 측정금융상품(지분상품)에서 발생한 평가손익
④ 상각후원가측정 금융상품의 손상차손

**08.** 다음 재무제표 작성과 공시에 대한 설명 중 옳지 않은 것은?

① 계속기업의 가정이 적절한지의 여부를 평가할 때 경영진은 적어도 보고 기간 말부터 향후 12개월 기간에 대하여 이용 가능한 모든 정보를 고려하여야 한다.
② 기업은 모든 재무정보를 발생주의에 따라 작성하여야 한다.
③ 한국채택국제회계기준이 허용하거나 달리 요구하는 경우를 제외하고는 당기 재무제표에 보고되는 모든 금액에 대해 전기 비교정보를 공시한다.
④ 전체 재무제표는 적어도 1년마다 작성하며, 보고기간 종료일을 변경하여 재무제표의 보고 기간이 1년을 초과하거나 미달하는 경우 재무제표 해당 기간뿐만 아니라 보고 기간이 1년을 초과하거나 미달하게 된 이유와 재무제표에 표시된 금액이 완전하게 비교가능하지 않다는 사실을 추가로 공시한다.

**09.** 다음 중 재무상태표의 작성기준으로 가장 올바르지 않은 것은?

① 한국채택국제회계기준에서 요구하거나 허용하지 않는 한 자산과 부채 그리고 수익과 비용은 상계하지 않는다.

② 재무상태표에 포함될 항목은 세부적으로 명시되어 있으며, 기업의 재량에 따라 추가 또는 삭제하는 것은 허용되지 않는다.

③ 중요하지 않은 항목은 성격이나 기능이 유사한 항목과 통합하여 표시할 수 있다.

④ 유동성 순서에 따른 표시방법이 신뢰성 있고 더욱 목적적합한 정보를 제공하는 경우를 제외하고는 유동자산과 비유동자산, 유동부채와 비유동부채로 재무상태표에 구분하여 표시한다.

**10.** 다음 중 재무상태표의 작성기준에 관한 설명으로 가장 올바르지 않은 것은?

① 자산·부채 및 자본은 총액에 의하여 기재함을 원칙으로 한다.

② 재무상태표에는 가지급금이나 가수금 등 미결산항목이 표시될 수 있으나, 이러한 임시계정은 주석으로 공시해야 한다.

③ 재무상태표상에 자산·부채 및 자본을 기재하는 경우에는 종류와 성격별로 적정하게 구분 표시해야 한다.

④ 재무상태표상에 자본거래에서 발생한 잉여금과 손익거래에서 발생한 잉여금을 구분하여 표시해야 한다.

**11.** 다음 중 재무제표 요소의 인식에 관한 설명으로 가장 올바르지 않은 것은?

① 미래 경제적 효익의 유입(유출) 가능성이 높고 이를 금액적으로 신뢰성 있게 측정할 수 있다면 재무제표에 인식되어야 한다.

② 인식 요건을 충족하는 항목을 재무상태표나 손익계산서 상에 누락하였다면 관련된 내용을 주석에 상세히 공시하는 것으로 대체할 수 있다.

③ 주문 후 아직 인도되지 않은 재고자산 매입대금에 대한 부채는 일반적으로 재무상태표에 부채로 인식되지 않는다.

④ 비용의 인식은 부채의 증가나 자산의 감소에 대한 인식과 동시에 이루어진다.

**12.** 다음 중 재무상태표상 유동항목으로 분류될 항목으로 가장 올바르지 않은 것은?

① 정상 영업주기 내에 판매될 것으로 예상되는 재고자산
② 보고기간 후 12개월 이내에 결제일이 도래하는 차입금으로서 보고기간 후 12개월 이상 만기를 연장할 것으로 기대하고 있고, 그런 재량권이 있는 차입금
③ 사용에 제한이 없는 보통예금
④ 당기손익인식 금융자산

**13.** 다음 중 재무제표에 대한 설명으로 가장 올바르지 않은 것은?

① 손익계산서를 통해 영업손익과 당기순손익을 알 수 있다.
② 자본변동표는 자본의 변화내역을 자본구성 요소 별로 보여주는 재무제표이다.
③ 재무상태표를 통해 기업이 영업활동에서 창출한 현금흐름이 얼마인지를 측정할 수 있다.
④ 주석은 재무제표의 일부를 구성한다.

**14.** 다음 계정과목에 대한 설명 중 옳은 것은?

① 기업이 단기간 매매차익을 얻을 목적으로 시장성이 있는 타사 발행 사채를 취득한 경우, 이를 사채로 기록한다.
② 냉장고를 타 회사로부터 매입하여 판매하는 회사는 냉장고를 상품으로 기록한다.
③ 다른 회사에게 약속어음을 받고 현금을 빌려줄 경우, 이에 대한 채권을 받을어음으로 기록한다.
④ 운동화를 판매하는 회사가 건물을 취득하면서 대금의 일부를 현금으로 지급하고 나머지를 나중에 지급하기로 하였을 경우, 이에 대한 채무를 외상매입금 또는 매입채무로 기록한다.

| 1 | 2 | 3 | 4 | 5 | 6 | 7 | 8 | 9 | 10 | 11 | 12 | 13 | 14 |
|---|---|---|---|---|---|---|---|---|----|----|----|----|----|
| ④ | ③ | ② | ③ | ③ | ② | ④ | ② | ② | ② | ② | ② | ③ | ② |

# chapter
# 04 회계의 기록

## 1. 회계상 거래의 의미

기업이 영업활동을 수행하면 재산이 증감되어 변동되는데, 회계에서는 이를 기록하고 정리하여 영업성과와 재무상태를 파악한다. 기업의 자산, 부채, 자본을 증가시키거나 감소시키는 모든 활동을 거래라 하는데 회계상 거래로 인식하기 위해서는 다음의 조건을 충족시켜야 한다.

① 회계상 거래는 기업의 재산상태(자산·부채·자본)에 영향을 미쳐야 한다.
② 회계상 거래는 금액으로 측정 가능하여야 한다.

주의할 점은 회계상 거래와 경영활동에서 사용하는 거래의 의미가 반드시 일치하지 않는다[11]는 것이다.

## 2. 거래의 이중성

회계상의 모든 거래는 재무상태(자산, 부채, 자본, 수익, 비용)의 변화를 가져오고 그 변화의 금액을 알게 된다. 예를 들어 회사가 직원들의 식대를 현금으로 20,000원에 지출하는 경우 복리후생비라는 비용이 20,000원 발생하게 되고(왼쪽 : 차변요소) 현금이라는 자산이 20,000원 감소하게 된다(오른쪽 : 대변요소). 이렇듯 모든 회계상 거래는 차변요소와 대변요소로 결합되어 이루어진다. 그리고 차변요소와 대변요소의 금액도 같게 되는데 이것을 거래의 이중성 또는 양면성(원인과 결과)이라 한다.

즉, 복식부기에서는 하나의 회계상 거래가 발생하면 반드시 왼쪽(차변)과 동시에 오른쪽(대변)에 기입하게 된다.

---

11) 예를 들어 토지의 구입계약을 체결하는 사건은 일반적으로 거래를 했다고 표현하지만 회계상으로는 거래가 될 수 없다. 토지의 계약만으로는 토지가 회사의 소유가 되는 것이 아니고 토지대금을 지불하지도 않았기 때문에 회사의 자산, 부채, 자본에 변동을 주지 못하였기 때문이다.

## 3. 대차평균의 원리

회계상의 모든 거래는 거래의 이중성 때문에 거래의 양면을 계정에 기록해 보면 장부의 왼쪽인 차변과 오른쪽인 대변에 기록하는 금액이 동일하게 되는데 이를 '대차평균의 원리(principle of equilibrium)'라고 한다. 이 대차평균의 원리에 의하여 복식부기회계는 자기검증 기능을 갖게 된다.

## 4. 거래의 8요소와 결합관계

기업에서 발생하는 거래형태는 여러 가지가 있으나 결과적으로 자산의 증가와 감소, 부채의 증가와 감소, 자본의 증가와 감소, 수익과 비용의 발생이라는 8개의 요소로 결합된다. 이것을 거래의 8요소라고 한다.

\<거래의 8요소\>

| 왼쪽 (차 변) | 오른쪽 (대 변) |
|---|---|
| 자산의 증가(+) | 자산의 감소(−) |
| 부채의 감소(−) | 부채의 증가(+) |
| 자본의 감소(−) | 자본의 증가(+) |
| 비용의 발생 | 수익의 발생 |

모든 거래는 이중성을 가지고 있기 때문에 반드시 차변요소와 대변요소가 포함되어 있다. 즉 모든 거래는 차변요소 4가지와 대변요소 4가지가 상호 어우러져 발생한다.

## 5. 계정 및 계정과목

기업의 자산·부채·자본의 증감 변화를 항목별로 세분하여 기록, 계산, 정리하는 구분 단위로서 회사에서 일어나는 거래들 중 유사한 것들만 모아서 분류해놓은 것은 계정이라고 한다. 계정은 크게 계정과목, 차변, 대변이라는 세 가지 요소로 구성되어 있다. 계정과목은 계정의 명칭을 나타내며, 차변은 계정의 왼쪽을, 그리고 대변은 계정의 오른쪽을 지칭한다.

| 재무상태표 계정 | 자산 | 현금, 매출채권, 미수금, 대여금, 상품, 건물 등 |
|---|---|---|
| | 부채 | 매입채무, 미지급금, 차입금 등 |
| | 자본 | 자본금 등 |
| 손익계산서 계정 | 수익 | 상품매출, 서비스매출, 이자수익 등 |
| | 비용 | 상품매출원가, 이자비용, 임차료 등 |

## 6. 분개

분개란 거래가 발생하면 그 거래의 내용을 차변요소와 대변요소로 세분하여 어느 계정에 얼마의 금액을 각 계정에 적어 넣을 것인지 결정하는 절차를 말한다. 이는 거래가 많을 경우 각 계정에 곧장 기록하게 되면 거래가 분명히 계정에 기록되었는지 확인하기 어려울 뿐만 아니라 계정에 기록된 거래가 어떠한 내용인지도 알기 어렵게 되기 때문이다.

분개를 정확하게 하기 위해서는 거래의 내용을 ① 어떤 계정 ② 어느 위치에 (대변 또는 차변) ③ 얼마의 금액으로 기록할 것인지를 결정하여야 한다.

〈분개장〉

| 20××년 | 적 요 | 원 면 | 차 변 | 대 변 |
|---|---|---|---|---|
| | | | | |
| | | | | |
| | | | | |

기업에서 분개를 일자 순, 즉 거래의 발생순서에 따라 기록하는 서류를 분개장(journal book)이라 한다. 이 분개장은 거래를 계정에 옮겨 기입하기 위한 준비 또는 중개수단이 될 뿐만 아니라 거래의 간단한 설명도 붙여서 영업일지로서의 역할도 한다.

## 7. 전기

거래를 분개장에 기록한 후에는 그 기록 내용을 관련 계정에 옮겨 적어야 한다. 분개장에 기록된 내용을 관련 계정에 입력하는 것을 전기(posting)라고 한다.

┤ 참고 ├

전기까지의 과정

1. 회계상 거래 인식 (자산, 부채, 자본의 변동 파악+금액 측정)

   8/5 기업은 1,000,000의 **토지**를 **현금**으로 구입하였다.

2. 분개

   (차변) 토지 1,000,000                    (대변) 현금 1,000,000
   　　　　 −토지의 구입 (자산의 증가)          −현금의 지급 (자산의 감소)

3. 전기

   ① 차변과 대변의 각 계정과목별로 해당 계정을 찾는다.

   | 토지 | 현금 |
   |------|------|
   |      |      |

   ② 분개된 내용에 따라 날짜와 함께 분개의 차변요소는 해당 계정의 차변에, 분개의 대변요소는 해당 계정의 대변에 금액을 기록한다.

   | 토지 | 현금 |
   |------|------|
   | 8/5 1,000,000 | 8/5 1,000,000 |

   ③ 각 계정의 금액이 어떻게 발생하였는지를 단지 설명해 주기 위해서 분개한 상대편 계정과목을 기록한다.

   | 토지 | 현금 |
   |------|------|
   | 8/5 현금 1,000,000 | 8/5 토지 1,000,000 |

**01.** 다음의 회계등식 중 맞는 것은?

① 자산 = 지분
② 자산 = 부채 - 자본
③ 채권자지분 + 소유자지분 = 자산
④ 자산 = 타인자본 - 자기자본

**02.** 회계상 거래가 발생하면 재무제표의 차변과 대변에 동시에 영향을 미치게 되는데, 이는 회계의 어떤 특성 때문인가?

① 거래의 이중성
② 중요성
③ 신뢰성
④ 유동성

**03.** 회계는 기록, 계산하는 방법에 따라서 단식회계와 복식회계로 나눌 수가 있다. 다음 중 복식회계의 특징과 거리가 먼 것은?

① 자기검증이 불가능하다.
② 재무상태와 손익을 파악하기가 쉽다.
③ 자산, 부채, 자본 등 모든 변화를 기록할 수 있다.
④ 일정한 원리에 따라 기록한다.

**04.** ㈜삼일의 기말자산은 기초보다 33,000원이 증가하였으며, 기초부채의 잔액은 12,000원이었으나 기말부채의 잔액은 17,000원으로 5,000원 증가하였다. 당기 중에 현금출자로 인해 자본금이 20,000원 증가하였다면, 당기순이익은 얼마인가?

① 58,000원
② 42,000원
③ 25,000원
④ 8,000원

**05.** 다음 거래의 8요소와 결합관계 중 틀린 것은? (단, 왼쪽은 차변 / 오른쪽은 대변)

① 자산의 증가 / 자산의 감소
② 자산의 증가 / 부채의 감소
③ 자산의 증가 / 수익의 발생
④ 비용의 발생 / 자산의 감소

**06.** 다음 중 회계시스템에서 거래로 인식할 수 없는 것은?

① 종업원과 근로계약을 맺고 급여를 선지급하였다.
② 용역을 제공하였으나 대금을 아직 현금으로 수취하지 못하였다.
③ 대기업과 납품계약을 맺고 계약서에 서명하였다.
④ 국가로부터 법인세가 부과되어 5월 중으로 납부해야 한다.

**07.** 다음 거래를 분개할 때 거래의 8요소 중 잘못된 것은?

㈜한세는 기계장치 17,000,000원을 ㈜서울에서 구입하고, 먼저 지급하였던 계약금 1,700,000원을 차감한 나머지는 1개월 후에 지급하기로 하였다.

① 자산의 증가　　　　　　　② 자산의 감소
③ 부채의 증가　　　　　　　④ 부채의 감소

| 1 | 2 | 3 | 4 | 5 | 6 | 7 |
|---|---|---|---|---|---|---|
| ③ | ① | ① | ④ | ② | ③ | ④ |

# Ⅰ 보고기간 후 사건

## 1. 개념 및 의의

보고기간 후 사건이란 보고기간 말과 재무제표 발행승인일[12] 사이에 발생한 유리하거나 불리한 사건으로 다음 두 가지 유형으로 구분한다.

① 수정을 요하는 보고기간 후 사건 : 보고기간 말에 존재하였던 상황에 대해 증거를 제공하는 사건

② 수정을 요하지 않는 보고기간 후 사건 : 보고기간 후에 발생한 상황을 나타내는 사건

## 2. 인식과 측정

### (1) 수정을 요하는 보고기간 후 사건

수정을 요하는 보고기간 후 사건은 이를 반영하기 위하여 재무제표에 이미 인식한 금액은 수정하고, 재무제표에 인식하지 아니한 항목은 새로 인식하여야 한다.

① 보고기간 말에 존재하였던 현재 의무가 보고기간 후에 소송사건의 확정에 의해 확인

② 보고기간 말에 이미 자산손상이 발생되었음을 나타내는 정보를 보고기간 후에 입수하는 경우나 이미 손상차손을 인식한 자산에 대하여 손상차손금액의 수정이 필요한 정보를 보고기간 후에 입수하는 경우

③ 보고기간 말 이전에 구입한 자산의 취득원가나 매각한 자산의 대가를 보고기간 후에 결정하는 경우

④ 보고기간 말 이전 사건의 결과로서 보고기간 말에 종업원에게 지급하여야 할 법적 의무나 의제의무가 있는 이익분배나 상여금지급 금액을 보고기간 후에 확정하는 경우

---

12) 재무제표 발행승인일은 주주가 재무제표를 승인한 날이 아니라 주주총회에 제출하기 위한 재무재표를 이사회가 발행 승인한 날을 의미한다.

⑤ 재무제표가 부정확하다는 것을 보여주는 부정이나 오류를 발견한 경우

## (2) 수정을 요하지 않는 보고기간 후 사건

수정을 요하지 않는 보고기간 후 사건은 재무제표에 인식된 금액을 수정하지 아니한다. 기업은 수정을 요하지 않는 보고기간 후 사건으로서 중요한 것은 그 범주별로 사건의 성격, 사건의 재무적 영향에 대한 추정치 또는 그러한 추정을 할 수 없는 경우 이에 대한 설명을 공시한다.

## (3) 배당금

보고기간 후부터 재무제표 발행 승인일 전에 지분상품 보유자에 대해 배당을 선언한 경우 그 배당금을 보고기간 말의 부채로 인식하지 않는다. 왜냐하면 보고기간 말에는 기업이 배당을 지급하겠다고 선언을 하지 않은 상태이므로 보고기간 말에 현재 의무가 존재하지 않기 때문이다. 따라서 미지급배당금 등은 배당을 선언한 날에 회계처리 한다.

## (4) 계속기업

경영진이 보고기간 후에 기업을 청산하거나 경영활동을 중단할 의도를 가지고 있거나, 청산 또는 경영활동의 중단 외에 다른 현실적 대안이 없다고 판단하는 경우에는 계속기업의 기준에 따라 재무제표를 작성해서는 아니 된다.

## Ⅱ 특수관계자 공시

## 1. 특수관계자 공시의 목적

기업은 지배력, 공동지배력 또는 유의적인 영향력을 통하여 피 투자자의 재무정책과 영업정책에 영향을 미칠 수 있고 그에 따라 피 투자자의 당기손익과 재무상태에 영향을 미칠 수 있다. 특수관계자는 특수관계가 아니라면 이루어지지 않을 거래를 성사시킬 수 있기 때문이다. 또한, 특수관계자 거래가 없더라도 특수관계 자체가 기업의 당기순손익과 재무상태에 영향을 줄 수 있다. 특수관계가 존재한다는 사실만으로도 기업과 다른 당사자와의 거래에 영향을 줄 수 있기 때문이다.

이러한 이유로 특수관계자와의 거래, 약정을 포함한 채권 · 채무 잔액 및 특수관계에 대한 이해는 재무제표이용자가 기업이 직면하고 있는 위험과 기회에 대한 평가를 포함하여

기업의 영업을 평가하는 데 영향을 줄 수 있다.

## 2. 공시

### (1) 지배기업과 종속기업 간 특수관계의 주석공시

① 지배기업과 그 종속기업 사이의 관계는 거래 유무에 관계없이 공시한다.
② 기업은 지배기업의 명칭을 공시하며, 최상위 지배자와 지배기업이 다른 경우에는 최상위 지배자의 명칭도 공시한다.

### (2) 주요 경영진의 주석공시

주요 경영진에 대한 보상의 총액과 다음 분류별 금액을 공시한다.
① 단기종업원급여
② 퇴직급여
③ 기타 장기급여
④ 해고급여
⑤ 주식기준보상

### (3) 특수관계자거래가 있는 경우의 주석공시

회계기간 내에 특수관계자거래가 있는 경우, 기업은 이용자가 재무제표에 미치는 특수관계의 잠재적 영향을 파악하는 데 필요한 거래, 약정을 포함한 채권·채무 잔액에 대한 정보뿐만 아니라 특수관계의 성격도 공시한다.

---

**특수관계자가 있는 경우 공시 사례 〈일간 NTN 기사 수정〉**

타이어 생산 및 재생 타이어 관련업을 영위하는 코스닥시장 상장법인 A사는 회사의 대주주이자 대표이사인 B가 회사 주식 및 전환사채를 지속적으로 매각해왔다. B의 주식 매각 사실이 알려지며 주가가 폭락하고 매각이 어렵자 B는 새로운 대주주를 내세워 회사의 사업전망 및 주가를 부양하기로 했다. B는 제3자 배정 유상증자를 통해 C가 최대주주가 될 수 있도록 본인이 지배하는 투자조합 D사를 통해 회사와 종속회사인 E사에 자금을 대여하고 E사는 C명의로 A회사에 증자대금을 납입했다. E사는 외부 회계감사 대상이 아닌 비외감법인이었다.
이후 A회사는 연결재무제표에서 이 같은 금액을 대여금으로 회계처리하고 특수관계자거

---

래로 공시하지 않았고, 유상증자로 납입된 자금을 다시 E사에 대여하고 E사는 D사에 상환해 B는 결국 자금을 모두 회수했다.

금감원은 회사의 최대주주가 된 C의 증자자금을 회사가 종속회사를 통해 대여했으면서도 이 사실을 특수관계자 거래에 미기재했다고 지적했다. 그러면서 자금거래의 실질내용을 파악해 최대주주에 대한 대여금으로 보아 특수관계자 거래로 주석에 공시해야 한다고 판단했다.

금감원은 기업회계기준서 제1024호(특수관계자 공시) 문단 18에 따라 특수관계자 거래가 있을 경우, 이용자가 재무제표에 미치는 특수관계의 잠재적 영향을 파악하는데 필요한 거래·약정을 포함한 채권 채무 잔액에 대한 정보와 특수관계의 성격을 공시해야 한다고 밝혔다.

## Ⅲ 중간재무보고

중간재무보고는 1년보다 더 짧은 기간(분기 또는 반기)을 대상으로 하는 재무제표를 말한다. 중간재무보고를 하는 가장 중요한 이유는 회계 정보의 적시성을 확보[13]하여 줌으로써 회계 정보의 유용성을 높일 수 있기 때문이다. 반면에 중간재무보고를 할 때는 주관이 많이 개입되므로 회계 정보의 신뢰성이 떨어질 수 있는 문제점이 있을 수 있다.

### (1) 중간재무보고서의 종류 : 1)과 2) 둘 중 선택가능

#### 1) 요약재무제표 보고방식

① 요약재무상태표
② 다음 중 하나로 표시되는 요약포괄손익계산서
　　ⓐ 단일 요약포괄손익계산서
　　ⓑ 별개의 요약손익계산서와 요약포괄손익계산서
③ 요약자본변동표
④ 요약현금흐름표
⑤ 선별적 주석

#### 2) 전체재무제표 보고방식

---

13) 적시성을 높여주기 위하여 우리나라에서는 상장회사나 코스닥상장법인의 경우에 중간재무보고서를 작성하여 공시하도록 규정하고 있다.

## (2) 중간재무제표가 제시되어야 하는 기간

| 20×2년도 2분기 중간재무제표(회계기간 4/1~6/30)를 20×1년도 재무제표와 비교 | | |
|---|---|---|
| 재무상태표 | 당해 중간보고기간 말과 직전 연차 보고기간 말을 비교하는 형식으로 작성한 재무상태표 | |
| | 20×2. 6. 30. | 20×1. 12. 31. |
| 포괄손익계산서 | 당해 중간기간과 당해 회계연도 누적기간을 직전 회계연도의 동일기간과 비교하는 형식으로 작성한 포괄손익계산서 | |
| | 20×2. 4. 1. ~ 20×2. 6. 30.<br>20×2. 1. 1. ~ 20×2. 6. 30. | 20×1. 4. 1. ~ 20×1. 6. 30.<br>20×1. 1. 1. ~ 20×1. 6. 30. |
| 자본변동표,<br>현금흐름표 | 당해 회계연도 누적기간을 직전 회계연도의 동일기간과 비교하는 형식으로 작성한 자본변동표, 현금흐름표 | |
| | 20×2. 1. 1. ~ 20×2. 6. 30. | 20×1. 1. 1. ~ 20×1. 6. 30. |

## (3) 인식과 측정

### 1) 연차기준과 동일한 회계정책

① 중간재무제표는 연차재무제표에 적용하는 회계정책과 동일한 회계정책을 적용하여 작성한다. 다만 직전 연차보고기간 말 후에 회계정책을 변경하여 그 후의 연차재무제표에 반영하는 경우에는 변경된 회계정책을 적용한다.

② 연차재무제표의 결과가 보고빈도(연차보고, 반기보고, 분기보고)에 따라 달라지지 않아야 한다.

③ 중간재무보고를 위한 측정은 당해 회계연도 누적기간을 기준으로 하여야 한다.

### 2) 계절적, 주기적 또는 일시적인 수익

계절적, 주기적 또는 일시적으로 발생하는 수익은 연차보고기간 말에 미리 예측하여 인식하거나 이연하는 것이 적절하지 않은 경우 중간보고기간 말에도 미리 예측하여 인식하거나 이연하여서는 안 된다.

### 3) 연중 고르지 않게 발생하는 원가

연중 고르지 않게 발생하는 원가는 연차보고기간 말에 미리 비용으로 예측하여 인식하거나 이연하는 것이 타당한 방법으로 인정되는 경우에 한하여 중간재무보고서에서도 동일하게 처리한다.

**01.** 다음 중 수정을 요하는 보고기간 종료일 후 발생 사건이 아닌 것은?

① 보고기간 종료일 이전에 존재하였던 소송사건의 결과가 보고기간 종료일 후에 확정
되어 이미 인식한 손실금액을 수정해야 하는 경우

② 보고기간 종료일 이전에 구입한 자산의 취득원가 또는 매각한 자산의 금액이 보고
기간 종료일 후에 결정되는 경우

③ 보고기간 종료일 이전에 취득한 유가증권의 시장가격이 보고기간 종료일과 재무제
표가 사실상 확정된 날 사이에 하락하는 경우

④ 전기 또는 그 이전기간에 발생한 회계적 오류를 보고기간 종료일 후에 발견하는 경우


**02.** 보고기간 후 사건에 대한 회계처리의 설명 중 옳지 않은 것은?

① 보고기간 후 사건이란 보고기간 말과 재무제표 발행승인일 사이에 발생한 유리하거
나 불리한 사건을 말한다.

② 재무제표 발행승인일이란 주주가 재무제표를 승인한 날이 아니라 주주총회에 제출
하기 위한 재무제표를 이사회가 발행 승인한 날을 의미한다.

③ 보고기간 후에 기업의 청산이 확정되었더라도 재무제표는 계속기업의 기준에 기초
하여 작성하고 청산 관련 내용을 주석에 기재한다.

④ 수정을 요하는 보고기간 후 사건은 이를 반영하기 위하여 재무제표에 이미 인식한
금액은 수정하고, 재무제표에 인식하지 아니한 항목은 새로 인식하여야 한다.


**03.** 다음은 보고기간 후 사건에 대한 회계처리이다. 가장 올바르지 않은 것은? (단, 보고기간 말은
20×0년 12월 31일이며 이사회가 재무제표를 발행 승인한 날은 20×1년 3월 10일이라고
가정한다)

① 20×0년 12월 31일 공정가치로 평가한 당기손익 – 공정가치 측정 금융자산의 시장가
치가 20×1년 1월 10일 급격히 하락하여 추가적인 평가손실을 20×0년 재무제표에 인
식하였다.

② 20×1년 1월 10일에 순실현가능가치 미만의 가격으로 재고자산을 판매하여 이미 인
식한 20×0년 말 현재의 해당 재고자산의 순실현가능가치 금액을 수정하였다.

③ 20×0년 5월부터 진행 중이던 소송의 결과가 20×1년 1월 10일에 법원의 확정 판결로
이미 인식한 금액과의 차이를 20x0년 재무제표에 추가로 인식하였다.

④ 20×0년 12월 10일에 취득한 기계장치의 취득원가가 20×1년 1월 10일 확정되어 이미 인식한 20×0년 말 현재의 해당 기계장치의 금액을 수정하였다.

**04.** 다음 중 수정을 요하는 보고기간 후 사건에 해당하는 것을 모두 고른 것은?

> ㄱ. 보고기간 말 이전 사건의 결과로서 보고기간 말에 종업원에게 지급하여야 할 법적의무가 있는 상여금 지급금액을 보고기간 후에 확정하는 경우
> ㄴ. 보고기간 말 이전에 구입한 자산의 취득원가나 매각한 자산의 대가를 보고기간 후에 결정하는 경우
> ㄷ. 보고기간 말과 재무제표 발행승인일 사이에 투자자산의 시장가치가 하락한 경우
> ㄹ. 보고기간 말 이전에 이미 자산손상이 발생되었음을 나타내는 정보를 보고기간 후에 입수하는 경우

① ㄱ, ㄴ
② ㄱ, ㄴ, ㄹ
③ ㄱ, ㄷ, ㄹ
④ ㄱ, ㄴ, ㄷ, ㄹ

**05.** 다음 중 특수관계자 공시에 대한 설명으로 가장 올바른 것은?

① 특수관계자와의 거래가 있는 경우의 주석공시는 거래 금액에 대한 정보만 기재하면 된다.
② 주요 경영진에 대한 보상에는 단기종업원급여와 퇴직급여만을 공시한다.
③ 보고기업에 유의적인 영향력을 행사할 수 있는 개인은 보고기업과 특수관계자가 아니다.
④ 지배기업과 그 종속기업 사이의 관계는 거래의 유무에 관계없이 공시한다.

**06.** 다음 중 중간재무보고에 관한 설명으로 가장 올바르지 않은 것은?

① 중간재무보고서는 최소한 요약 재무상태표, 요약포괄손익계산서, 요약자본변동표, 요약현금흐름표 및 선별적 주석을 포함하여야 한다.
② 특정 중간기간에 보고된 추정금액이 최종 중간기간에 중요하게 변동하였지만, 최종 중간기간에 대하여 별도의 재무보고를 하지 않는 경우, 추정의 변동내용과 금액을 해당 회계연도의 연차재무제표에 주석으로 공시하지 않는다.
③ 현금흐름표는 당해 회계연도 누적 기간을 직전 회계연도의 동일기간과 비교하는 형식으로 작성한다.
④ 중간재무보고는 회계 정보의 적시성을 확보하여 줌으로써 회계 정보의 유용성을 높일 수 있다.

07. 다음 중 기업이 특수관계자로 인식하여야 할 대상으로 가장 올바르지 않은 것은?

① 당해 기업의 거래처
② 당해 기업의 관계기업
③ 당해 기업의 주요 경영진
④ 당해 기업의 지배기업 및 종속기업

08. 다음 중 중간재무보고서에 대한 설명으로 가장 올바르지 않은 것은?

① 중간재무보고서는 한 회계연도보다 짧은 회계기간을 대상으로 하는 재무제표를 말한다.
② 포괄손익계산서는 당해 중간보고기간말과 직전 연차보고기간말을 비교하는 형식으로 작성한다.
③ 자본변동표는 당해 회계연도 누적기간을 직전 회계연도의 동일기간과 비교하는 형식으로 작성한다.
④ 현금흐름표는 당해 회계연도 누적기간을 직전 회계연도의 동일기간과 비교하는 형식으로 작성한다.

| 1 | 2 | 3 | 4 | 5 | 6 | 7 | 8 |
|---|---|---|---|---|---|---|---|
| ③ | ③ | ① | ② | ④ | ② | ① | ② |

Part 02

재무상태표

# 01 현금 및 수취채권

## Ⅰ 현금 및 현금성자산

### 1. 현금

현금(cash)이란 유동성이 가장 높은 자산으로써 재화나 용역을 구입하는 데 사용하는 교환의 대표적인 수단이며, 현재의 채무를 상환하는 데 쉽게 이용할 수 있는 지불수단이다. 현금은 통화와 통화대용증권을 포함한다.

① 통화 : 지폐와 동전
② 통화대용증권[14] : 통화는 아니지만 통화와 같은 효력이 있는 것으로 언제든지 통화로 교환할 수 있다. 타인발행 당좌수표, 은행발행 자기앞수표, 송금수표, 가계수표, 우편환증서, 배당금지급 통지표, 만기가 도래한 국공채 및 회사채이자표 등이 있다.

### 2. 요구불예금

요구불예금이란 예금주가 요구하면 특별한 손해 없이 현금처럼 쉽게 인출[15]해 쓸 수 있는 상태의 예금을 말한다.

① 보통예금
② 당좌예금(checking account) : 기업이 은행과 당좌계약을 맺고 예금한 현금을 필요에 따라 수표로 발행하여 인출할 수 있는 예금이다. 수표나 어음의 발행은 은행의 당좌예금잔액의 한도 내에서 발행하여야 하나, 은행과 당좌차월계약을 맺으면 예금 잔액을 초과하여 신용도에 따라 계약 한도액까지 수표나 어음을 발행할 수 있다. 이때 당좌예

---

14) 우표 및 수입인지 등은 교환의 매개로 자유롭게 사용할 수 없기 때문에 현금으로 분류하지 않고, 구입시 비용으로 분류한다. 또한 선일자수표는 매출채권 또는 미수금으로 분류한다. 선일자수표란 실제발행한 날 이후의 일자를 수표상의 발행일자로 하여 수표상의 발행일에 지급할 것을 약속하는 증서이다. (형식은 수표이나 실질은 어음)
15) 사용제한(담보 및 질권 설정)된 예금은 현금성 자산이 아닌 장기성 금융상품이다.

금 잔액을 초과하여 수표나 어음을 발행한 금액을 당좌차월이라고 하고 기업의 장부에는 대변(오른쪽)의 잔액[16]이 된다.

| 보론 | 은행계정조정표 |

일정시점에서 회사 측의 당좌예금잔액과 은행 측의 당좌예금원장잔액이 회사나 은행 측의 착오 또는 기록시점의 불일치로 차이가 발생할 수 있다. 따라서 이들 양자 간의 차이를 조사하여 수정해야 하는데, 이때 작성하는 표를 은행계정조정표라고 한다.

| 조정항목 | 내 용 | 조정 |
|---|---|---|
| 은행미기입예금 | 다른 회사로부터 회사의 당좌계정에 일정금액을 예입하였다는 통지를 받고 회사는 당좌예금계정에 입금으로 처리하였으나 이 입금액이 은행 정상 영업시간 후에 입금(마감 후 입금)일 경우 | 은행 (+) 조정 |
| 기발행 미인출수표 | 회사에서는 수표를 이미 발행하고 장부에서 출금기록을 하였으나, 수표 소지자가 아직 은행에서 지급제시를 하지 않아 은행 측 잔액에 포함되어 있는 경우 | 은행 (−) 조정 |
| 매출채권추심 | 은행이 만기가 도래한 어음(외상매출금, 추심어음 등)을 추심하여 회사의 당좌예금계좌에 입금 처리했으나 회사는 아직 이 사실을 통보받지 못하였을 경우 | 회사 (+) 조정 |
| 당좌거래수수료 및 이자비용 | 은행 측에서 당좌거래수수료, 채권추심수수료, 당좌차월이자 등을 출금 기록하였지만, 회사 측에 아직 통보가 되지 않은 경우 | 회사 (−) 조정 |
| 이자수익 | 당좌예금으로 다른 계좌의 이자수익 등이 이체되어 있는 경우에 회사의 당좌예금잔액에 이 금액이 반영되지 않은 경우 | 회사 (+) 조정 |
| 부도어음과 수표 | 회사에서 거래대금으로 받은 수표를 당좌예금에 입금하였으나, 은행에서 해당 수표는 부도수표로 판명되어 입금에서 차감기록을 하였으나 회사 측에는 아직 연락이 가지 않은 경우 | 회사 (−) 조정 |
| 무통장입금 | 거래처에서 기업에게 통보하지 않고 온라인으로 외상매출금 등을 송금한 경우 회사의 당좌예금잔액에 이 금액이 반영되지 않은 경우 | 회사 (+) 조정 |
| 기타오류 | 은행이나 회사 모두 분개장, 총계정원장 등에 기입하는 과정에서 누락이나 오류가 발생하여 불일치가 나타날 수 있음. 이런 차이가 발생하는 경우에는 오류를 발생시킨 측의 잔액을 조정해야 함. | 각자 조정 |

16) 결산시점에 대변 잔액은 은행으로부터 차입한 것으로 단기차입금의 계정과목으로 유동부채로 분류

## 3. 현금성자산

현금성자산이란 유동성이 매우 높은 단기금융상품을 말한다. 구체적으로 다음과 같다.
① 큰 거래비용 없이 쉽게 현금으로 전환할 수 있다.
② 이자율 변동에 따른 가치변동의 위험이 중요하지 않다.
③ 취득당시 **만기가 3개월 이내**에 도래하여야 한다.

> **현금성자산의 사례 〈이투데이 기사 수정〉**
>
> L사의 현금성자산이 사업추진비 지출 증가로 절반 가까이 감소했다. L사의 사업보고서에 따르면 연결재무제표 기준 지난해 현금 및 현금성자산은 4,305억 원으로 전년(약 9,315억 원) 대비 54% 감소한 것으로 나타났다. L사는 통화대용증권과 당좌예금, 보통예금 및 큰 거래비용 없이 현금으로 전환이 쉬우며 이자율 변동에 따른 가치변동 위험이 낮은 금융상품 중 취득 당시 만기일이 3개월 이내인 것을 현금 및 현금성자산으로 처리하고 있다.

# Ⅱ 수취채권

수취채권(receivables)이란 기업이 영업활동을 수행하는 과정에서 재화나 용역을 외상으로 판매하고 그 대가로 미래에 현금을 수취할 권리를 획득하는 매출채권 또는 타인에게 자금을 대여하고 그 대가로 차용증서나 어음을 수취하는 경우 등에서 발생하는 기타채권(비매출채권)으로 구분된다.

| | |
|---|---|
| 매출채권 | 외상매출금, 받을어음 등 상거래에서 발생 |
| 기타채권 | 미수금, 대여금 등 상거래 이외의 거래에서 발생 |

## 1. 외상매출금

상품매매업에 있어서 가장 빈번하게 발생하는 거래는 상품의 매출 및 매입거래이다. 거래에 따른 대금이 즉시 결제될 수도 있지만 신용으로 거래되는 것이 대부분이다 이러한 외상거래로 거래처(매출처와 매입처) 사이에는 채권·채무의 관계가 발생한다. 외상매출금 발생 시점과 추후 외상매출금 회수 시점의 회계처리는 다음과 같다.

---

| 예제 |

20×1년 8월 6일 ㈜용산에 상품 1,000,000원에 판매하면서 현금 300,000원을 수령하였고 나머지는 외상으로 한 뒤, 8월 10일 ㈜용산으로부터 외상대금 700,000원을 현금으로 입금 받았다.

1. 분개

| ×1. 8. 6 | (차) 현 금 | 300,000 | (대) 상품매출 | 1,000,000 |
|---|---|---|---|---|
| | 외상매출금 | 700,000 | | |
| ×1. 8. 10 | (차) 현 금 | 700,000 | (대) 외상매출금 | 700,000 |

2. 총계정원장 및 보조원장에의 전기

(1) 총계정원장

외상매출금

8.6 상품매출 700,000 |

(2) 매출처원장(외상매출금)

㈜용산

8.6 상품매출 700,000 | 8.10 현금회수 700,000

---

## 2. 받을어음

상품의 매매대금과 외상대금을 결제할 때에는 현금이나 수표 이외에 어음을 많이 사용하고 있다. 통상 은행이 어음용지를 발행회사에 지급하고, 발행회사는 외상으로 물건을 구입할 때 금액, 수령인, 발행일자, 만기일자 등을 기재한 후 매입처에 교부한다. 만기일 전에 어음금액을 지급할 수 있도록 은행에 돈을 예치해야 하며 지급할 예금이 없다면 부도가 발생된다.

## (1) 받을어음 수령

---

| 예제 |

20×1년 8월 6일 ㈜용산의 외상매출금 100,000,000원 중 20,000,000원은 현금으로 받고, 나머지는 ㈜용산이 발행한 약속어음(만기 : 9월 30일)을 받았다.

×1. 8. 6

| (차) 현 금 | 20,000,000 | (대) 외상매출금 | 100,000,000 |
|---|---|---|---|
| 받을어음(㈜용산) | 80,000,000 | | |

---

## (2) 받을어음 추심[17]

9월 30일 만기가 도래하여 거래은행에 추심을 의뢰한 ㈜용산의 받을어음 80,000,000원 중 추심수수료 400,000원을 차감한 금액이 보통예금계좌에 입금되었다.

×1. 9. 30
(차) 보통예금               79,600,000     (대) 받을어음(㈜용산)          80,000,000
     수수료(판매비와관리비)    400,000

## (3) 받을어음 배서[18]

8월 6일 ㈜삼일에 지급할 외상매입금 1,000,000원에 대해 700,000원은 현금, 나머지 300,000원은 ㈜마포로부터 받은 약속어음을 배서 양도하였다.

×1. 8. 6
(차) 외상매입금(㈜삼일)      1,000,000     (대) 현금                     700,000
                                              받을어음(㈜마포)            300,000

## (4) 받을어음 할인

통상 어음의 만기는 2개월 정도이나 기업의 유동성 부족으로 인해 어음을 만기까지 기다리기 어려워 해당 어음을 은행에 팔고, 은행이 만기일에 어음대금을 받는 것을 어음할인이라 한다.

① 매각거래 (만기일 전 부도 발생하는 경우에도 회사의 책임 없음)

8월 6일 거래처 ㈜삼일로부터 받은 받을어음 1,000,000원을 거래은행에 할인하고 할인료 70,000원을 차감한 잔액을 보통예금에 입금하였다.

---

17) 거래은행에 어음대금의 회수를 의뢰하는 것을 말하며, 이때 발생되는 수수료는 판매비와관리비의 수수료비용으로 처리한다.

18) 어음 만기 전에 다른 회사로 넘기는 경우 어음 뒷면에 회사 이름을 적고 싸인 또는 도장을 찍으면 어음 소유권이 이전된다.

×1. 8. 6

(차) 보통예금                930,000    (대) 받을어음(㈜삼일)        1,000,000
     매출채권처분손실          70,000

② 차입거래 (만기일 전 부도 발생하는 경우 회사의 책임)

| 예제 |

8월 6일 거래처 ㈜삼일로부터 받은 받을어음 1,000,000원을 거래은행에 할인하고 할인료 50,000원을 차감한 잔액을 보통예금에 입금하였다.

×1. 8. 6

(차) 보통예금                950,000    (대) 단기차입금             1,000,000
     이자비용               50,000

(참고) 어음만기는 1년 이내이기 때문에 어음할인액은 단기차입금으로 처리한다.

## (5) 부도어음

| 예제 |

8월 6일, 7월 20일에 제품을 매출하고 ㈜삼일로부터 수취한 어음 1,000,000원이 부도처리되었다는 것을 은행으로부터 통보받았다.

×1. 8. 6

(차) 부도어음과수표(㈜삼일) 1,000,0000    (대) 받을어음(㈜삼일)   1,000,0000

## 3. 비매출채권

## (1) 단기대여금

대여금이란 나중에 이자 등을 포함하여 상환받기로 약정하고 **거래 상대방에게 돈을 빌려주는 것**을 말한다. 그중에서 회계기간 종료일 1년 이내에 돌려받을 수 있는 돈을 단기대여금이라고 한다.

| 참고 |

거래처 ㈜용산에 대한 외상매출금 100,000원을 대여금(만기 3개월)으로 전환하기로 하였다.

(차) 단기대여금             100,000    (대) 외상매출금            100,000

## (2) 미수금

미수금이란 기업의 **영업활동 외의 거래**에서 발생하였으나 아직 받지 못한 채권을 말한다. 대표적인 예로는 기업에서 보유하고 있던 차량 및 기계장치 등을 매각하고 받지 못한 채권이 있다.

---
┤ 참고 ├

기업에서 업무용으로 사용하던 기계장치(장부금액 1,000,000원)를 거래처 ㈜용산에 1,000,000원에 매각하고, 대금은 ㈜용산이 발행한 어음(만기 60일)을 받았다.

(차) 미수금*              1,000,000    (대) 기계장치           1,000,000

      *받을어음 아님에 유의

---

## (3) 선급금

일반적 상거래에 속하는 재고자산의 구입 등을 위하여 **선 지급한 계약금**을 말한다.

---
┤ 참고 ├

㈜서울과 ㈜용산의 각각의 거래내역은 다음과 같다.

1. 20×0년 8월 9일 거래처 ㈜용산에서 원재료 10,000,000원을 구입하기로 계약하고 대금의 10%를 계약금으로 현금지급하다.

   ① ㈜서울 : (차) 선급금     1,000,000    (대) 현 금        1,000,000
   ② ㈜용산 : (차) 현 금       1,000,000    (대) 선수금     1,000,000

2. 20×0년 8월 31일 ㈜용산으로부터 원재료를 인도받고 나머지 잔금을 현금으로 지급하였다. ㈜용산은 제품매출에 해당한다.

   ① ㈜서울 : (차) 원재료     10,000,000    (대) 선급금      1,000,000
                                                               현 금       9,000,000
   ② ㈜용산 : (차) 선수금     1,000,000    (대) 제품매출   10,000,000
                    현 금       9,000,000

---

**선급금의 사례 〈이데일리 기사 수정〉**

H사가 K사 외 18개사에 247억200만 원 규모의 선급금 지급을 결정했다고 28일 공시했다. 이번 선급금 지급 규모는 자기자본 대비 18.55%다. 회사 측은 "방위산업에 관한 착수금 및 중도금 지급규칙에 의거해 선급금을 지급했다"고 밝혔다.

## (4) 미수수익

미수수익이란 발생주의에 따라 비록 현금을 수취하진 않았지만 당기의 수익으로 인식해야하는 것을 말한다. 미수수익의 대표적인 예로는 정기예금 이자가 있다. 정기예금의 이자는 만기시점에 원금과 전체 이자를 일시에 수령한다. 반면에 회계는 발생주의에 따라 회계기간 말 결산을 하여야하기 때문에 아직 받지 못한 이자를 미수수익으로 처리해야 한다.

> **참고**
>
> 20×0년 8월 1일, 10,000,000원을 연이자율 6%, 만기 1년의 정기예금에 가입하였다. 20×0년도에 인식하여야 할 이자수익과 미수수익은 얼마인가?
> ① 20×0년 이자수익 : (10,000,000원 × 6% ) / 12개월 × 5개월 = 250,000원
> ② 분개 및 미수수익
>     ×0. 12. 31 (차) 미수수익     250,000     (대) 이자수익     250,000

## (5) 선급비용

선급비용이란 미리 지급한 비용 중 아직 비용화가 되지 않은 부분을 회사의 자산으로 처리하는 것을 말한다.

> **참고**
>
> 20×0년 10월 1일 창고 화재보험료 1년치를 1,200,000원을 미리 지급하였다.
> 20×0. 10. 1 (차) 보험료     1,200,000     (대) 현 금     1,200,000
> 20×0. 12. 31 (차) 선급비용     900,000     (대) 보험료     900,000

# Ⅲ 대손회계

매출채권의 전부 또는 일부를 회수할 수 없을 것으로 예상되는 상황을 손상의 발생 또는 대손(bad debts)의 발생이라고 한다. K-IFRS는 보고기간 말의 매출채권에 회수가능성을 평가하여 공시하도록 규정하고 있다.

## 1. 회수가능성 평가

기업은 각 거래처에 대한 매출채권의 채무불이행 발생에 대한 확률과 그 결과 회수하지 못할 것으로 예상되는 금액을 측정하여 기대신용손실을 추정한다.

## 2. 대손회계

### (1) 대손의 확정

특정 채권의 회수가 불가능하다는 사실이 확인되는 경우를 말한다. 대손이 발생한 경우에는 대손충당금과 관련 채권을 상계시키는데, 대손충당금 잔액이 부족한 경우에는 대손상각비로 처리한다.

---

**│ 참고 │**

1. 외상매출금 100,000원에 대하여 대손이 20,000원 확정되었다. 대손발생시점에서의 대손충당금계정잔액은 30,000원이다.
   (차) 대손충당금 20,000          (대) 외상매출금 20,000

2. 외상매출금 100,000원에 대하여 대손이 20,000원 확정되었다. 대손발생시점에서의 대손충당금계정잔액은 10,000원이다.
   (차) 대손충당금 10,000          (대) 외상매출금 20,000
       대손상각비 10,000

직전연도에 회수가능성을 평가하여 대손상각비라는 비용을 미리 인식하였기 때문에 당기에 대손이 확정된 경우에는 대손충당금으로 처리한다. 매출채권의 회수불능처리가 포괄손익계산서에 영향을 주지 않는다는 것이다. 하지만 대손충당금 잔액을 초과하여 대손이 발생되는 경우에는 그 초과액은 대손상각비(당기비용)로 처리한다.

---

## (2) 대손처리한 채권의 회수

대손이 확정되었다고 판단하여 회계처리 하였던 매출채권이 다시 회수된 경우 회계처리는 다음과 같다.

```
(차) 현      금           ×××    (대) 대손충당금              ×××
이는 다음과 같이 당기 대손확정시의 분개를 취소하는 분개와 외상매출금의 회수분개가
합쳐진 것이다. 외상매출금 계정을 지우고 보면 위 분개를 확인할 수 있다.
① 확정된 대손의 취소
   (차) 외상매출금          ×××    (대) 대손충당금              ×××
② 외상매출금의 회수
   (차) 현      금          ×××    (대) 외상매출금              ×××
```

## (3) 기말대손충당금의 설정

기말 결산시점에 기말채권 잔액에 대하여 다시 기대신용손실을 추정하여 대손예상액을 추산한 후 대손충당금잔액을 결정하여야 한다. 만약, 결산 전 대손충당금 잔액이 대손예상액보다 부족한 경우에는 부족분을 대손상각비로 처리하여 추가로 설정한다.

```
(차) 대손상각비           ×××    (대) 대손충당금              ×××

 기말대손충당금 추정액 - 결산정리 전 대손충당금 잔액
```

| 구 분 | 회계처리 |
|---|---|
| 대손확정시(기중) | (차) 대손충당금    ×××    (대) 매출채권    ×××<br>   대손상각비    ×××<br>(대손충당금 잔액이 부족한 경우) |
| 대손처리한 채권의 회수 | (차) 현      금    ×××    (대) 대손충당금    ××× |
| 결산 시 | (대손확정 된 채권)<br>(차) 대손충당금    ×××    (대) 매출채권    ×××<br>   대손상각비    ×××<br><br>(대손추정 된 채권)<br>(차) 대손상각비    ×××    (대) 대손충당금    ×××<br>            또는<br>(차) 대손충당금    ×××    (대) 대손충당금환입    ××× |

대손충당금의 사례 〈더밸류뉴스 기사 수정〉

한신평은 "K은행은 국내은행업 내 대출금 점유율 1위(14.6%), 예수금 점유율 1위(16.5%)의 대규모 영업네트워크를 보유한 시중은행으로 광범위한 고객기반을 바탕으로 소매금융에 경쟁력을 보유하고 있다"며 "최근 사업기반 다각화를 위한 해외 영업력 확대로 장기 성장동력 확보했다"고 평가했다. K은행은 3개년 평균 총자산수익률(ROA) 0.59%로 이자 이익위주의 수익구조를 보이고 있다. 예금고객의 충성도를 기반으로 지난해 3분기 기준 순이자수익(NIM)은 시중은행 평균 1.62를 상회하는 1.71을 기록했다. 이에 한신평은 "향후 자산건전성 추이에 따른 대손충당금 추가 전입 가능성이 존재하지만 이자이익을 기반으로 현 수준의 수익성을 유지할 것으로 보인다"고 분석했다.

| 예제 |

## 1. 현금 및 현금성자산의 분류

㈜용산은 다음과 같은 자산을 보유하고 있다.

| | | | |
|---|---|---|---|
| 50,000권 지폐 | 20장 | 우편환 | 70,000 |
| 자기앞수표 | 100,000 | 보통예금 | 150,000 |
| 우표 | 50,000 | 당좌예금 | 200,000 |
| 선일자수표 | | 250,000 | |
| 만기가 2개월인 양도성 예금증서 | | 300,000 | |
| 만기가 6개월인 정기적금 | | 280,000 | |
| 만기가 3개월인 환매채 | | 210,000 | |

**풀이**

| 보유자산 | 현 금 | 현금성자산 | 기 타 |
|---|---|---|---|
| 지폐 | 1,000,000 | | |
| 자기앞수표 | 100,000 | | |
| 우표 | | | 50,000원<br>(소모품) |
| 우편환 | 70,000 | | |
| 보통예금 | 150,000 | | |
| 당좌예금 | 200,000 | | |
| 선일자수표 | | | 250,000원<br>(매출채권) |

| 보유자산 | 현 금 | 현금성자산 | 기 타 |
|---|---|---|---|
| 만기가 2개월인 양도성예금증서 | | 300,000 | |
| 만기가 6개월인 정기적금 | | | 280,000원 |
| | | | (단기금융자산) |
| 만기가 3개월인 환매채 | | 210,000 | |
| | 1,520,000 | 510,000 | |

## cf. 선일자수표

수표발행인이 발행 당시에는 은행에 예금이 없지만 후일 예금할 예정으로 그 예정일을 발행일로 해서 발행한 수표를 말한다. 법률적으로는 보통수표와 차이가 없지만 발행인과 수취인 사이에 수표에 적힐 예정일에 은행에 지급을 요구할 것으로 개인적으로 약속한 것으로 입금예정일이 되어야만 매출채권을 회수할 수 있다.

예제2. 대손에 관한 회계처리

다음은 ㈜용산의 20×1년 거래내역이다. 일자별 회계처리를 하세요. 단, 20×1년 현재 매출채권 잔액은 2,000,000원, 대손충당금의 잔액은 100,000원이다.

1. 4월 10일 매출채권 중 130,000원이 대손확정 되었다.
2. 4월 17일 매출채권 중 300,000원이 현금회수 되었다.
3. 5월 10일 거래처에 1,000,000원 외상매출을 하였다.
4. 5월 20일 매출채권 중 50,000원 대손확정 되었다.
5. 6월 10일 4월 10일 대손처리 하였던 매출채권 중 30,000원이 현금회수 되었다.
6. 6월 20일 전기이전에 대손처리 하였던 매출채권 중 70,000원이 현금회수 되었다.
7. 11월 10일 매출채권 중 700,000원이 현금회수 되었다.
8. 12월 31일 매출채권 중 20,000원은 대손이 확정되었고 매출채권 잔액 중 미래 현금회수 할 것으로 추정 된 금액은 1,800,000원이다.

**풀이**

| | | | | | | |
|---|---|---|---|---|---|---|
| 1. | 4. 10 | 대손충당금 | 100,000 | / | 매 출 채 권 | 130,000 |
| | | 대손상각비 | 30,000 | | | |
| 2. | 4. 17 | 현　　　금 | 300,000 | / | 매 출 채 권 | 300,000 |
| 3. | 5. 10 | 매 출 채 권 | 1,000,000 | / | 매　　　출 | 1,000,000 |
| 4. | 5. 20 | 대손상각비 | 50,000 | / | 매 출 채 권 | 50,000 |
| 5. | 6. 10 | 현　　　금 | 30,000 | / | 대손충당금 | 30,000 |
| 6. | 6. 20 | 현　　　금 | 70,000 | / | 대손충당금 | 70,000 |
| 7. | 11. 10 | 현　　　금 | 700,000 | / | 매 출 채 권 | 700,000 |
| 8. | 12. 31 | 대손충당금 | 20,000 | / | 매 출 채 권 | 20,000 |
| | | 대손상각비 | 120,000 | / | 대손충당금 | 120,000 |

**01.** 다음 항목 중 반드시 현금성자산에 해당하는 것은?

① 지급기일 도래한 사채이자표

② 결산시점 만기 5개월 양도성예금증서

③ 선일자수표

④ 결산시점 만기 3개월 양도성 예금증서

**02.** 다음 중 매출채권에 대한 설명으로 틀린 것은?

① 매출채권이란 영업활동으로 제품이나 서비스를 제공하고 아직 대금을 받지 못한 경우의 금액을 말한다.

② 매출채권에는 외상매입금과 지급어음이 있다.

③ 매출채권에 대한 대손충당금 설정은 순실현가능가치로 평가하고, 매출채권에 대한 자산 평가를 적정하게 한다.

④ 매출채권에 대한 대손충당금 설정은 대손이 예상되는 회계연도에 대손예상액만큼을 대손충당금으로 적립하였다가 실제로 대손이 확정되는 시점에 대손충당금과 상계 처리한다.

**03.** ㈜용산의 기말 재무상태표 일부이다. 당기 손익계산서에 기록될 대손상각비는 얼마인가?

> • 20×0년 기초 대손충당금 73,000원, 기중 대손발생액 30,000원이다.
> • 20×0년 기말 재무상태표 매출채권은 5,000,000원, 대손충당금은 110,000원이다.

① 30,000원          ② 43,000원

③ 67,000원          ④ 80,000원

**04.** 다음은 모두 큰 거래비용 없이 현금으로 전환이 용이하고 이자율 변동에 따른 가치 변동의 위험이 경미한 금융상품이다. 다음 중 현금성자산이 아닌 것은?

① 20×1년 12일 10일 취득하였으니 상환일이 20×2년 4월 20일인 상환우선주

② 3개월 이내의 환매조건인 환매체

③ 투자신탁의 계약기간이 3개월 이내인 초단기수익증권

④ 취득당시 만기가 3개월 이내에 도래하는 채권

**05.** 다음은 ㈜삼일의 대손충당금과 관련된 내용이다. 거래내용을 확인한 후 당기 대손상각비로 계상될 금액을 구하시오.

> • 기초 매출채권 잔액은 500,000원이고 대손충당금 잔액은 20,000원이다.
> • 당기 외상매출금 중에 10,000원이 대손 확정되었다.
> • 전기 대손 처리한 매출채권 중 7,000원이 회수되었다.
> • 당기 말 대손충당금 잔액은 22,000원이다.

① 21,000원          ② 15,000원
③ 12,000원          ④ 5,000원


**06.** 다음 중 현금 및 현금성자산은 얼마인가?

> • 통화대용증권 : 200,000원
> • 우표 및 수입인지 : 100,000원
> • 보통예금 : 300,000원
> • 정기예금 : 400,000원
> • 취득당시에 만기가 100일 남아있는 단기금융상품 : 500,000원

① 500,000원          ② 600,000원
③ 900,000원          ④ 1,000,000원


**07.** 다음 중에서 「현금 및 현금성자산」에 속하지 않는 것은?

① 현금 및 지폐
② 타인발행 당좌수표
③ 자기앞수표
④ 취득 당시 5개월 후 만기 도래 기업어음(CP)

**08.** ㈜한국은 20×1년 말 은행계정조정을 위하여 거래은행인 S은행에 당좌예금 잔액을 조회한 결과 회사측 잔액과 다른 250,000원이라는 회신을 받았다. ㈜한국은 조사결과 다음과 같은 사실들을 발견하였다.

> • 회사가 20×1년 12월 31일에 입금한 20,000원을 은행은 20×1년 1월 4일에 입금 처리하였다.
> • 회사가 20×1년에 발행한 수표 중 12월 말 현재 은행에서 아직 인출되지 않은 금액은 40,000원이다.
> • 회사가 20×1년 12월 중 은행에 입금한 수표 50,000원이 부도 처리되었으나 12월 말 현재 회사에는 통보되지 않았다.

은행계정조정 전 20×1년 말 ㈜한국의 당좌예금 장부 금액은?

① 200,000원
② 220,000원
③ 240,000원
④ 280,000원

**09.** ㈜한국의 20×1년 말 현재 당좌예금 잔액은 1,000원이고, 은행측 잔액증명서상 잔액은 1,550원이다. 기말 현재 그 차이 원인이 다음과 같을 때, 올바른 당좌예금 잔액은?

> • ㈜한국이 발행한 수표 100원이 미인출상태다.
> • ㈜한국이 거래처 A로부터 받아 은행에 입금한 수표 200원이 부도처리 되었으나, 은행으로부터 통지받지 못하였다.
> • 거래처 B로부터 입금된 300원을 ㈜한국은 30원으로 잘못 기록하였다.
> • 거래처 C에 대한 외상판매대금 400원을 은행이 추심하였고, 추심수수료 20원이 인출되었다. 그러나 ㈜한국은 추심 및 추심 수수료를 인식하지 못하였다.

① 1,070원
② 1,350원
③ 1,450원
④ 1,570원

**10.** ㈜주성의 결산일 현재 외상매출금 잔액이 5,000,000원이고, 이 중 실제 회수가능가액을 4,950,000원으로 추정할 때 이에 대한 결산수정분개로 가장 옳은 것은(단, 기초 대손충당금 잔액은 없다)?

① (차) 대손상각비 50,000원 (대) 매출 50,000원
② (차) 대손상각비 50,000원 (대) 대손충당금 50,000원
③ (차) 대손충당금 50,000원 (대) 외상매출금 50,000원
④ (차) 외상매출금 50,000원 (대) 대손상각비 50,000원

11. ㈜대한은 매출채권의 손상차손 인식과 관련하여 대손상각비와 대손충당금 계정을 사용한다. 20×1년 초 매출채권과 기대신용손실은 각각 2,000,000원과 100,000원이었다. 다음은 20×1년에 발생한 거래와 20×1년 말 손상차손 추정과 관련한 자료이다. 20×1년의 대손상각비는?

> • 20×1년 2월 거래처 파산 등의 사유로 200,000원에 해당하는 금액을 합리적으로 예상할 수 없어서 제각하였다.
> • 2월에 제각된 상기 매출채권 중 80,000원을 8월에 현금으로 회수하였다.
> • 20×1년 말 기대신용손실은 매출채권 잔액 3,300,000원에 대한 3%이다.

① 105,000원  
③ 199,000원  
② 119,000원  
④ 204,000원

12. ㈜한국은 고객에게 60일을 신용기간으로 외상매출을 하고 있으며, 연령분석법을 사용하여 기대신용손실을 산정하고 있다. 2017년 말 현재 ㈜한국은 매출채권의 기대신용손실을 산정하기 위해 다음과 같은 충당금설정률표를 작성하였다. 2017년 말 매출채권에 대한 손실충당금(대손충당금) 대변잔액 20,000원이 있을 때, 결산시 인식할 손상차손(대손상각비)은?

| 구분 | 매출채권금액 | 기대신용손실률 |
| --- | --- | --- |
| 신용기간 이내 | 1,000,000원 | 1.0% |
| 1~30일 연체 | 400,000원 | 4.0% |
| 31~60일 연체 | 200,000원 | 20.0% |
| 60일 초과 연체 | 100,000원 | 30.0% |

① 66,000원  
③ 86,000원  
② 76,000원  
④ 96,000원

| 1 | 2 | 3 | 4 | 5 | 6 | 7 | 8 | 9 | 10 | 11 | 12 |
| --- | --- | --- | --- | --- | --- | --- | --- | --- | --- | --- | --- |
| ① | ② | ③ | ① | ④ | ① | ④ | ④ | ③ | ② | ② | ② |

chapter
# 02 재고자산

## Ⓘ 재고자산의 의의와 종류

### 1. 재고자산의 의의*

재고자산이란 기업이 정상적인 영업활동과정에서 **판매 목적으로 보유**하거나 **판매할 제품의 생산을 위해서 보유**하고 있는 자산을 말한다.

### 2. 재고자산의 종류

① 상품 : 기업의 정상적인 영업활동과정에서 판매할 목적으로 구입한 재고자산을 말한다. 한편, 부동산매매업의 경우 판매 목적으로 소유하고 있는 토지, 건물 기타 이와 유사한 부동산은 상품에 포함하는 것으로 한다.

② 제품 : 판매를 목적으로 제조한 생산품을 말하며, 제품계정에는 제조원가로부터 대체되는 주요제품의 제조원가 이외에도 당해 제품과 관련하여 생산된 부산물 등도 포함된다.

③ 반제품 : 제품이 둘 이상의 공정을 거쳐서 완성될 때 전체공정 중 한 공정의 작업을 마치고 다음 공정으로 이행단계에 있는 중간제품과 부분품 등을 말한다.

④ 재공품 : 제품 또는 반제품의 제조를 위해서 제조과정에 있는 것을 말한다.

⑤ 원재료 : 제품을 제조하고 가공할 목적으로 구입한 원료, 재료, 매입부분품, 미착원재료 등으로 한다.

⑥ 저장품 : 공장용·영업용·사무용으로 쓰이는 소모품 등으로서 결산 기말 현재 미사용액을 말한다.

> **재고자산의 사례 〈중앙일보 기사 수정〉**
>
> 지난해 9월 S사의 재고자산은 57조 3,198억 원이었다. 불과 9개월 새 15조 9,354억 원이 늘었다. 이 기간에 자산에서 재고가 차지하는 비율은 9.7→12.2%로 커졌다. L사도 사정은 다르지 않다. 지난해 말 9조 7,540억 원이던 재고자산은 같은 기간 1조 4,531억 원 늘어나 11조 2,071억 원이 됐다. 금융시장 불안 등으로 인한 글로벌 경기 침체로 국내 주요 대기업들의 재고가 큰 폭으로 늘어났다.

## 3. 재고자산의 취득원가★★

### (1) 재고자산 포함원가

재고자산의 취득원가는 매입원가, 전환원가 및 재고자산을 현재의 장소에 현재의 상태로 이르게 하는 데 발생한 기타 원가 모두를 포함한다.

**재고자산 취득원가(총 매입액) = 매입가액 + 매입부대비용**

▷ 매입부대비용을 비용으로 처리하지 않고 재고자산의 취득원가에 가산하는 것은 수익비용대응의 원칙에 따른 것이다. 매입부대비용을 지출해서 얻어지는 수익은 상품을 판매한 매출이므로 매입부대비용은 발생한 시점에는 상품원가에 가산하였다가 상품이 판매되는 시점에 매출원가로 비용화되어 매출과 대응된다.

### (2) 재고자산 불포함 원가 (발생 기간 비용으로 인식)

① 재료원가, 노무원가 및 기타 제조원가 중 비정상적으로 낭비된 부분
② 후속 생산단계에 투입하기 전에 보관이 필요한 경우 이외에 발생하는 보관원가
③ 재고자산을 현재의 장소에 현재의 상태로 이르게 하는 데 기여하지 않은 관리 간접원가
④ 판매원가

### (3) 재고자산의 취득원가

| 구분 | 취득원가 |
|---|---|
| 상품매매기업 | 재고자산의 매입원가<br>= 매입가격 + 수입 관세, 매입운임 등의 기타 원가 - 추후 환급받는 수입 관세 및 제세공과금 - 매입할인, 리베이트 |

| 구분 | 취득원가 | | |
|---|---|---|---|
| 제조기업 | 취득과정에서 정상적으로 발생한 부대비용을 포함한 매입원가에 전환원가를 가산한 금액<br><br>재고자산의 제조원가<br>= 직접 재료원가 + 직접 노무원가 + 변동 제조간접원가<br>　+ 고정 제조간접원가 배부액 | | |
| 서비스기업 | 서비스기업의 제조원가 = 서비스제공에 투입한 인력에 대한 직접 노무원가 및 기타 원가 + 관련된 간접원가 | | |
| 생물자산에서 수확한 농림어업 수확물의 취득원가 | 생물자산 수확물의 취득원가<br>순 공정가치 = 공정가치 – 예상 처분부대원가 | | |
| 취득원가의 조정 | | 구매자 | 판매자 |
| | 파손이나 결함으로 당초가격 에누리 | 매입에누리<br>( – ) | 매출에누리<br>( – ) |
| | 불량 등의 사유로 반품 | 매입환출<br>( – ) | 매출환입<br>( – ) |
| | 외상대금의 조기 집행으로 외상대금감액 | 매입할인<br>( – ) | 매출할인<br>( – ) |

## Ⅱ 기말재고자산

### 1. 기말재고자산 포함 여부★★

### (1) 미착품

　미착상품이란 상품을 주문해서 운송 중에 있지만, 아직 기업의 창고에 도달하지 못한 상품을 말한다. 미착상품을 구매자의 기말재고자산에 포함시킬 것인지는 미착상품의 소유권이 구매자에게 있는지 여부에 따라 판단한다.

　① 선적지 인도조건 : 판매자가 선박에 상품을 선적한 시점에 법적 소유권이 구매자에게 이전되는 조건이다. 따라서 미착품은 매입자의 재고자산에 포함되어야 하며 매입운임은 매입상품의 원가에 가산해야 한다.

　② 도착지 인도조건 : 구매자가 상품을 선박에서 인수하는 시점에 법적 소유권이 구매자에게 이전되는 조건이다. 따라서 선박이 운송 중인 미착상품은 판매자의 재고자산이

며 구매자의 기말재고자산에 포함되지 않는다. 운반비는 판매자가 부담하며 판매자는 운반비를 당기 비용 처리한다.

---

**미착품 사례 〈시장경제 수정〉**

S사는 최근 혹독한 시련기를 겪고 있다. 글로벌 무역 위축으로 재고가 쌓이는 악재에 놓였다. 20일 금융감독원 전자공시시스템에 따르면 3분기 S사의 재고자산은 428억원으로 지난해 대비 68.5%(254억원)이나 뛰었다. 매출액을 재고자산으로 나눈 '재고자산회전율'도 지난해 말 5.9에서 3분기 1.38로 급격히 내려갔다. 제품이 원활하게 팔리지 않는다는 의미다. 재고 중에서도 '미착품(아직 도착하지 않은 제품)' 비중이 압도적으로 높다. 해외 부품이 아직 국내에 도착하지 않았다는 의미다. S사 관계자는 "해운대란의 영향을 직·간접적으로 영향을 받았다"며 "동절기 난방가전 수요 증가를 대비해 서둘러 해외 공장에서 상품을 매입했지만, 수송이 늦어지며 미착품 비중이 늘었다"고 말했다.

---

## (2) 위탁상품(적송품)

회사가 타인(수탁자)에게 상품을 위탁해서 판매할 때 타인의 판매점에 보관되어 있는 상품을 말하며 적송품이라고도 한다. 위탁판매의 경우 위탁자는 수탁자가 위탁품을 제3자에게 판매한 시점에서 수익을 인식한다.

## (3) 할부판매상품

재고자산을 고객에게 인도하고 대금의 회수는 미래에 분할하여 회수하기로 한 경우, 판매기준을 적용하여 대금의 회수여부에 관계없이 상품의 판매시점에 매입자의 재고자산으로 인식한다.

## (4) 시송품(시용품)

시용판매는 소비자가 일정한 시험 사용기간 동안 상품을 사용한 뒤에 매입의 의사표시를 하면 판매가 성립하는 판매방식이다. 시송품(시용품)은 소비자가 구입의사표시를 하기 전까지는 판매회사의 소유이므로 판매자의 기말재고자산에 포함시켜야 한다.

## (5) 저당상품

저당 계약으로 인한 계약자 간 재고자산의 이동이 있지만, 단순 담보를 제공한 계약에 불과하므로 담보를 제공한 자의 재고자산이다. 즉, 담보로 제공된 상품이기에 저당권이 실행되기 전까지는 담보제공자가 소유권을 가지고 있다.

## (6) 반품률이 높은 재고자산

① 반품률 추정 가능한 경우 : 매입자의 재고자산
② 반품률 추정 불가능한 경우 : 반품기간 종료시 또는 구매자의 인수수락시점까지 판매
자의 재고자산

## 2. 기말재고자산의 평가[19]★★★

> 기말재고금액 = 기말재고수량 × 단위당 원가
> (재고수량파악방법)  (원가흐름의 가정)

## (1) 기말재고 수량의 결정

### 1) 계속기록법(내부관리목적)

계속기록법은 재고자산의 입고와 출고를 상품재고장과 같은 장부에 계속적으로 기록해
서 상품의 판매수량과 기말재고 수량을 파악하는 방법으로 장부재고조사법이라고도 한다.
기말재고 수량은 장부상 재고 수량일 뿐 실제 창고에 보관되어 있는 재고 수량과는 다르다.

> 기초재고 수량 + 당기매입 수량 − **당기판매 수량** = **기말재고 수량**

### 2) 실지재고조사법(외부보고목적)

실지재고조사법이란 정기적으로 실지재고조사를 통하여 재고 수량을 파악하는 방법으로
상품재고장에 입고기록만 할 뿐, 출고기록을 하지 않기 때문에 당기판매수량은 당기판매가
능수량(기초재고 수량+당기매입 수량)에서 기말실지재고 수량을 차감하여 계산한다.

> 기초재고 수량 + 당기매입 수량 − **기말재고 수량** = **당기판매 수량**

---

19) 재고자산의 평가는 기말재고에 대한 수량 결정과 단가결정을 통해 판매 가능 재고를 기말재고와 매출원가로
배분하는 것이다.

## (2) 기말재고 단가(원가)의 결정

한국채택국제회계기준에서는 원칙적으로 개별법을 사용하여 취득단가를 결정하고, 개별법을 사용할 수 없는 경우 선입선출법, 가중평균법을 사용하도록 하고 있다.

### 1) 개별법

개별법은 구입시점마다 상품의 원가를 개별적으로 확인하고 상품별로 가격표를 붙여두었다가 판매되는 상품이나 기말재고상품에 부착된 가격표상의 단가를 적용해서 매출원가와 기말재고금액을 평가하는 방법이다.

① 장점 : 실제물량흐름과 일치하여 수익과 비용을 정확하게 대응시킨다.
② 단점 : 현실적 적용이 어려움, 판매되는 상품의 단가를 임의로 선택하여 이익조정 유인. 즉 상호교환 가능한 대량의 동질적 상품의 경우 경영자가 기말재고로 남아있는 항목을 선택하는 방법을 사용하여 이익을 조정할 수 있다.

### 2) 선입선출법

선입선출법은 물량의 실제 흐름과는 관계없이, 먼저 구입한 상품이 먼저 사용되거나 판매된 것으로 가정하여 기말재고액을 결정하는 방법이다.

① 장점 : 상품의 일반적인 물량 흐름과 일치하여 적용이 비교적 간편하고, 기말재고금액이 최근의 원가에 가장 유사하게 평가된다.
② 단점 : 인플레이션의 상황에서는 기말재고자산이 과대 계상되고 매출원가는 과거의 매입원가를 기준으로 과소하게 계상되어 매출총이익이 과대하게 계산되는 것이 단점이다.

---

**선입선출법 사례 〈The Bell 수정〉**

S사가 1분기에 1조원 넘는 적자를 냈다. 예상을 뛰어넘는 재고자산 평가손실이 발생하면서 창사 이래 최악의 실적을 기록했다. 재고자산 평가에 보수적 회계기법인 저가법과 유가 변동에 민감한 선입선출법(First-In First-Out·FIFO)을 적용해 재고 손실 규모가 더 커졌을 것으로 분석된다.
정유사들의 재고측정방법은 크게 총평균법과 선입선출법으로 나누어진다. S사를 제외한 나머지 정유사들은 모두 전자를 택하고 있지만 S사는 대주주 A를 따라 후자를 적용한다. 총평균법은 분기 초에 있는 재고와 그 분기 매입의 평균을 내서 매출 원가로 반영하기 때문에 유가 변동에 영향을 덜 받는다면 선입선출법은 판매하고 남은 재고에 최근 가격을 적용해 유가가 떨어지면 손실을 더 입는다.

S사는 1분기 영업손실이 1조73억원으로 전분기는 물론 전년 동기 대비 모두 적자전환했다고 27일 밝혔다. 3년 전 국제 유가 급락으로 3335억원의 손실을 냈던 것보다 3배가량 큰 규모다. 큰 폭의 적자전환으로 영업이익률도 마이너스 19.4%를 기록했다. 매출액은 5조 1984억원으로 작년 1분기보다 4.2% 감소했다.

### 3) 평균법

상품판매시 과거에 매입하였던 상품이 골고루 섞여서 평균적으로 팔려나갔다고 가정하고, 판매가능한 상품의 총원가를 총수량을 나누어서 계산한 평균단가로 기말재고금액과 매출원가를 산정하는 방법이다.

① 총평균법

기말시점에 회계 기간의 총원가를 총 재고수량으로 나누어서 총평균단가를 산출

$$\text{총평균단가} = \frac{\text{기초재고액} + \text{당기매입액}}{\text{기초재고수량} + \text{당기매입수량}} = \frac{\text{판매가능총원가}}{\text{판매가능총수량}}$$

② 이동평균법

**상품을 매입할 때**마다 직전의 재고수량 및 재고금액에 새로 매입한 수량과 금액을 가산해서 가중평균단가를 산출

$$\text{이동평균단가} = \frac{\text{직전재고액} + \text{신규매입액}}{\text{직전재고수량} + \text{신규매입수량}}$$

### 4) 후입선출법

후입선출법은 가장 최근에 매입 또는 생산한 재고항목이 가장 먼저 판매된다고 가정하는 방법이다. **한국채택국제회계기준에서는 후입선출법을 사용할 수 없도록 규정**[20]하고 있다.

### 5) 소매재고법(매출가격환원법)

소매재고법은 판매가격기준으로 평가한 기말재고금액에 구입원가, 판매가격 및 판매가격 변동액에 근거하여 산정한 원가율을 적용하여 기말재고자산의 원가를 설정하는 방법이다.

---

20) 후입선출법이 제외된 이유는 재고자산의 흐름을 충실히 표현하고 있지 못하며, 재무상태표상의 재고자산이 최근 원가수준을 반영하지 못하고 대부분의 기업이 이 방법을 세부담 감소의 목적으로 활용

### 6) 매출총이익률법

매출총이익률법은 기업이 과거에 얻은 매출총이익률이 계속 비슷한 수준을 유지할 것이라고 가정하고 기중 매출액에 매출원가율을 곱해서 매출원가를 계산하는 방법이다.

## (3) 원가흐름 가정의 당기순이익 효과(물가상승시)

| 구 분 | 비 교 |
|---|---|
| 기말재고자산 평가액 | 선입선출법 ≥ 이동평균법 ≥ 총평균법 ≥ 후입선출법 |
| 매출원가 | 선입선출법 ≤ 이동평균법 ≤ 총평균법 ≤ 후입선출법 |
| 당기순이익 | 선입선출법 ≥ 이동평균법 ≥ 총평균법 ≥ 후입선출법 |
| 법인세 | 선입선출법 ≥ 이동평균법 ≥ 총평균법 ≥ 후입선출법 |
| 현금흐름 | 선입선출법 ≤ 이동평균법 ≤ 총평균법 ≤ 후입선출법 |

## 3. 재고자산의 감모손실과 평가손실***

## (1) 재고자산의 감모손실

재고자산감모손실은 기말재고조사를 한 결과 파손·부패·증발 및 도난 등으로 인해서 실제 재고량이 장부상의 재고량보다 부족한 경우를 말한다. **감모손실은 감모가 발생한 기간에 비용으로 처리한다.** 한국채택국제회계기준에서는 비용의 구분[21]에 대해서 언급하고 있지 않다.

---

**재고자산 감모손실의 사례 〈이데일리 기사 수정〉**

P사는 태풍피해를 극복하고 제철소 정상가동을 추진한다고 밝혔다. 전체 제품판매 차질은 97만 톤 수준으로 추정했다. 제품 및 재공품 재고의 70~90%는 판매 가능한 것으로 파악되며 회사 측은 2조 400억 원의 매출액 감소를 전망했다. 회사가 밝힌 제품별 생산 개시 예상 시점을 반영하여 추정한 분기별 매출액 차질 규모는 3분기와 4분기 각각 1조 원 내외를 기록할 것이란 U증권의 판단이다. P사의 3분기, 4분기 손익 추정은 현 시점에서는 어렵다. 이 연구원은 "생산 및 판매 차질에 대한 부분뿐만 아니라 건물과 기계장치 피해 그리고 복구에 투입된 비용 등을 파악하기 어렵다"며 "다만 유형자산은 보험에 가입되어 있어 해당 부분에 대한 손실 금액은 일부 회수할 수 있을 것으로 전망된다"고 말했다. 이어 "피해

---

21) 일반기업회계기준에서는 재고자산감모손실 중 원가성이 있다고 판단되는 부분은 매출원가에 가산하고, 원가성이 없다고 판단되는 부분은 영업외 비용으로 처리하도록 규정하고 있다.

를 입은 제품 등 재고를 보수적으로 추정할 경우 약 1,000억 원 이상의 감모손실이 영업외 비용에 반영될 것으로 판단된다"고 말했다.

## (2) 재고자산의 평가손실

### 1) 재고자산의 저가법

> Min〔① 취득원가 ② 순실현가능가치▪〕
> ▪ 순실현가능가치 = 정상적인 영업과정에서의 예상판매가격 – 추가 예상판매비용과 원가

재고자산의 저가법은 재고자산을 취득원가와 순실현가능가치 중 낮은 금액으로 측정한다. 다음과 같은 사유가 발생하면 재고자산의 순실현가능가치가 취득원가보다 낮아질 수 있다.

> – 물리적으로 손상되는 경우
> – 완전히 또는 부분적으로 진부화 된 경우
> – 판매가격이 하락한 경우
> – 완성하거나 판매하는데 필요한 원가가 상승한 경우

① 제품, 상품, 재공품의 평가는 순실현가능가치로 평가를 하나 원재료는 현재 시점에서 매입이나 재생산에 소요되는 금액인 현행 대체원가를 사용가능하다(단, 현행 대체원 가가 더 낮더라도 완성된 제품이 원가 이상으로 판매될 것이 예상되는 경우 감액하지 않는다. 그러나 원재료 가격이 하락하여 제품의 원가가 순실현가능가치를 초과할 것 으로 예상 된다면 해당 원재료를 순실현가능가치로 감액한다).

② 저가법은 종목별(항목별)로 적용하되, 재고항목들이 서로 유사하거나 관련되어 있는 경우에는 조별로 적용될 수 있다. 저가법 적용에는 계속성을 유지하여야 하며, 어떠한 경우에도 총액 기준으로는 적용할 수 없다.

③ 재고자산 단가가 하락 시에 '재고자산 평가손실'을 인식하여 재고자산을 공정가액과 일치시킨다. 이때 매출원가와 기타비용 중 구체적 회계처리 규정이 없으므로 두 방법 모두 계상 가능하다.

④ 한국채택국제회계기준에서는 재고자산평가충당금(재고자산의 차감적 평가계정) 계 정의 사용에 대해서 구체적인 언급이 없으므로 기업의 판단에 따라서 회계처리하면 된다.

⑤ 순실현가능가치로 재고자산을 평가한 후에 재고자산의 순실현가능가치가 상승하는 경우에는 본래의 장부금액을 한도로 해서 재고자산금액을 증가시키고 재고자산평가손실환입으로 인식한다.

| 재고자산의 평가시점 | 비용의 처리 |
|---|---|
| 재고자산 순실현가능가치가 취득원가보다 낮아진 시점 | 재고자산평가손실 |
| 재고자산의 순실현가능가치가 회복시점<br>(본래의 장부금액까지) | 재고자산평가손실환입 |

**저가법 사례 〈서울경제 수정〉**

지난해 4분기 실적 부진의 주원인인 재고평가손실은 국제유가 상승에 따라 재고평가이익으로 전환될 것으로 전망된다. S사와 B사는 원유 재고 시가가 원가보다 낮아지면 시가를 기준으로 재고자산가치를 평가하는 저가법을 적용해 지난해 4·4분기에 각각 4,253억원, 3,910억원의 재고평가손실을 기록했다. 이러한 재고평가손실이 영업손실로 나타났으나 1·4분기에 재고평가이익으로 전환되면 실적 개선으로 이어지게 된다.

┤ 예제 ├

㈜용산에서 판매하는 문구용품 중에서 볼펜의 20×1년 매입과 매출에 관한 자료는 다음과 같다.

| 일 자 | 구 분 | 입고(수량, 단가) | 출고(수량) | 재고수량 |
|---|---|---|---|---|
| 9월 1일 | 기초재고 | 20개 @100 | | 20개 |
| 9월 12일 | 상품매입 | 80개 @110 | | 100개 |
| 9월 15일 | 상품판매 | | 80개 | 20개 |
| 9월 20일 | 상품매입 | 20개 @120 | | 40개 |
| 9월 30일 | 상품판매 | | 10개 | 30개 |

▪ 선입선출법하에서 실지재고조사법에 따라 매출원가와 기말재고자산금액을 구하시오.

▪ 선입선출법하에서 계속기록법에 따라 매출원가와 기말재고자산금액을 구하시오.

▪ 실지재고조사법에 따라 총평균법을 적용해서 매출원가와 기말재고자산금액을 구하시오.



▪ 계속기록법에 따라 이동평균법을 적용해서 매출원가와 기말재고자산금액을 구하시오.



〈예제정답〉

1. 선입선출법 / 실지재고조사법

　① 기말재고 : 3,500원 (20 @120 + 10 @110)

　② 매출원가 : 9,700원 (13,200(판매가능상품) − 3,500(기말재고))



2. 선입선출법 / 계속기록법

　① 매출원가 : 9,700원 (20 @100 + 60 @110 + 10 @110)

　② 기말재고 : 3,500원 (13,200(판매가능상품) − 9,700(매출원가))

　　→ 선입선출법 하에서는 실지재고조사법과 계속기록법의 차이가 없다.



3. 실지재고조사법 / 총평균법

　① 기말재고 : 30 @110 (13,200 / 120개) = 3,300원

　② 매출원가 : 90 @110 = 9,900원 or 13,200(판매가능상품) − 3,300(기말재고)

4. 계속기록법 / 이동평균법

  ① 매출원가 : 9,780원

    9월 15일 80 @ [(20 @100 + 80 @110) / 100] = 8,640

    9월 30일 10 @ [(20 @108 + 20 @120) / 40] = 1,140

  ② 기말재고 : 3,420원

    30 @114 or 13,200(판매가능상품) − 9,780(매출원가)

**01.** 재고자산의 취득원가에 대한 다음 설명 중 틀린 것은?

① 판매자가 매입금액 일부를 할인해주는 경우에는 할인받은 부분을 재고자산의 취득원가에서 차감하여 기록한다.

② 재고자산의 구입 이후 상품에 하자가 있어 매입대금의 일정액을 할인받는 경우에 이는 재고자산의 취득가액에서 차감하여야 한다.

③ 외부구입시 재고자산의 취득원가는 구입가액뿐만 아니라 판매 가능한 상태에 이르기까지 소요된 구입원가 및 제반 부대비용을 포함한다.

④ 재고자산의 취득과정에서 정상적으로 발생한 매입부대비용 외에 보관단계에서 발생한 보관비용과 비효율적 사용으로 인한 지출도 취득원가에 산입하여야 한다.

**02.** 다음의 자료를 이용하여 매출원가를 계산하면 얼마인가?

| 기초상품 재고액 | 50,000원 | 매입에누리 | 10,000원 |
|---|---|---|---|
| 총 매입액 | 300,000원 | 매출에누리 | 20,000원 |
| 총 매출액 | 510,000원 | 매입환출 | 30,000원 |
| 기말상품 재고액 | 90,000원 | 매출환입 | 40,000원 |

① 260,000원　　　　　　　　② 230,000원

③ 220,000원　　　　　　　　④ 190,000원

**03.** 다음 중 재무상태표상 재고자산으로 분류되어야 할 항목으로 가장 올바르지 않은 것은?

① 의류회사에서 공장 일부를 폐쇄하면서 처분하고자 하는 설비자산

② 자동차제조회사의 공장에서 생산 중에 있는 미완성 엔진

③ 건설회사에서 분양사업을 위해 신축하는 건물

④ 부동산매매업을 영위하는 기업에서 보유하는 판매 목적 토지

**04.** ㈜A의 재고자산과 관련하여 20×0년 포괄손익계산서에 비용으로 계상될 금액은 얼마인가? (단, 기말재고자산 장부 수량과 실제 수량은 일치한다)

| | |
|---|---:|
| ㄱ. 20×0년 판매가능상품(=기초재고자산+당기매입액) | 300,000원 |
| ㄴ. 20×0년 기말재고자산 장부금액(재고자산평가손실 차감 전) | 150,000원 |
| ㄷ. 기말재고자산의 예상판매가격 | 180,000원 |
| ㄹ. 기말재고자산의 예상판매비용 | 80,000원 |

① 230,000원      ② 200,000원

③ 150,000원      ④ 120,000원

**05.** 다음 중 재고자산에 대한 설명으로 가장 올바르지 않은 것은?

① 매입할인 및 리베이트는 매입원가를 결정할 때 차감한다.

② 재고자산의 전환원가는 직접노무원가 등 생산량과 직접 관련된 원가를 포함한다.

③ 판매 시 발생한 판매수수료는 매입가격에 가산한다.

④ 재고자산의 매입원가는 매입가격에 매입운임, 하역료 및 취득과정에서 직접 관련된 취득원가를 가산한 금액이다.

**06.** ㈜A는 재고자산을 선입선출법으로 평가하고 있다. 기말재고자산 실사 결과 확인된 재고수량은 4,500개이며, 전기 이월분은 모두 전기 말에 일괄하여 매입한 것이다. 다음의 재고수불부에 따르면 기말재고자산 금액은 얼마인가?

| | 수량 | 단가 | 금액 |
|---|---|---|---|
| 전기이월 | 3,000개 | 2,500원 | 7,500,000원 |
| 3/5 구입 | 1,000개 | 2,700원 | 2,700,000원 |
| 6/8 판매 | 1,500개 | | |
| 10/24 구입 | 2,000개 | 2,900원 | 5,800,000원 |
| 기 말 | 4,500개 | | |

① 11,250,000원      ② 11,450,000원

③ 12,250,000원      ④ 12,450,000원

**07.** ㈜A는 재고자산을 총평균법으로 평가하고 있다. 다음의 재고수불부에 따라 계산할 때 기말재고자산 단위당 단가는 얼마인가? (단, 소수점 이하는 반올림한다)

|  | 수량 | 단가 | 금액 |
|---|---|---|---|
| 전기이월 | 2,000개 | 2,500원 | 5,000,000원 |
| 3/5 구입 | 1,000개 | 2,700원 | 2,700,000원 |
| 6/8 판매 | 1,500개 |  |  |
| 10/24 구입 | 2,000개 | 2,900원 | 5,800,000원 |
| 기 말 | 3,500개 |  |  |

① 2,500원      ② 2,700원

③ 2,900원      ④ 3,857원

**08.** A상품에 관한 다음 거래를 선입선출법으로 적용한 경우 매출원가와 매출총이익은 각각 얼마인가? 단, 회사는 계속기록법으로 장부기록을 하고 있다.

| 9월 1일 | 전월이월 | 50개 | @180 |
|---|---|---|---|
| 10일 | 매입 | 100개 | @200 |
| 11일 | 매입환출 | (10일분 10개) | |
| 20일 | 매출 | 120개 | @300 |
| 21일 | 매출환입 | (20일분 20개) | |

|  | 매출원가 | 매출총이익 |
|---|---|---|
| ① | 19,000원 | 11,000원 |
| ② | 18,000원 | 12,000원 |
| ③ | 19,800원 | 16,200원 |
| ④ | 23,000원 | 13,000원 |

**09.** ㈜A의 매출총이익률은 순매출액의 40%이다. 이 기업의 상품매매와 관련된 자료는 다음과 같을 때, 매출총이익률법에 의해 추정되는 기말재고상품원가는?

| 총매출액 | 364,000원 | 총매입액 | 256,000원 |
|---|---|---|---|
| 기초재고액 | 50,000원 | 매입할인 | 6,000원 |
| 매출에누리와환입 | 34,000원 | 매입에누리와환출 | 8,000원 |

① 79,600원      ② 92,000원

③ 94,000원      ④ 100,000원

10. 다음은 ㈜A의 20×0년 재고수불부이다. ㈜A의 재고자산을 선입선출법으로 평가하는 경우와 총평균법으로 평가하는 경우 각각의 기말재고자산 금액은 얼마인가?

|  | 수량 | 단가 | 금액 |
|---|---|---|---|
| 전기이월 | 3,000개 | 2,000원 | 6,000,000원 |
| 1/20 구입 | 2,000개 | 2,500원 | 5,000,000원 |
| 6/15 판매 | 2,500개 | | |
| 8/14 구입 | 2,000개 | 2,800원 | 5,600,000원 |
| 10/1 판매 | 3,500개 | | |
| 12/4 구입 | 1,000개 | 3,000원 | 3,000,000원 |
| 기 말 | 2,000개 | | |

|  | 선입선출법 | 총평균법 |
|---|---|---|
| ① | 5,800,000원 | 4,900,000원 |
| ② | 5,800,000원 | 5,700,000원 |
| ③ | 6,400,000원 | 4,900,000원 |
| ④ | 6,400,000원 | 5,700,000원 |

11. 다음은 ㈜A의 매출원가와 관련된 자료이다. ㈜A의 20×0년 손익계산서에 계상될 매출원가는 얼마인가? (단, 재고자산평가손실은 재고자산의 진부화로 인하여 발생한 것이다)

20×0년 판매가능상품(＝기초재고자산＋당기매입액) 450,000원
20×0년 재고자산평가손실 20,000원
20×0년 12월 31일 재고자산(평가손실 차감 후) 90,000원

① 340,000원　　　　　　　　　② 350,000원
③ 360,000원　　　　　　　　　④ 370,000원

12. 다음 중 재고자산의 평가에 관한 설명으로 가장 올바르지 않은 것은?
① 재고자산은 취득원가와 순실현가능가치 중 낮은 금액으로 측정한다.
② 원재료의 현행 대체원가가 장부금액보다 낮게 추정된다면 예외 없이 재고자산평가손실이 발생한다.
③ 상품 및 제품의 순실현가능가액은 예상판매가격에서 추가예상원가 및 기타 판매비용을 차감한 금액으로 추정한다.
④ 재고자산의 판매가 계약에 의해 확정되어 있는 경우 순실현가능가액은 그 계약가격이다.

**13.** 다음 중 재고자산평가에 관한 설명으로 가장 올바른 것은?

① 재고수량 결정방법을 계속기록법에서 실지재고조사법으로 변경하면 장부상의 재고 수량은 수시로 파악가능하게 된다.

② 물가가 지속적으로 상승하는 경우 평균법보다 선입선출법을 사용하는 경우 당기순 이익이 더 크다.

③ 재고자산의 단위원가는 개별법, 선입선출법, 후입선출법 및 가중평균법을 사용하여 결정한다.

④ 선입선출법하에서 실지재고조사법과 계속기록법에 의한 기말재고자산 금액은 다르 게 측정된다.

**14.** 다음 중 재고자산평가와 관련하여 ㈜A의 20×1년 포괄손익계산서에 비용으로 보고되는 금액 은 얼마인가?

| | | |
|---|---|---|
| 20×0년 12월 31일 | 재고자산 | 200,000원 |
| 20×1년 | 매입액 | 180,000원 |
| 20×1년 | 재고자산평가손실 | 55,000원 |
| 20×1년 | 재고자산감모손실 | 18,000원 |
| 20×1년 12월 31일 | 재고자산 | 50,000원 |
| | (평가손실과 감모손실 차감 후) | |

① 280,000원        ② 312,000원

③ 330,000원        ④ 348,000원

**15.** 지난 2년간 재고자산의 매입가격이 계속적으로 상승했을 경우, 기말재고의 평가에 있어서 이동 평균법을 적용했을 경우와 총평균법을 적용했을 경우에 관한 다음 설명 중 가장 올바르지 않은 것은?

① 총평균법은 회계기간 단위로 품목별 총평균원가를 산출하는 방법이고, 이동평균법 은 자산을 취득할 때마다 장부재고금액을 장부재고수량으로 나누어 평균단가를 산 출하는 방법이다.

② 총평균법을 적용할 때 기말재고금액이 보다 낮게 평가된다.

③ 이동평균법을 적용할 때 회계적 이익이 보다 높게 평가된다.

④ 이동평균법을 적용할 때 기말재고금액이 보다 낮게 평가된다.

**16.** 재고자산에 관한 설명으로 옳은 것은? (단, 재고자산감모손실 및 평가손실은 없다)

① 선입선출법 적용 시 물가가 지속적으로 상승한다면, 계속기록법에 의한 기말재고자산 금액이 실지재고조사법에 의한 기말재고자산 금액보다 작다.

② 선입선출법 적용 시 물가가 지속적으로 상승한다면, 계속기록법에 의한 기말재고자산금액이 실지재고조사법에 의한 기말재고자산 금액보다 크다.

③ 재고자산 매입 시 부담한 매입운임은 운반비로 구분하여 비용처리한다.

④ 부동산매매기업이 통상적인 영업과정에서 판매를 목적으로 보유하는 건물은 재고자산으로 구분한다.

**17.** 다음 설명은 재고자산의 단가 결정방법 중 어느 것에 해당하는가?

> 이 방법은 실제물량흐름과 방향이 일치하고 기말재고액이 최근의 가격, 즉 시가인 현행원가를 나타내는 장점이 있는 반면, 현행수익과 과거원가가 대응되므로 수익비용 대응이 적절하게 이루어지지 않는 단점이 있다.

① 개별법

② 이동평균법

③ 선입선출법

④ 후입선출법

**18.** 계속기록법과 실지재고조사법에 관한 설명으로 옳지 않은 것은? (단, 재고자산의 감모, 평가는 없으며, 선입선출법을 사용한다고 가정한다)

① 실지재고조사법에서는 기중에 재고자산 잔액을 파악할 수 없다.

② 계속기록법에서는 기중에 기말 재고자산을 파악할 수 있다.

③ 실지재고조사법에서는 재고자산 실사 후, 재고자산 계정의 잔액을 실재 재고자산 가액으로 조정하는 수정분개를 해야 한다.

④ 계속기록법이든 실지재고조사법이든 기말 재고자산과 매출원가는 동일하다.

**19.** 다음 중 재고자산 인식에 관한 설명으로 옳은 것은?

① 선적지인도조건으로 매입한 미착품은 재고자산으로 인식하지 않는다.

② 재화는 인도되었을 때 수익으로 인식하므로, 시송품은 고객이 구매의사를 표현하지 않았더라도 인도된 것이므로 판매된 것으로 인식한다.

③ 타 기업에 판매를 위탁한 상품은 통제할 수 있는 권한이 없기 때문에 재고자산으로 인식하지 않는다.

④ 물가가 상승할 때, 판매 규모가 동일하다면 평균법이 선입선출법보다 세금 측면에서 우월하다.

**20.** 다음 자료를 토대로 재고자산과 관련하여 ㈜호연의 20X2년 포괄손익계산서에 비용으로 보고되는 금액은 얼마인가?

| | |
|---|---|
| 20×1년 12월 31일 재고자산 | 200,000원 |
| 20×2년 매입액 | 180,000원 |
| 20×2년 재고자산평가손실 | 73,000원 |
| 20×2년 12월 31일 재고자산(평가손실 차감 후) | 50,000원 |

① 280,000원         ② 312,000원
③ 330,000원         ④ 348,000원

**21.** 다음은 ㈜한국의 재고자산 자료이다. 총평균법을 적용하여 계산된 매출원가가 24,000원일 경우 7월 15일 매입분에 대한 단위당 매입원가는? (단, 재고자산감모손실과 재고자산평가손실은 없다)

| 구분 | 수량 | 단위당 매입원가 | 단위당 판매가격 |
|---|---|---|---|
| 기초재고 | 100개 | 100원 | |
| 7월 15일 매입 | 200개 | ? | |
| 10월 1일 매출 | 200개 | | 150원 |
| 기말재고 | 100개 | | |

① 100원         ② 110원
③ 120원         ④ 130원

**22.** ㈜경희의 창고에 화재가 발생하여 재고자산 일부가 소실되었다. 남아있는 재고자산 가액는 20,000원이다. 화재 발생 직전까지 판매가능재고액은 2,000,000원이었으며 매출액은 2,000,000원이었다. ㈜경희의 과거 3년 매출총이익률이 25%일 경우, 화재손실추정액은?

① 380,000원         ② 400,000원
③ 440,000원         ④ 480,000원

| 1 | 2 | 3 | 4 | 5 | 6 | 7 | 8 | 9 | 10 | 11 |
|---|---|---|---|---|---|---|---|---|---|---|
| ④ | ③ | ① | ② | ③ | ③ | ② | ① | ③ | ① | ③ |

| 12 | 13 | 14 | 15 | 16 | 17 | 18 | 19 | 20 | 21 | 22 |
|---|---|---|---|---|---|---|---|---|---|---|
| ② | ② | ③ | ④ | ④ | ③ | ② | ④ | ③ | ④ | ④ |

chapter

# 03 유형자산

## Ⅰ 유형자산의 의의와 종류

### 1. 유형자산의 의의★

유형자산은 기업이 재화나 용역의 생산이나 제공, 타인에 대한 임대 또는 관리활동에 **사용할 목적**으로 보유하는 **물리적 형태**가 있는 자산으로서 **한 회계 기간을 초과하여 사용**할 것이 예상되는 자산을 의미한다.

### 2. 유형자산의 종류

① 토지 : 영업활동에 사용하고 있는 대지, 임야, 잡종지 등으로 임대수익이나 시세차익을 목적으로 보유하고 있는 토지는 투자부동산으로 분류되고, 매매목적용으로 보유하고 있는 토지는 재고자산으로 분류된다.

② 건물 : 영업활동으로 사용하고 있는 건물과 건물의 부속설비 등을 말한다.

③ 구축물 : 건물과는 별개로 마련된 구조물을 말하며 교량, 갱도, 정원설비 등이 있다.

④ 기계장치 : 기계장치와 기중기와 같은 운송설비 및 기타 부속설비를 말한다.

⑤ 건설 중인 자산[22] : 유형자산의 건설을 위한 재료비, 노무비 및 경비로 하되 건설을 위하여 지출한 도급 금액 또는 취득한 기계 등을 포함한다.

⑥ 기타자산 : 위에 속하지 않는 차량운반구, 선박, 항공기, 집기 및 비품 등을 말한다.

---

22) 유형자산을 제작, 건설 중으로 아직 완성하지 못했을 때 투입한 비용을 건설 중인 자산으로 분류한다. 이후 완성되는 시점에 예를 들어, 건물 혹은 기계장치 등의 계정으로 분류한다.

> **유형자산의 종류의 사례 〈머니투데이 기사 수정〉**
>
> H사는 연말 기준으로 토지, 건물 및 건설 중인 자산 등 유형 자산이 총 227억 원으로, 작년과 비교해 3배가량 늘었다. J사도 같은 기간 73억 원에서 388억 원으로 4배 확대됐다. 이들 진단기업들은 생산설비 및 인력 확충에 따른 불가피한 전략이라는 입장이다. 대규모 생산설비를 갖추기 위해 부동산 자산이 필요하다는 설명이다. 업계 관계자는 "진단기업들이 벌어들인 대규모 재원을 활용해 부동산 자산을 확보하고 있다"며 "생산설비도 늘려야 하고 인력도 불어나면서 공간이 더 필요해졌기 때문"이라고 말했다.

# Ⅱ 유형자산의 인식

## 1. 인식기준

유형자산으로 인식하기 위해서는 다음과 같은 인식기준을 **모두 충족**하여야 한다.

> ① 자산으로부터 발생하는 미래경제적 효익이 기업에 유입될 가능성이 높다.
> ② 자산의 원가를 신뢰성 있게 측정할 수 있다.

## 2. 최초원가 및 후속원가

### (1) 최초원가[*]

유형자산은 인식시점의 **원가로 측정**하며, 원가는 자산을 취득하기 위하여 자산의 취득시점이나 건설시점에서 지급한 현금 또는 현금성자산이나 제공한 기타 대가의 공정가치를 말한다.

### (2) 후속원가[23][*]

① 일상적인 수선·유지와 관련하여 발생하는 원가는 해당 유형자산의 장부금액에 포함하여 인식하지 않고 발생시점에 당기**비용**으로 인식한다. (수익적 지출)

② 유형자산이 일부 대체시 발생하는 원가[24],[25] 및 정기적인 종합검사과정에서 발생하는

---

23) 한국채택국제회계기준서 제1061호(유형자산)는 '수익적 지출'과 '자본적 지출'이라는 표현을 사용하지 않는다.

24) 반복적이지만 비교적 적은 빈도로 대체되거나, 비 반복적으로 대체되는 경우(ex. 건물 인테리어 벽등)

25) 주요 부품이나 구성요소의 정기적 교체가 필요한 경우(ex. 용광로의 내화벽돌, 항공기의 좌석등)

원가가 인식기준을 충족하면 해당 유형자산의 **장부금액**에 포함한다. (자본적 지출)

## Ⅲ 유형자산의 측정

## 1. 원가의 구성요소★★★

유형자산의 원가에는 당해 유형자산을 사용가능한 상태에 이르게 할 때까지 발생한 모든 지출이 포함된다.

① 관세 및 환급 불가능한 취득 관련 세금을 가산하고 매입할인과 리베이트 등을 차감한 구입가격
② 경영진이 의도하는 방식으로 자산을 가동하는데 필요한 장소와 상태에 이르게 하는데 직접 관련되는 원가
    ⓐ 유형자산의 매입 또는 건설과 직접적으로 관련되어 발생한 종업원급여
    ⓑ 설치장소 준비 원가
    ⓒ 최초의 운송 및 취급 관련 원가
    ⓓ 설치원가 및 조립원가
    ⓔ 유형자산이 정상적으로 작동되는지 여부를 시험하는 과정에서 발생하는 원가 (단, 시험과정에서 생산된 재화(시제품 등)의 순 매각금액은 당해 원가에서 차감
    ⓕ 전문가에게 지급하는 수수료
③ 자산을 해체, 제거하거나 부지를 복구하는데 소요될 것으로 최초에 추정되는 원가

그러나 다음의 경우에는 유형자산의 원가에 포함되지 않는다.

① 새로운 시설을 개설하는 데 소요되는 원가
② 새로운 상품과 서비스를 소개하는 데 소요되는 원가 (광고 및 판촉활동비)
③ 새로운 지역에서 또는 새로운 고객층을 대상으로 영업을 하는 데 소요되는 원가
④ 관리 및 기타 일반간접원가
⑤ 유형자산이 경영진이 의도하는 방식으로 가동될 수 있으나 아직 실제로 사용되지는 않고 있는 경우 또는 가동수준이 완전조업도 수준에 미치지 못하는 경우에 발생하는 원가
⑥ 유형자산과 관련된 산출물에 대한 수요가 형성되는 과정에서 발생하는 가동손실과 같은 초기 가동손실
⑦ 기업의 영업 전부 또는 일부를 재배치하거나 재편성하는 과정에서 발생하는 원가

## 2. 취득형태별 원가의 측정***

### (1) 일반적인 토지의 취득

토지는 구입가격에 중개수수료, 취득세, 등록세 및 법률비용 등 취득부대 원가를 가산한 금액을 원가로 한다. 토지의 보유와 관련하여 부담하는 재산세[26] 등의 세금은 원가에 포함하지 않고 당기비용으로 처리한다.

| 토지의 취득원가에 가산 | 구축물로 인식 |
|---|---|
| ① 토지 사용을 위한 구획정리비용 ② 산업공단 입주 시 하수종말처리장분담금 ③ 내용연수가 영구적인 배수공사비용 및 조경공사비용 ④ 국가나 지방자치단체가 유지, 관리하는 진입도로 포장 공사비 및 상하수도 공사비 | ① 내용연수가 유한한 배수공사비용 및 조경공사 비용 ② 기업이 유지, 관리하는 진입도로 포장 공사비 및 상하수도 공사비 |

### (2) 토지와 건물의 일괄취득

| 토지와 건물을 모두 사용할 경우 | 토지만 사용할 경우 |
|---|---|
| ① 원칙 : 토지와 건물의 원가는 일괄구입대가와 중개수수료 등 공통부대원가의 합계액을 개별 자산의 **공정가치비율로 안분**하여 산정 ② 취득부대원가 중 토지나 건물과 개별적으로 관련되어 발생하는 취득세 및 등록세는 공통부대원가가 아니므로 토지와 건물에 각각 개별적으로 배분 | ① 토지와 건물을 일괄 구입하여 토지만을 해당사업에 사용할 경우 **취득원가 전액을 토지의 원가**로 계상 ② 새 건물을 신축하기 위해 기존 건물이 있는 토지를 취득하고 기존 건물을 철거할 경우 그 철거비용은 토지의 취득원가로 계상 ③ 건물 철거로 인한 폐자재 처분수입은 토지의 원가에서 차감 |

### (3) 장기연불거래(할부구입)

기업이 유형자산을 구입하고 그 대금을 구입시점에서 현금으로 구입하는 것이 아니라 장기성지급어음 등을 발행하여 실질적으로 자산에 대한 대금지급을 이연시키는 경우

① 장기성지급어음 등의 표시이자율 = 시장이자율 : 어음 등의 액면금액이 자산의 현행 가격과 일치하기 때문에 어음 등의 **액면금액**을 새로 취득한 자산의 원가로 하고 이후 지급되는 이자는 당기비용으로 처리한다.

---

26) 재산세 등 보유와 관련된 세금이 항상 당기비용으로 처리되는 것은 아니다. 예를 들어 재산세가 체납된 토지를 구입하면서 체납한 재산세를 대신 납부하기로 한 경우 대납한 체납세는 토지의 취득원가에 포함한다.

② 장기성지급어음 등의 표시이자율이 시장이자율과 현저히 다르거나 또는 무이자부조
건으로 발행 : 유형자산의 현행현금 등 가액을 구하여 이를 그 유형자산의 원가로 기
록하고, 현행현금 등 가액과 어음 등의 액면금액과의 차액인 할인(증)액은 현재가치
할인(증)차금의 평가계정을 설정하여 계상하여야 한다. 이 할인(증)액은 어음 등의
상환기간에 걸쳐 유효이자율법을 적용하여 상각이나 환입하고 이를 이자비용 또는
이자수익 과목에 계상한다.

## (4) 교환에 의하여 취득한 자산

① 상업적 실질[27]이 있는 경우 : **제공한** 자산의 **공정가치** (단, 취득한 자산의 공정가치가
더 명백한 경우에는 취득한 자산의 공정가치)
② 상업적 실질이 결여된 경우 : 제공한 자산의 장부금액
③ 상업적 실질이 있으나 취득한 자산과 제공한 자산 모두 공정가치를 신뢰성 있게 측정
할 수 없는 경우 : 제공한 자산의 장부금액

| ① 상업적 실질이 있는 경우 | ② 상업적 실질이 결여된 경우<br>③ 상업적 실질이 있으나, 취득한 자산과 제공한 자산 모두 공정가치를 신뢰성 있게 측정할 수 없는 경우 |
|---|---|
| 교환 취득한 자산의 원가<br>= **제공한** 자산의 **공정가치** + 현금지급액<br>            − 현금수령액<br>= 취득한 자산의 공정가치 | 교환 취득한 자산의 원가<br>= **제공한** 자산의 **장부가액** + 현금지급액<br>            − 현금수령액 |

## (5) 복구원가

복구원가란 해당 유형자산의 경제적 사용이 종료된 후에 원상회복을 위하여 그 자산을
제거, 해체하거나 또는 부지를 복원하는데 소요될 것으로 추정되는 비용이 부채의 인식요
건을 충족하는 경우 그 지출의 현재가치를 말한다. 경제적 사용이 종료된 후의 복구원가도
해당 자산을 사용하기 위한 회피 불가능한 비용이라는 관점에서 관련된 복구원가를 모두
유형자산의 **원가에 포함**시킨다.

---

27) ① 다음 중 하나의 경우 ⓐ 취득한 자산과 관련된 현금흐름의 구성(위험, 유출입시기, 금액)이 제공한 자산
과 관련된 현금흐름의 구성과 다르다. ⓑ 교환거래의 영향을 받는 영업 부분의 기업특유가치가 교환거래
의 결과로 변동한다.
② 상기 ①의 차이가 교환된 자산의 공정가치에 비해 유의적이다.

## (6) 정부보조에 의한 취득

정부보조금이란 기업의 영업활동과 관련하여 과거나 미래에 일정한 조건을 충족하였거나 충족할 경우 기업에게 자원을 이전하는 형식의 정부지원을 말한다.

① 자산관련보조금 : 정부지원의 요건을 충족하는 기업이 장기성 자산을 매입, 건설하거나 다른 방법으로 취득하여야 하는 일차적 조건이 있는 보조금을 말한다. 자산차감법과 이연수익법 중 선택이 가능하지만 대다수의 기업들은 재무상태표에 부채가 적게 인식되는 자산차감법을 사용하고 있다.

| 자산차감법 | 이연수익법 |
|---|---|
| 정부보조금을 관련 자산의 장부금액에 차감하여 표시하며 자산의 내용연수에 걸쳐 감가상각비를 감소시키는 방식으로 당기손익에 인식하는 방법 | 정부보조금을 이연수익(부채)으로 표시하며 자산의 내용연수에 걸쳐 체계적이고 합리적인 기준으로 당기손익에 인식하는 방법 |
| 감가상각비　　×××　감가상각누계액　×××<br>정부보조금(자산차감계정)××× 감가상각비　×××　 | 감가상각비　　×××　감가상각누계액　×××<br>이연보조금(부채)×××　정부보조금 수익　××× |

② 수익 관련 보조금 : 자산 관련 보조금 이외의 보조금을 말하며, 다음 두가지 방법 중 하나의 방법으로 처리한다.

| 관련 비용에서 정부보조금을 차감 | 기타수익 등으로 표시하는 방법 |
|---|---|
| 급여　　　　×××　현금　　　　×××<br>이연보조금(부채)×××　급여　　　　××× | 급여　　　　×××　현금　　　　×××<br>이연보조금(부채)×××　정부보조금 수익　××× |

## (7) 주식발행에 의해 취득한 자산(현물출자)

기업이 자산을 취득하고 그 대가로 주식을 교부하는 것을 현물출자라고 한다. 현물출자에 의해서 취득한 자산의 취득원가는 **발행·교부하는 주식의 공정가치**로 인식한다.

## (8) 증여 또는 무상취득

증여 등 무상으로 취득한 자산은 **당해 자산의 공정가치를 원가**로 계상한다. 이 때 취득자산의 공정가치는 자산수증이익으로 인식한다.

## (9) 유형자산 취득에 수반되는 국·공채 매입

유형자산과 관련하여 국·공채 등의 유가증권을 불가피하게 매입하는 경우, 취득가액(액면가액)과 유가증권 현재가치의 차이(대부분 액면이자율이 시장이자율보다 낮음)를 취득부대비용으로 간주하여 자산의 취득원가에 가산한다.

# Ⅳ 감가상각

## 1. 감가상각의 의의

유형자산을 실제 사용함으로써 발생하는 정상적인 손상이나 파손, 노후 등의 물리적 원인이나 기업경영환경의 변화, 유형자산의 기능변화 등의 기능적 원인에 의하여 그 본래의 효용가치가 점차 감소하게 된다. 물리적 원인, 기능적 원인의 감가요인으로 유형자산의 가치가 감소하므로 유형자산의 가치감소분을 기업의 수익창출활동에 기여한 기간에 걸쳐 비용으로 인식해야 한다.

일정기간의 손익을 적절하게 계산하기 위해 유형자산의 가치감소분을 사용기간에 걸쳐 인위적으로 배분[28]하는 것을 감가상각이라고 하며 감가상각으로 계상되는 비용을 감가상각비라고 한다.

---

**감가상각비의 사례 〈머니투데이 기사 수정〉**

S사의 감가상각비가 올해 1분기 최대치를 경신했다. 지속적인 설비투자로 유형자산이 늘어나면서 감가상각비도 증가했다. S사에 따르면 올해 1분기 유형자산 감가상각비는 2,710억 원이다. 분기별로 유형자산 감가상각비가 꾸준히 증가하는 추세를 보여왔다. 설비투자를 단행해 유형자산이 늘어나면 감가상각비도 증가할 수밖에 없다. S사는 유형자산이 꾸준히 늘고 있다. 1분기 유형자산 규모는 6조 1,777억 원으로 전년 동기(5조 5,995억 원) 대비 확대됐다. 기업이 설비투자를 하면 그 자산에 대해선 바로 감가상각을 해야 한다. 재무상태표상 유형자산에 잡혀 있는 금액이 전 분기 대비 늘어났다면 감가상각비도 증가하게 된다.

---

## 2. 감가상각의 기본요소

감가상각은 체계적이고 합리적인 배분방법을 사용해서 각 회계기간의 감가상각비를 합리적으로 계산해야 하는데 이를 위해서는 ① 감가상각대상금액 ② 내용연수 ③ 감가상각방법 등의 세 가지 기본요소를 결정해야 한다.

---

28) 감가상각은 수익·비용 대응의 원칙에 따라 유형자산의 내용연수 동안 합리적이고 체계적인 방법으로 원가를 배분하는 과정이며 유형자산의 가액을 평가하는 과정이 아니다.

① 감가상각 대상금액 : 해당 유형자산을 사용하는 기간 동안 비용으로 인식할 총금액

$$감가상각\ 대상금액\ =\ 취득원가\ -\ 추정잔존가치$$

② 내용연수 : 유형자산이 영업활동에 합리적으로 사용될 것으로 기대되는 기간
③ 감가상각방법 : 내용연수 동안 체계적으로 배부하기 위해 다양한 방법을 사용할 수 있는데, 그 방법으로는 정액법, 체감잔액법, 연수합계법, 생산량비례법 등이 있다.

## 3. 감가상각의 시기

① 경영진이 의도하는 방식으로 자산을 가동하는 데 필요한 장소와 상태에 이른 때부터 시작하며, 매각예정자산으로 분류되는 날과 제거된 날 중 이른 날에 감가상각을 중지한다.
② 유형자산이 가동이 되지 않거나 유휴상태가 되더라도 감가상각은 계속되어야 한다. 다만, 생산량비례법의 경우 가동이 중단된 경우 생산량이 없기 때문에 감가상각이 중단된다.

## 4. 감가상각비 계산★★★

### (1) 정액법

정액법은 유형자산의 취득원가 또는 취득원가를 대체하는 다른 금액에서 잔존가치를 차감한 감가상각 대상금액을 매기간 균등하게 상각하는 방법이다.

$$감가상각비\ =\ \frac{감가상각\ 대상금액(취득원가\ -\ 잔존가치)}{내용연수}$$

### (2) 체감잔액법

① 정률법

기초 장부금액에서 일정한 상각률을 곱하여 감가상각비를 계산한다. 초기에 감가상각비를 많이 계상하고 이후 점점 감가상각비를 적게 인식하게 되므로 '수익비용대응의 원칙'에 가장 부합한 방법이다.

$$\text{감가상각비} = \textbf{기초장부금액(취득원가 } - \textbf{ 상각누계액)} \times \text{감가상각률}^*$$

$$^* \text{상각률} = 1 - \sqrt[n]{\frac{\text{잔존가치}}{\text{취득원가}}} \quad (n : \text{내용연수})$$

② 이중체감법

정액법의 감가상각률을 두배한 감가상각률을 유형자산의 기초장부금액(취득원가 - 감가상각누계액)에 곱해서 감가상각비를 계산하는 것이다.

$$\text{감가상각비} = \textbf{기초장부금액(취득원가 } - \textbf{ 상각누계액)} \times \text{감가상각률}^*$$

$$^* \text{감가상각률} = \frac{1}{\text{내용연수}} \times 2$$

③ 연수합계법

내용연수의 총 합계를 분모로 하고 잔여 내용연수를 분자로 해서 매년의 감가상각률을 간편하게 계산한 후에 정액법처럼 감가상각 대상금액에 매년의 감가상각률을 곱해서 감가상각비를 계산하는 방법이다. 예를 들어, 내용연수가 4년인 경우 상각률을 계산할 때 분모는 4년의 내용연수의 총 합계인 10(=4+3+2+1)이다. 분자는 남은 내용연수에 따라 매년 4, 3, 2, 1의 순서대로 사용한다. 즉 4개 연도의 상각률은 4/10, 3/10, 2/10, 1/10이다.

$$\text{감가상각비} = \textbf{감가상각대상금액(취득원가 } - \textbf{ 잔존가치)} \times \frac{\text{잔여내용연수}}{\text{내용연수의 합계}}$$

## (3) 생산량비례법

유형자산의 감가가 단순히 시간이 경과함에 따라 발생하기 보다는 생산량에 비례하여 발생한다고 전제하여 감가상각비를 계산하는 상각방법이다.

$$\text{감가상각비} = \textbf{감가상각 대상금액(취득원가 } - \textbf{ 잔존가치)} \times \frac{\text{당기실제생산량}}{\text{추정 총 생산량}}$$

## 5. 회계변경

매 회계기연도 말 재검토(잔존가치, 내용연수, 감가상각방법)를 하여 추정치가 기존의 추정치와 다를 경우 그 차이를 변경하여야 한다. 이러한 추정의 변경은 **'회계추정의 변경'** 이므로 회계변경을 한 이후의 회계 기간에만 반영하면 된다. (전진법 적용)

 **후속측정★★★**

한국채택국제회계기준에서는 유형자산을 취득하여 회계 처리한 이후에는 <u>원가모형이나 재평가모형 중 하나를 회계정책으로 선택</u>해서 유형자산의 분류별로 동일하게 적용하도록 규정하고 있다. 원가모형은 재무정보의 신뢰성(역사적 원가)을 강조한 측면이 있는 반면, 재평가모형은 목적적합성을 강조한 측면이 있다.

## 1. 원가모형

원가모형은 최초 취득원가를 인식한 후에 원가에서 <u>감가상각누계액과 손상차손누계액</u>을 차감한 금액을 장부가액으로 기록하는 방법이다.

## 2. 재평가모형

재평가모형은 취득일 이후 재평가일의 공정가치로 해당 자산 금액을 수정하고, 당해 공정가치에서 재평가일 이후의 감가상각누계액과 손상차손누계액을 차감한 금액을 장부금액으로 공시하는 방법이다.

### (1) 재평가의 수행빈도

공정가치의 변동이 큰 유형자산은 매년 재평가를 해야만 할 수도 있고, 공정가치의 변동이 크지 않은 유형자산은 3년이나 5년마다 재평가하는 것으로 충분할 수도 있다.

### (2) 유형자산 분류별 재평가의 범위

유형자산은 영업에서 사용되는 용도가 유사하고 성격이 유사한 유형자산을 <u>구분해서 분류</u>(토지, 토지와 건물, 선박, 집기, 사무용 비품 등)한다. 재평가를 수행하는 유형자산은 해당 자산이 포함되어 있는 <u>유형자산 분류 전체</u>를 재평가해야 하며, 동일한 분류 내의 유형자산은 <u>동시에 재평가</u>해야 한다.

## (3) 재평가모형의 회계처리[29]

### 1) 최초 장부금액 〈 공정가치

① 최초 재평가시점에 장부금액보다 공정가치가 큰 경우
: 장부금액을 증가시키는 만큼 **재평가잉여금이라는 기타포괄손익(자본)**으로 분개
(차) 유 형 자 산        ×××    (대) 재 평 가 잉 여 금        ×××
(기타포괄손익)
② 최초 재평가 이후에 공정가치가 감소되는 경우
: 유형자산의 장부금액을 감소시키고 이전 회계 기간에 인식한 재평가잉여금을 감소
(차) 재 평 가 잉 여 금      ×××    (대) 유 형 자 산        ×××
(기타포괄손익)
③ 최초 재평가 이후에 공정가치 감소액이 재평가잉여금을 초과하는 경우
: 재평가잉여금을 **초과해서 감소된 금액을 재평가손실(당기손익)**로 분개
(차) 재 평 가 손 실        ×××    (대) 유 형 자 산        ×××
(당기손익)

### 2) 최초 장부금액 〉 공정가치

① 최초 재평가시점에 장부금액보다 공정가치가 적은 경우
: 장부금액을 감소시키는 만큼 **재평가손실(당기손익)**로 분개
(차) 재 평 가 손 실        ×××    (대) 유 형 자 산        ×××
(당기손익)
② 최초 재평가 이후에 공정가치가 증가되는 경우(재평가손실 인식액 한도)
: 장부금액을 증가시키고 이전 회계기간에 인식한 <u>재평가손실을 한도로 재평가이익(당기손익)</u>을 인식
(차) 유 형 자 산        ×××    (대) 재 평 가 이 익        ×××
(당기손익)
③ 최초 재평가 이후에 공정가치 증가액이 재평가손실 인식액을 초과하는 경우
: 재평가손실로 인식한 금액을 **초과하는 금액은 재평가잉여금**으로 분개하며, 재평가잉

---

29) 재평가잉여금은 사용(감가상각)이나 처분(제거)되는 때 이익잉여금으로 대체할 수 있다. 대체 시 어떠한 경우에도 당기손익을 구성하지는 않는다.

여금은 기타포괄손익(자본)이다.

(차) 유 형 자 산          ×××   (대) 재 평 가 잉 여 금          ×××
                                     (기타포괄손익)

## (4) 장부금액의 수정

재평가모형을 이용하여 유형자산을 측정하는 경우, 자산의 순장부금액을 재평가금액으로 수정하는 방법은 다음과 같다.

| 비례수정법 | 전액제거법 |
| --- | --- |
| 재평가 후 자산의 장부금액이 재평가금액과 일치하도록 총장부금액과 감가상각누계액을 비례적으로 수정하는 방법 | 총장부금액에서 기존의 감가상각누계액을 제거하여 자산의 순장부금액이 재평가금액이 되도록 수정하는 방법 |

**재평가모형 사례 〈The Bell 수정〉**

Y사는 지난해 4분기부터 유형자산(토지)에 대한 회계정책을 원가모형에서 재평가모형으로 바꿨다. 그리고 재평가모형을 적용해 사업장 토지에 대해 감정가액을 산출 받은 날짜는 지난해 10월 31일이다. 이에 따라 지난해 3분기말 기준 토지 장부가액은 2476억원이었지만 4분기말 기준으로 5481억원으로 2369억원 증가했다. 토지자산이 두 배 가량으로 늘어난 셈이다.

## Ⅵ 유형자산의 손상★★

### 1. 자산손상의 식별

자산이 손상되었다는 것은 자산의 <u>장부금액이 회수가능액을 초과</u>하는 경우를 말한다. 기업은 매 보고기간 말마다 자산손상을 시사하는 징후가 있는지를 검토하고 그러한 징후가 있다면 당해 자산의 회수가능액을 추정하여 회수가능액이 장부금액에 미달하는 경우 손상차손을 인식한다.

## 2. 회수가능액의 측정

### MAX 〔 ① 순공정가치, ② 사용가치 〕

① 순공정가치 : 합리적인 판단력과 거래의사가 있는 독립된 당사자 사이의 거래에서 자산의 매각으로부터 수취할 수 있는 금액에서 처분부대 원가를 차감한 금액
② 사용가치 : 자산의 계속적인 사용과 최종 처분에서 기대되는 미래현금흐름을 추정하고 적정한 할인율로 할인한 현재가치

## 3. 손상차손 및 손상차손환입

|  | 원가모형 | 재평가모형 |
|---|---|---|
| 손상차손 인식 | 손상징후가 있는 경우 우선적으로 감가상각비를 계상하고 회수가능액이 장부금액보다 낮다면 그 차이를 손상차손으로 인식한다. | 재평가모형으로 자산을 평가한 후에 손상차손을 인식하는 경우 기존에 인식한 재평가잉여금이 있다면 이를 우선 감소시키고, 초과액이 있으면 손상차손으로 하여 당기손익에 반영한다. |
| 손상차손 환입 | 당초에 손상차손을 초래했던 상황이 호전되어 회수가능액이 현재 장부가액보다 상승한 경우에는 최초의 장부가액을 초과하지 않는 범위 내에서 손상차손을 환입 | 손상차손의 환입을 인식하는 경우 손상차손 환입을 우선 인식하고, 과거에 당기손익으로 인식한 손상차손금액을 초과한 금액에 대해서는 재평가를 적용하여 재평가잉여금의 증가로 처리한다. |

한편, 유형자산에 대하여 손상차손 또는 손상차손환입을 인식한 후에는 원가모형을 적용하든 재평가모형을 적용하든 관계없이 수정된 장부금액에서 잔존가치를 차감한 금액에 기초하여 잔존내용연수에 걸쳐 감가상각을 한다. (전진법)

> **유형자산 손상차손 사례 〈이투데이 기사 수정〉**
>
> A사의 감사를 맡은 B회계법인은 지난해 재무제표의 유형자산 중 선박 부문에 손상차손 1,620억 원을 추가했다. 손상차손이란 특정 유형 자산의 미래 가치가 장부가격보다 현저하게 낮아질 가능성이 있는 경우 이에 해당하는 부분을 손실로 반영하는 것을 말한다. 손상차손 규모가 클수록 미래 수익성을 불안정하게 본다는 의미다. B회계법인 관계자는 "해운업 경기침체와 영업손실 누적 등을 고려해 컨테이너 부문과 벌크선박 등의 손상검사를 시행한 결과"라고 설명했다.

## Ⅶ 차입원가의 자본화★★

### 1. 차입원가의 의의

차입원가는 자금의 차입과 관련하여 발생하는 이자 및 기타 원가를 말한다. 한국채택국제회계기준에서는 적격자산[30]의 취득, 건설 또는 생산과 직접 관련되는 차입원가는 당해 자산의 원가에 포함시키고, 기타 차입원가는 발생기간의 비용으로 인식하도록 규정하고 있다.

### 2. 자본화 기간

자본화 기간은 적격자산의 취득에 사용한 차입금에 대한 차입원가를 당해 자산의 원가로 처리하는 기간을 말한다.

(1) **자본화의 개시** : 최초로 다음 조건을 모두 충족시키는 날이다.

① 적격자산에 대하여 지출하고 있다.
② 차입원가를 발생시키고 있다.
③ 적격자산을 의도된 용도로 사용하거나 판매 가능한 상태에 이르게 하는 데 필요한 활동을 수행하고 있다.

(2) **자본화의 중단** : 적격자산에 대한 적극적인 개발활동을 중단한 기간에는 차입원가의 자본화를 중단한다. 그러나 이러한 중단기간에도 상당한 기술 및 관리활동이 진행되고 있다면 자본화를 중단하지 않는다.

(3) **자본화의 종료일** : 자본화의 종료일은 자산을 의도된 용도로 사용하거나 판매 가능한 상태에 이르게 하는 데 필요한 거의 모든 활동이 완료된 시점이다.

---

30) 적격자산이란 의도된 용도로 사용하거나 판매 가능한 상태에 이르게 하는데 상당한 기간을 필요로 하는 자산으로서 재고자산, 제조설비자산, 전력생산설비, 무형자산 및 투자부동산이 적격자산이 될 수 있다.

## 3. 자본화 차입원가의 인식

### (1) 자본화가능차입원가

차입원가 중 당해 적격자산과 관련된 지출이 발생하지 않았다면 부담하지 않았을 차입원가를 말한다. 자본화가능차입원가에는 다음과 같은 항목이 있다.

① 유효이자율법을 사용하여 계산된 이자비용
② 금융리스 관련 금융원가
③ 외화차입금과 관련되는 외환차이 중 이자원가의 조정으로 볼 수 있는 부분

### (2) 적격자산의 연평균지출액

회계기간 동안 적격자산의 평균장부금액은 일반적으로 당해 기간 동안 지출액의 적절한 근사치로 이미 자본화된 차입원가를 포함한다. 적격자산에 대한 평균장부금액은 연평균지출액으로 계산된다.

$$연평균지출액 \ = \ 지출액 \times \frac{지출일로부터 \ 자본화 \ 종료시점까지의 \ 기간}{12}$$

### (3) 특정목적 차입금의 자본화 차입원가의 결정

적격자산을 취득하기 위한 목적으로 특정하여 차입한 자금에 한하여 회계기간 동안 그 차입금으로부터 실제 발생한 차입원가에서 당해 차입금의 일시적 운용에서 생긴 투자수익을 차감한 금액을 자본화 가능 차입원가로 결정한다.

특정목적 차입금의 자본화 차입원가
= 특정목적 차입금 × 이자율 × 자본화기간 − 일시운용 투자수익

### (4) 일반목적 차입금의 자본화 차입원가의 결정

일반적인 목적으로 자금을 차입하고 이를 적격자산 취득을 위해 사용하는 경우에 한하여 상이한 이자율을 갖는 다양한 일반차입금들을 평균적으로 사용하였다고 가정하고 다음과 같은 방식으로 자본화 차입원가를 계산한다.

일반목적 차입금의 자본화 차입원가
= (적격자산에 대한 연평균지출액 − 특정차입금 지출액) × 자본화이자율

일반목적 차입금에 대한 자본화 이자율은 일반차입금들의 가중평균차입이자율을 말하며, 회계기간 동안 차입한 자금으로부터 발생된 차입원가를 가중평균하여 산정한다.

일반목적 차입금에 대한 자본화이자율
= 당기 일반목적 차입금 이자비용 / 당기 일반목적 차입금 연평균금액

 Ⅷ 유형자산의 처분

유형자산을 처분하거나 사용을 통해 미래경제적 효익이 기대되지 않을 경우 장부에서 제거한다. 유형자산의 제거로 인해 발생하는 손익은 처분가액(순 매각금액)과 장부금액의 차이로 결정한다.

| 유형자산처분이익 | 유형자산처분손실 |
|---|---|
| 유형자산의 장부가액 〈 처분가액 | 유형자산의 장부가액 〉 처분가액 |

**유형자산 처분의 사례** 〈뉴스1 기사 수정〉

차입금을 상환하기 위해 H사는 신규 출점을 멈추고 점포 구조조정과 리뉴얼을 단행하고 있다. H사는 2년 사이 안산점, 대구점 등의 매각으로 인한 유형자산의 처분으로 회계연도 기준 1,391억 원의 현금을 확보했다. 올해에도 H사는 '실탄' 확보를 위해 점포 매각을 이어갈 전망이다. 다만 매각에만 집중한 나머지 장기적인 경쟁력이 악화될 것이란 우려도 나온다. 실제로 전국 매출 5위 안에 드는 알짜 매장인 부산 가야점을 매각하려다가 노조의 거센 반발에 부딪히자 세일즈앤리스백으로 선회했다.

## Q 연습문제

**01.** 다음 중 유형자산의 취득원가에 포함되는 요소만 바르게 짝지은 것은?

> ㄱ. 설치장소 준비를 위한 지출
> ㄴ. 최초의 운송 및 취급 관련원가
> ㄷ. 보유 중인 건물에 대하여 부과되는 재산세
> ㄹ. 취득세
> ㅁ. 매입할인

① ㄱ, ㄴ                 ② ㄱ, ㄴ, ㄷ

③ ㄱ, ㄴ, ㄹ           ④ ㄱ, ㄴ, ㄷ, ㄹ, ㅁ

**02.** 다음 중 20×2년도 ㈜A의 기계장치 a의 감가상각에 관한 설명으로 가장 올바르지 않은 것은?

> ㈜A는 20×1년에 회사를 설립하고 기계장치 a를 구입하였다. 구입 시점에는 동 기계
> 장치를 10년 사용할 것으로 예상하였고, 매년 균등하게 소비 될 것이라 판단되어 10
> 년의 내용연수를 적용하여 정액법으로 감가상각 하였다. 그러나 예상 보다 회사의
> 성장추세가 빨라 20×2년의 생산량이 20×1년 대비 80% 이상 늘어났으며, 20×3년의
> 생산량도 20×2년 대비 100% 이상 늘어날 것으로 예상된다. 이에 따라 기계장치 a의
> 마모나 손상이 기존 예측치보다 빠르게 진행될 것으로 판단되어 내용연수를 8년으
> 로 변경하고자 한다. 또한, 회사는 소비 형태를 보다 잘 반영하는 생산량 비례법으로
> 감가상각방법을 변경하고자 한다.

① ㈜A는 자산의 미래경제적 효익이 소비되는 형태를 반영하여 감가상각방법을 결정
해야 한다.

② ㈜A는 기계장치 a의 감가상각방법 변경에 대하여 회계추정의 변경으로 처리해야 한다.

③ ㈜A는 자산의 미래경제적 효익이 소비되는 형태가 변하지 않는 한 감가상각방법을
매 회계기간에 일관성 있게 적용한다.

④ 소비형태를 신뢰성 있게 결정할 수 없는 경우에는 정률법을 사용해야 한다.

**03.** 유형자산으로 분류하기 위한 조건이 아닌 것은?

① 영업활동에 사용할 목적으로 취득하여야 한다.
② 물리적인 실체가 있어야 한다.
③ 판매목적으로 보유하고 있어야 한다.
④ 장기간 사용할 목적으로 보유하고 있어야 한다.

**04.** 다음은 토지, 건물 등의 취득원가에 대한 설명이다. 올바르지 못한 것은?

① 정부관리하의 도로포장 및 가로등에 투입된 원가 중 토지구매자가 직접 구매하는 부분은 모두 토지계정에 산입한다.
② 토지 취득시 일정기간 이후 복구의무를 부담하는 경우 복구비용은 취득원가에 포함한다.
③ 토지 취득 후 이루어지는 조경공사 등은 회사 측에 유지보수책임이 있는 경우에 구축물 등으로 처리한다.
④ 건물 신축을 위해 토지와 건물을 일괄 구입한 경우에는 각각의 공정가치비율로 안분 계산한다.

**05.** 기계장치의 일부를 대체하기 위해 돈이 지출되었는데 해당 금액을 기계장치의 장부금액으로 회계처리 하였다. 해당 지출은 유형자산의 인식기준을 충족하였기 때문에 기계장치의 장부금액에 포함하여 인식하는 것이 회계원칙에 부합한다고 할 때, 다음 설명 중 가장 올바르지 않은 것은?

① 동 지출을 기계장치의 장부금액에 포함하여 인식한 회계처리는 올바르며 대체되는 부분의 장부금액은 제거한다.
② 유형자산의 인식기준을 충족하였다 하더라도 동 지출은 발생시점에 비용으로 인식하여야 한다.
③ 만약 이것이 일상적인 수선, 유지와 관련하여 발생하였다면 당기비용으로 인식하여야 한다.
④ 대체되는 부분의 장부금액 제거 여부는 그 부분을 별도로 인식하였는지 여부와는 관계가 없다.

**06.** 회사가 지방자치단체 등으로부터 수령한 정부보조금과 관련된 설명으로 가장 올바르지 않은 것은?

① 정부보조금이란 기업의 영업활동과 관련하여 과거나 미래에 일정한 조건을 충족하였거나 충족할 경우 기업에게 자원을 이전하는 형식의 정부지원을 말한다.

② 정부지원의 요건을 충족하는 기업이 장기성 자산을 매입, 건설하거나 다른 방법으로 취득하여야 하는 일차적 조건이 있는 정부보조금을 자산관련보조금이라 한다.

③ 자산관련보조금은 이연수익(부채)으로 표시하고, 자산의 내용연수에 걸쳐 체계적이고 합리적인 기준으로 당기손익에 인식할 수 있다.

④ 수익관련보조금은 자산의 장부금액에서 차감하여 표시하고 자산의 내용연수에 걸쳐 감가상각비를 감소시키는 방식으로 당기손익에 인식할 수 있다.

**07.** 회사가 국고보조금으로 유형자산을 취득할 경우 이와 관련되는 설명으로 옳지 않은 것은?

① 상환할 의무가 있는 국고보조금인 경우 관련 금액을 채무면제이익으로 회계처리 한다.

② 자산취득에 사용될 국고보조금을 받는 경우에는 관련 자산을 취득하기 전까지는 받은 자산 또는 받은 자산을 일시적으로 운용하기 위하여 취득하는 다른 자산의 차감계정으로 회계처리 한다.

③ 국고보조금으로 관련 자산을 취득하는 시점에는 관련 자산의 차감계정으로 회계처리 한다.

④ 국고보조금으로 취득한 유형자산에 대한 감가상각비를 계상할 때에는 취득한 자산의 내용연수에 걸쳐 국고보조금과 감가상각비를 상계한다.

**08.** ㈜A의 재무상태표에 유형자산으로 표시되는 기계장치의 취득금액은 얼마인가?

|  | 금액 |
|---|---|
| 취득금액 | 700,000,000원 |
| 기계장치에서 생산된 새로운 상품을 소개하는데 소요되는 광고비 | 50,000,000원 |
| 기계장치와 관련된 산출물에 대한 수요가 형성되는 과정에서 발생하는 가동손실 | 30,000,000원 |
| 경영진이 의도하는 방식으로 가동할 수 있으나 가동수준이 완전조업도 수준에 미치지 못하여 발생하는 원가 | 15,000,000원 |
| 합 계 | 795,000,000원 |

① 700,000,000원  ② 715,000,000원

③ 750,000,000원  ④ 795,000,000원

**09.** ㈜A는 영업활동에 사용하던 건물(부속토지 포함)을 20×4년 12월 31일 매각 처분하였다. 동 건물과 관련한 사항은 다음과 같다.

| | |
|---|---|
| ㄱ. 건물의 취득원가 | 2,000,000원 |
| 취득일 | 20×1년 1월 1일 |
| 내용연수 | 10년 |
| 잔존가치 | 없음 |
| 감가상각방법 | 정액법 |
| ㄴ. 부속토지(취득원가) | 2,000,000원 |
| ㄷ. 처분금액(건물 및 부속토지) | 3,100,000원 |

상기 토지와 건물과 관련하여 20×4년도에 ㈜A가 인식할 유형자산처분손실은 얼마인가? (단, 회사는 최초 인식시점 이후 유형자산을 원가모형으로 회계처리하고 있다)

① 100,000원  ② 300,000원
③ 350,000원  ④ 900,000원

**10.** 내용연수 7년의 건물을 정액법으로 감가상각한 결과 제3차연도의 감가상각비는 120,000원 이었다. 잔존가치가 6,000원이라고 할 때 건물의 취득원가는 얼마인가? (단, 유형자산 평가방법은 원가모형으로 가정한다)

① 740,000원  ② 746,000원
③ 840,000원  ④ 846,000원

**11.** ㈜ A는 유형자산인 토지에 대해 재평가모형으로 회계처리하고 있으며, 당기 중 토지의 공정가치가 2억 원 증가하였다. 이러한 토지의 공정가치 증가로 인하여 ㈜A의 2019년도 말 재무상태표 작성 시 기초에 비하여 증가하는 항목을 가장 올바르게 표시한 것은?

| 유동자산<br>(ㄱ) | 유 동 부 채<br>(ㄷ) |
|---|---|
| | 비 유 동 부 채<br>(ㄹ) |
| 비 유 동 자 산<br>(ㄴ) | 자 본<br>(ㅁ) |

(단, 법인세 효과는 고려하지 않는다고 가정한다)

① (ㄱ), (ㄹ)  ② (ㄱ), (ㅁ)
③ (ㄴ), (ㅁ)  ④ (ㄴ), (ㄷ), (ㅁ)

**12.** 다음은 ㈜A가 사용 중인 기계장치와 관련된 내용이다. 아래와 같은 사실이 추정되는 경우 ㈜A가 20×2년에 인식할 감가상각비는 얼마인가? (단, 정액법으로 상각하고, 잔존가치는 0이라고 가정한다)

> [기계장치 관련정보]
> ㄱ. 20×1년 말 현재 기계장치 장부금액(손상차손 인식 전) : 60,000,000원
> ㄴ. 20×1년 말에 기계장치를 처분할 경우의 순공정가치 : 30,000,000원
> ㄷ. 기계장치를 계속 사용할 경우의 사용가치 : 35,000,000원
> ㄹ. 20×1년 말 현재 기계장치의 잔존내용연수 : 10년
> ㅁ. ㈜삼일은 20×1년 말 상기 기계장치에 대해서 손상차손을 인식함.

① 600,000원  ② 3,000,000원
③ 3,500,000원  ④ 3,888,889원

**13.** ㈜A는 20×1년 초 영업활동에 사용할 목적으로 취득원가 30억 원의 토지를 매입하여 재평가모형을 적용하고 있다. 20×1년 말 해당 토지의 공정가치는 27억 원으로 추정되어 3억 원의 당기손실을 인식하였다. 20×2년 말 토지의 공정가치는 36억 원으로 추정된다. 20×2년 말 ㈜A의 토지에 관한 회계처리로 가장 올바른 것은?

① (차) 토 지  9 억 원  (대) 토지재평가이익(손익항목)  3억 원
　　　　　　　　　　　　　　　　 재평가잉여금(자본항목)  6억 원
② (차) 토 지  6 억 원  (대) 토지재평가이익(손익항목)  6억 원
③ (차) 토 지  9 억 원  (대) 재평가잉여금(자본항목)  9억 원
④ (차) 토 지  9 억 원  (대) 토지재평가이익(손익항목)  9억 원

**14.** ㈜A가 사용하던 차량운반구를 ㈜B가 사용하던 기계장치와 교환하였다. 이 교환과 관련하여 ㈜A는 공정가치의 차액 300,000원을 현금으로 지급하였다. 이 경우 ㈜A가 인식해야 할 처분손익은 얼마인가?

|  | 차량운반구 | 기계장치 |
|---|---|---|
| 취득원가 | 4,000,000 | 5,000,000 |
| 감가상각누계액 | 2,000,000 | 2,500,000 |
| 공정가치 | 2,700,000 | 3,000,000 |

① 유형자산처분이익 500,000원　　② 유형자산처분이익 700,000원
③ 유형자산처분손실 500,000원　　④ 유형자산처분손실 700,000원

**15.** ㈜A의 재무팀장은 재무제표를 최종 검토하던 중 20×1년 12월 31일에 손상차손을 인식한 건물에 대해 당기 20×2년 중 어떠한 회계처리도 하지 않았다는 사실을 발견하여 이를 반영하려고 한다. 아래 내용을 참고하여 수정 후 당기손익계산서 상 감가상각비와 손상차손환입 금액을 가장 올바르게 나열한 것은?

> 20×1년 12월 31일의 손상 전 장부금액은 30,000만원이고 손상 후 장부금액은 12,000만원이다. 동 건물의 20×1년 12월 31일 기준 잔존 내용연수는 10년, 잔존가치는 0원이고 감가상각방법은 정액법이다. 20×2년 말에 손상차손환입을 시사하는 징후가 발생하였고 20×2년 12월 31일 현재 동 건물의 순 공정가치는 28,000만원, 사용가치는 22,000만원이다.

|    | 감가상각비 | 손상차손환입 |
|----|----------|------------|
| ① | 1,000만원 | 10,000만원 |
| ② | 1,000만원 | 11,200만원 |
| ③ | 1,200만원 | 16,200만원 |
| ④ | 1,200만원 | 17,200만원 |

**16.** 다음은 ㈜A가 20×4년 7월 1일에 취득하여 20×4년 현재 사용 중인 기계장치들에 대한 내용이다. 20×4년 말 사용 중인 기계장치들에 대하여 자산손상을 시사하는 징후가 존재하였다. 아래와 같은 사실이 추정되는 경우 ㈜A가 20×4년 말에 유형자산손상차손으로 인식해야 할 금액은 얼마인가?

| 구 분 | 기계장치A | 기계장치B |
|-------|----------|----------|
| 20×4년 말 장부금액 | 225,000,000원 | 80,000,000원 |
| 20×4년 말 처분 시 예상 순공정가지 | 150,000,000원 | 40,000,000원 |
| 계속 사용할 경우의 사용가치 | 135,000,000원 | 96,000,000원 |

① 0원　　　　　　　　　② 59,000,000원
③ 75,000,000원　　　　④ 90,000,000원

**17.** ㈜A는 영업활동에 사용하던 건물(부속토지 포함)을 20×4년 9월 30일에 현금을 받고 처분하였다. 동 건물과 관련된 사항은 다음과 같다.

| | |
|---|---|
| (1) 건물의 취득원가 | 3,000,000원 |
| 취득일 | 20×1년 10월 1일 |
| 내용연수 | 10년 |
| 잔존가치 | 300,000원 |
| 감가상각방법 | 정액법 |
| (2) 부속토지(취득원가) | 5,000,000원 |
| (3) 처분금액(건물및부속토지) | 7,000,000원 |

20×4년도에 ㈜A의 토지, 건물의 처분에 대한 회계처리로 가장 올바른 것은? (단, 회사는 최초 인식시점 이후에 유형자산을 원가모형으로 회계처리하고 있다)

① (차) 현금 7,000,000 (대) 토지 5,000,000
　　　감가상각누계액 810,000 　　건물 3,000,000
　　　유형자산처분손실 190,000

② (차) 현금 7,000,000 (대) 토지 5,000,000
　　　유형자산처분손실 100,000 　　건물 2,100,000

③ (차) 현금 7,000,000 (대) 토지 5,000,000
　　　감가상각누계액 900,000 　　건물 3,000,000
　　　유형자산처분손실 100,000

④ (차) 현금 7,000,000 (대) 토지 5,000,000
　　　유형자산처분손실 190,000 　　건물 2,190,000

**18.** 다음 중 유형자산의 후속측정으로 원가모형을 적용하는 기업의 감가상각에 대한 설명으로 가장 올바른 것은?

① 토지와 건물을 일괄하여 취득하였다면 단일 자산으로서 회계처리하여야 한다.

② 보유하고 있는 건물이 위치한 토지의 시장가치 증가는 건물의 감가상각 대상금액에 영향을 미친다.

③ 감가상각의 목적은 특정자산의 감가상각 대상금액을 자산의 이용에 따라 효익이 발생하는 기간에 체계적이고 합리적인 방법으로 배분하는 것이다.

④ 기업은 해당 자산에 내재되어 있는 미래경제적 효익의 예상소비형태를 가장 잘 반영할 수 있는 상각방법을 선택하여 일관성 있게 적용하여야 하며 후속기간에 이를 변경할 수는 없다.

**19.** 다음 중 유형자산의 재평가모형 회계처리에 관한 설명으로 가장 올바르지 않은 것은?

① 재평가의 빈도는 재평가되는 유형자산의 공정가치 변동에 따라 달라진다.

② 특정 유형자산을 재평가할 때, 동일한 분류 내의 유형자산 분류 전체를 재평가한다.

③ 자산의 장부금액이 재평가로 인하여 증가된 경우 원칙적으로 그 증가액은 기타포괄손익(재평가잉여금)으로 인식한다.

④ 자산의 장부금액이 재평가로 인하여 감소한 경우 원칙적으로 그 감소액은 기타포괄손익(재평가잉여금)으로 인식한다.


**20.** ㈜A는 공장을 신축하기로 하였으며, 이와 관련하여 20×0년 1월 1일 12,000,000원을 지출하였고, 공장은 20×2년 중에 완공될 예정이다. ㈜A는 공장신축을 위해서 아래와 같이 특정목적으로 차입을 하였다. ㈜A가 유형자산 건설과 관련된 금융비용을 자본화하는 경우 20×0년 특정 차입금과 관련하여 자본화 할 금융비용은 얼마인가? (단, 편의상 월할계산한다고 가정)

| 종류 | 차입금액 | 차입기간 | 연이자율 | 비고 |
|---|---|---|---|---|
| 차입금A | 12,000,000원 | 20×0.2.1.~<br>20×1.6.30 | 7% | 공장신축을 위한<br>특정차입금 |

① 770,000원　　　　　　　　　　② 885,000원

③ 990,000원　　　　　　　　　　④ 995,000원


**21.** ㈜A가 20×1년 중 공장신축과 관련하여 지출한 금액은 다음과 같다. 20×1년 1월 1일 착공한 이 공사는 20×2년 중에 완공될 예정이다.

| 지출일 | 지출액 | 비고 |
|---|---|---|
| 20×1년 3월 1일 | 30,000,000원 | 착수금지급 |
| 20×1년 6월 1일 | 8,400,000원 | 1차 중도금 지급 |
| 20×1년 10월 1일 | 10,000,000원 | 2차 중도금 지급 |

㈜A가 유형자산 취득과 관련된 차입원가를 자본화할 때 고려할 적격자산에 대한 20×1년 평균지출액은 얼마인가? (단, 평균지출액은 월할계산한다고 가정)

① 23,400,000원　　　　　　　　② 32,400,000원

③ 34,700,000원　　　　　　　　④ 35,400,000원

**22.** 유형자산의 취득과 관련하여 경영진이 의도하는 방식으로 자산을 가동하는데 필요한 장소와 상태에 이르게 하는데 직접 관련되는 원가가 아닌 것은?

① 유형자산의 매입 또는 건설과 직접적으로 관련되어 발생한 종업원급여
② 관리 및 기타 일반간접원가
③ 최초의 운송 및 취급 관련 원가
④ 설치원가 및 조립원가

**23.** 다음 중, 감가상각방법에 관한 설명으로 옳지 않은 것은?

① 하나의 유형자산에 대해, 어떠한 감가상각방법을 사용하든 수명이 모두 지난 시점에서는 장부가액은 동일하다.
② 연수합계법은 취득일 기준 내용연수, 취득원가, 잔존가치를 알고 있다면 내용연수 기간동안 발생할 감가상각비를 예측할 수 있다.
③ 가속상각법은 유형자산 장부가액의 감소하는 정도가 점점 감소한다.
④ 시간(X축)에 따른 유형자산 장부가액(Y축) 그래프를 그려보면, 정률법은 일직선 (→) 형태의 직선으로 그릴 수 있다.

**24.** ㈜한국은 20×1년 초에 총 100톤의 철근을 생산할 수 있는 기계장치(내용연수 4년, 잔존가치 200,000원)를 2,000,000원에 취득하였다. 정률은 0.44이고, 1차 연도부터 4차 연도까지 기계장치의 철근생산량은 10톤, 20톤, 30톤, 40톤인 경우 1차 연도에 인식할 감가상각비가 가장 크게 계상되는 방법은?

① 정액법　　　　　　　　　　② 정률법
③ 연수합계법　　　　　　　　④ 생산량비례법

**25.** 내용연수 6년, 잔존가치가 50,000원의 건물을 정액법으로 감가상각한 결과, 제5차 연도의 감가상각비는 130,000원이었다. 건물의 취득원가는 얼마인가? (단, 유형자산 평가방법은 원가모형으로 가정한다)

① 630,000원　　　　　　　　② 700,000원
③ 780,000원　　　　　　　　④ 830,000원

**26.** 다음 중 유형자산의 재평가모형 회계처리에 관한 설명으로 가장 올바르지 않은 것은?

① 재평가의 빈도는 재평가되는 유형자산의 공정가치 변동에 따라 달라진다.

② 특정 유형자산을 재평가할 때, 동일한 분류 내의 유형자산 분류 전체를 재평가한다.

③ 자산의 장부금액이 재평가로 인하여 증가된 경우 원칙적으로 그 증가액은 기타포괄손익(재평가잉여금)으로 인식한다.

④ 자산의 장부금액이 재평가로 인하여 감소한 경우 원칙적으로 그 감소액은 기타포괄손익(재평가잉여금)으로 인식한다.

| 1 | 2 | 3 | 4 | 5 | 6 | 7 | 8 | 9 | 10 | 11 | 12 | 13 |
|---|---|---|---|---|---|---|---|---|----|----|----|----|
| ③ | ④ | ③ | ④ | ② | ④ | ① | ① | ① | ④ | ③ | ③ | ① |

| 14 | 15 | 16 | 17 | 18 | 19 | 20 | 21 | 22 | 23 | 24 | 25 | 26 |
|----|----|----|----|----|----|----|----|----|----|----|----|----|
| ② | ③ | ③ | ① | ③ | ④ | ① | ② | ② | ④ | ② | ④ | ④ |

## chapter 04 무형자산

### Ⅰ 무형자산의 정의

무형자산[31]은 재화의 생산이나 용역의 제공, 타인에 대한 임대 또는 관리에 <u>사용</u>할 목적으로 기업이 보유하고 있으며, <u>물리적 형체가 없지만 식별가능</u>하고, <u>기업이 통제</u>하고 있으며, <u>미래경제적 효익</u>이 있는 비화폐성자산을 말한다.

① 식별가능성

무형자산이 식별 가능하다는 것은 다음 중 하나에 해당하는 경우를 말한다.

> ⓐ 자산이 분리가능 하다. 즉, 기업에서 분리하거나 분할할 수 있고, 개별적으로 또는 관련된 계약, 자산이나 부채와 함께 매각, 이전, 라이선스, 임대, 교환할 수 있다.
> ⓑ 자산이 계약상 권리 또는 기타 법적 권리로부터 발생한다. 이 경우 그러한 권리가 이전 가능한지 여부 또는 기업이나 기타 권리와 의무에서 분리 가능한지 여부는 고려하지 않는다.

② 자원에 대한 통제

자원에서 유입되는 미래경제적 효익을 확보할 수 있고, 그 효익에 대한 제3자의 접근을 제한할 수 있다면 기업이 자산을 통제하고 있는 것이다. 일반적으로 무형자산의 미래경제적 효익에 대한 통제능력은 법적 권리에서 나오지만, 권리의 법적 집행가능성이 통제의 필요조건은 아니다.

③ 미래경제적 효익

무형자산의 미래경제적 효익은 제품의 매출, 용역수익, 원가절감 또는 자산의 사용에 따른 기타 효익의 형태로 발생할 수 있다.

---

31) 한국채택국제회계기준에서 예시하고 있는 무형자산 : 컴퓨터소프트웨어, 특허권, 저작권, 영화필름, 고객목록, 어업권, 수입할당량, 프랜차이즈, 고객충성도, 시장점유율과 판매권, 개발비, 웹사이트원가

# Ⅱ 무형자산의 인식과 측정

## 1. 인식요건

무형자산으로 인식되기 위해서는 앞에서 설명한 무형자산의 정의와 다음의 인식조건을 모두 충족하여야 한다. 만약 둘 중 하나라도 충족시키지 아니한 경우에는 발생했을 때 비용으로 인식한다.

> ① 자산으로부터 발생하는 미래경제적 효익이 기업에 유입될 가능성이 높다.
> ② 자산의 원가를 신뢰성 있게 측정할 수 있다.

## 2. 원가의 측정★★★

### (1) 개별 취득

취득원가
= 구입 가격(매입할인과 리베이트를 차감하고 수입 관세와 환급받을 수 없는 제세금을 포함)
  + 자산을 의도한 목적에 사용할 수 있도록 준비하는 데 직접 관련되는 원가

### (2) 사업결합으로 인한 취득

사업결합으로 취득하는 무형자산은 식별 가능성을 충족한다면 항상 인식기준을 충족하는 것으로 본다. 이때 사업결합 전 피취득회사가 자산을 인식하였는지 여부와 관계없이 취득자는 취득일에 피취득자의 무형자산을 영업권과 분리하여 인식한다.

### (3) 정부 보조에 의한 취득

정부 보조로 무형자산을 무상이나 낮은 대가로 취득할 수 있다. 정부 보조에 의해 무형자산[32]으로 취득한 경우에는 무형자산과 정부 보조금 모두를 최초에 공정가치로 인식할 수 있다. 정부 보조금은 유형자산의 정부 보조금 처리방법과 동일하게 표시하고 처리한다.

---

32) 공항 착륙권, 라디오 및 텔레비전 방송국 운영권, 수입면허 또는 수입할당이나 기타 제한된 자원을 이용할 수 있는 권리를 기업에게 이전하거나 할당

## 3. 내부적으로 창출한 무형자산

### (1) 영업권

영업권이란 특정 기업이 동종 산업의 유사기업보다 높은 '초과수익력'을 가지고 있는 경우에 이를 화폐 금액으로 인식하는 것이다. 내부적으로 창출한 영업권은 무형자산으로 인식하지 않는다. 내부적으로 창출한 영업권은 원가를 신뢰성 있게 측정할 수 없고(자의적 해석 가능) 기업이 통제하고 있는 식별 가능한 자원이 아니기 때문에 자산으로 인식하지 아니한다. 한국채택국제회계기준에서는 다른 기업을 합병하거나 영업을 양수하는 과정에서 유상으로 취득한 영업권인 '매입영업권'만을 인정하고 있다.

---

**영업권의 사례 〈머니투데이 뉴스 기사 수정〉**

S사가 올들어 S라이브쇼핑 경영권을 확보하면서 T커머스 사업을 본격화 한다. 최근 그룹 정기 임원 인사에서 IT 전문가를 신임 대표로 발탁하면서 새로운 성장동력으로 키울 전망이다. 다만 지분 인수 과정에서 영업권 규모도 큰폭으로 불어났다. 전체 영업권의 3분의 1 정도가 S라이브쇼핑 인수 과정에서 발생한 것으로 나타났다. 향후 실적에 미치는 영향에도 이목이 쏠린다. S사의 자산총계는 14조 1,109억 원이다. 작년 기준 13조 6,445억 원에 비해 4,664억 원 늘어난 수치다. 올들어 S라이브쇼핑을 인수한 것도 자산 증가의 요인으로 작용했다. 같은 기간 영업권이 포함된 무형자산 규모는 4,282억 원에서 6,256억 원으로 늘어났다.

---

### (2) 개발비<sup>★★★</sup>

개발비는 신제품이나 신기술을 개발하면서 발생한 비용으로 개별적으로 식별가능하고 기업이 통제 가능하며 미래경제적 효익을 확실히 알 수 있는 경우에 **무형자산으로 인식**하는 금액이다. 내부적으로 창출된 무형자산이 인식기준에 부합하는지를 평가하기 위하여 무형자산의 창출과정을 연구단계와 개발단계로 구분한다. 만약 이를 구분할 수 없는 경우에는 그 프로젝트에서 발생한 지출은 모두 연구단계에서 발생한 것으로 본다.

① 연구단계 : 발생시점에 **비용으로 인식**

ⓐ 새로운 지식을 얻고자 하는 활동

ⓑ 연구결과 또는 기타 지식을 탐색, 평가, 최종 선택, 응용하는 활동

ⓒ 재료, 장치, 제품, 공정, 시스템, 용역 등에 대한 여러 가지 대체안을 탐색하는 활동

ⓓ 새롭거나 개선된 재료, 장치, 제품, 공정, 시스템이나 용역에 대한 여러 가지 대체안을 제안, 설계, 평가, 최종선택하는 활동

② 개발단계 : 자산의 인식요건[33]을 **모두 충족하는 경우에만 무형자산으로 인식**하고, 그 외의 경우에는 발생 기간의 비용으로 인식한다.

ⓐ 생산 전 또는 사용 전의 시제품과 모형을 설계, 제작 및 시험하는 활동

ⓑ 새로운 기술과 관련된 공구, 금형, 주형 등을 설계하는 활동

ⓒ 상업적 생산목적이 아닌 소규모의 시험공장을 설계, 건설 및 가동하는 활동

ⓓ 새롭거나 개선된 재료, 장치, 제품, 공정, 시스템 및 용역 등에 대하여 최종적으로 선정된 안을 설계, 제작 및 시험하는 활동

**개발비의 사례 〈데일리팜 기사 수정〉**

Y사의 항암신약 렉라자가 임상3상시험에서 의미 있는 결과를 내면서 1차 치료제 승인 가능성을 높였다. Y사는 렉라자의 임상3상시험에 총 716억 원의 연구개발(R&D) 비용을 투입했다.

금융감독원에 따르면 지난 상반기 말 기준 Y사가 무형자산으로 반영한 개발비는 총 854억 원으로 나타났다. 금융감독원은 신약 등 R&D 과제의 기술적 실현 가능성이 있는 경우에만 회계 상 자산 처리가 가능하다는 기준을 설정했다. 금감원은 R&D 비용의 자산화 가능 단계를 신약은 임상3상 개시, 바이오시밀러는 임상1상 승인으로 제시했다. 제네릭은 생동성시험 계획을 승인 받은 이후에 자산화 처리가 가능하다. Y사의 개발비 무형자산은 렉라자와 개량신약 8개 제품에 투입한 R&D 비용이다. 이중 렉라자의 개발비 무형자산이 716억 원에 달했다.

---

33) ① 무형자산을 사용하거나 판매하기 위해 그 자산을 완성시킬 수 있는 기술적 실현 가능성을 제시
② 무형자산을 완성해 그것을 사용하거나 판매할 수 있는 기업의 능력을 제시
③ 무형자산을 사용하거나 판매할 수 있는 기업의 능력
④ 무형자산이 미래경제적 효익을 창출하는 방법. 그중에서도 특히 무형자산의 산출물이나 무형자산 자체를 거래하는 시장이 존재함을 제시할 수 있거나, 무형자산을 내부적으로 사용할 것이라면 그 유용성을 제시
⑤ 무형자산의 개발을 완료하고 그것을 판매 또는 사용하는 데 필요한 기술적, 재정적 자원을 충분히 확보하고 있다는 사실을 제시
⑥ 개발단계에서 발생한 무형자산 관련 지출을 신뢰성 있게 구분하여 측정

# Ⅲ 무형자산의 후속측정

## 1. 인식 후의 측정

① 무형자산의 회계정책으로 원가모형이나 재평가 모형을 선택할 수 있다.

② 재평가 모형을 선택하여 적용하는 경우에는 같은 분류의 기타 모든 자산도 그에 대한 활성시장이 없는 경우를 제외하고는 동일한 방법을 적용하여야 한다.

③ 무형자산은 영업상 유사한 성격과 용도로 분류하고, 같은 분류 내의 무형자산 항목들은 동시에 재평가하여야 한다.

## 2. 원가모형★★

### (1) 내용연수가 유한한 무형자산

① 내용연수

무형자산이 계약상 권리 또는 기타 법적 권리로부터 발생하는 것이라면 내용연수는 그러한 계약상 권리 또는 기타 법적 권리의 기간을 초과할 수는 없지만, 자산의 예상사용기간에 따라 더 짧을 수는 있다.

$$\text{무형자산의 내용연수} = \text{MIN}(\text{경제적 내용연수, 법적 내용연수})$$

② 잔존가치[34]

내용연수가 유한한 무형자산의 잔존가치는 다음의 경우를 제외하고는 영(0)으로 본다.

---

ⓐ 내용연수 종료 시점에 제3자가 자산을 구입하기로 한 약정이 있다.

ⓑ 무형자산의 활성시장이 있고 다음을 모두 충족한다.
- 잔존가치를 그 활성시장에 기초하여 결정할 수 있다.
- 그러한 활성시장이 내용연수 종료 시점에 존재할 가능성이 높다.

---

34) 무형자산의 잔존가치는 처분으로 회수 가능한 금액을 근거로 하여 추정하며, 적어도 매 회계기간 말에 검토한다. 무형자산의 잔존가치는 해당 자산의 장부금액 이상으로 증가할 수도 있는데, 이러한 경우에는 잔존가치가 장부금액 미만으로 감소될 때까지 상각을 하지 않는다.

③ 무형자산의 상각

- 무형자산의 상각은 사용가능한 때부터 상각을 시작하여 매각예정으로 분류되는 날과 재무상태표에서 제거되는 날 중 이른 날 상각을 중지한다.
- 상각방법은 자산의 경제적 효익이 소비되는 형태를 반영하여 체계적이고 합리적인 방법으로 선택한다. 다만, <u>소비되는 형태를 신뢰성 있게 결정할 수 없는 경우에는 **정액법**을 사용한다.</u>

④ 상각기간과 상각방법의 검토

상각기간과 상각방법은 매 회계연도 말에 검토한다. 자산의 예상 내용연수가 과거의 추정치와 다르다면 상각기간을 이에 따라 변경하며, '회계추정의 변경'으로 회계 처리한다.

## (2) 내용연수가 비한정[35]인 무형자산

① <u>내용연수가 비한정인 무형자산은 상각을 하지 않고</u>, 매년 손상검사를 수행하여야 한다.
② 비한정에 대한 평가의 정당성을 매기 평가하여 내용연수가 유한한 것으로 변경 시 회계추정의 변경으로 회계 처리한다.

---

**무형자산 상각 사례 〈딜사이트 수정〉**

C사의 손자회사인 E사와 계열회사(49곳)가 올 1분기 동안 올린 매출은 1171억원, 순손실은 190억원으로 각각 집계됐다. E사는 곧장 C사의 외형과 수익성에도 큰 영향을 끼쳤다. E사는 흑자전환을 이루지 못할 시 C사에 지속해서 타격을 줄 가능성이 클 것으로 전망되고 있다. 콘텐츠 제작사인 만큼 순자산(4671억원)의 대부분이 매년 상각되는 무형자산(3875억원)으로 이뤄져 있는 까닭이다.

무형자산은 회사의 수익창출에 기여할 것으로 예상되는 지적재산권(IP) 등을 말하며 상각기간은 통상 최장 20년이다. 예컨대 C사가 E사의 무형자산을 10년에 걸쳐 상각할 경우 손자회사는 매년 387억원 가량을 무형자산상각비로 계상해야 한다. 이 금액은 영업비용에 포함, 영업이익을 감소하는 요인이 된다.

---

35) 내용연수가 비한정이라는 것은 무한을 의미하는 것은 아니다. 왜냐하면 무형자산의 내용연수를 추정하는 시점에서 여러 가지 요인을 종합적으로 고려하여 볼 때 미래경제적 효익의 지속연수를 결정하지 못할 뿐이지, 미래경제적 효익이 무한히 지속될 것으로 보는 것은 아니기 때문이다.

## 3. 재평가모형

① 원가모형과 재평가모형 중 한가지를 선택하여 적용할 수 있다. 다만, 무형자산은 활성
    시장이 존재하는 경우에만 재평가모형의 적용이 가능하다.
② 이전에 자산으로 인식하지 않은 무형자산이나, 원가가 아닌 금액으로 무형자산을 최
    초로 인식한 무형자산은 재평가 대상에서 제외한다.
③ 같은 분류(영업상 유사한 성격과 용도)의 기타 모든 자산도 동일한 방법으로 회계처
    리 하여야 하며 활성시장이 없는 경우를 제외하고는 동시에 재평가하여야 한다.
④ 무형자산을 재평가하는 경우 장부금액의 변동에 대한 회계처리는 유형자산의 경우와
    동일하다.


## Ⅳ 무형자산의 손상

## 1. 자산손상의 식별

　기업은 <u>매 보고기간</u> 말마다 자산손상을 시사하는 징후가 있는지 검토하고, 만약 그러한
징후가 있다면 당해 자산의 회수가능액을 추정한다. 그러나 다음의 경우에는 자산손상을
시사하는 징후가 있는지에 관계없이 회수가능액을 추정하고 장부금액과 비교하여 손상검
사를 한다.

| 내용연수가 비한정인 무형자산<br>아직 사용할 수 없는 무형자산 | 사업결합으로 취득한 영업권 |
|---|---|
| 매년 손상검사를 한다.<br>손상검사는 어느 때라도 할 수 있으며, 매년 같은 시기에 실시하여야 한다. 서로 다른 무형자산에 대해서는 각기 다른 시점에서 손상검사를 할 수 있다. 다만, 회계연도 중에 이러한 무형자산을 최초로 인식한 경우에는 당해 회계연도 말 전에 손상검사를 한다. | 매년 손상검사를 한다. |

---

**무형자산 손상 및 환입 사례 〈PRESS9 기사 수정〉**

A사는 지난 2018년 손상차손한 B사의 장부가치 900억 원을 환입한 것으로 나타났다. A사
는 당시 B사 주가가 크게 하락하자 자산의 회수가능액을 추정하는 손상검사를 통해 장부
가치를 종전 2,097억 원에서 1,195억 원으로 조정하고 902억 원을 손실로 인식했다. 회계기
준에 따르면 자산의 회수가능액이 장부금액에 미달할 경우 장부금액을 회수가능액으로 변

---

경한다. 감소금액은 손상차손으로 처리해 당기손익으로 인식한다. 손상차손 여파로 2018년 A사의 순손실액은 788억 원으로 불어났다.

하지만 B사는 전 세계적으로 수요가 급증하고 있는 올리고핵산치료제(oligonucleotide) 원료의약품(API) 생산·공급을 지난해부터 본격화하자 주가가 반전을 맞았다. B사 주가가 크게 상승하자 A사는 회수가능가액이 장부금액을 크게 상회한다고 판단, 손상처리한 902억 원 전액을 환입시켰다.

## 2. 원가모형의 손상

① 손상차손 = 자산의 장부금액 − 회수가능액 [MAX(순공정가치, 사용가치)]

② 손상차손환입 = 회수가능액 − 자산의 장부금액

③ 환입한도액 = MIN(회수가능액, 손상차손을 인식하지 않았다면 계상되었을 기말장부금액)

## Ⅴ 무형자산의 제거

무형자산은 다음의 각 경우에 재무상태표에서 제거하고, 제거로 인하여 발생하는 손익은 당해 자산을 제거할 때 당기손익으로 인식한다.

① 처분하는 때

② 사용이나 처분으로부터 미래경제적 효익이 기대되지 않을 때

**01.** 다음 중 재무상태표에 무형자산으로 보고하기 가장 어려운 것은?

① 광업권　　　　　　　　　　② 시추권
③ 내부적으로 창출한 영업권　　④ 웹 사이트

**02.** 20×1년 중 ㈜A는 연구 및 개발 활동과 관련하여 총 500억 원을 지출하였다. 새로 개발한 무형자산이 20×2년부터 사용 가능할 것으로 예측된 경우 연구 및 개발비와 관련하여 20×1년 중 비용을 계상할 금액은 얼마인가?

| 구 분 | 금 액 | 비 고 |
|---|---|---|
| 연구단계 | 300억 원 | |
| 개발단계 | 200억 원 | 자산인식요건 충족 80억 원<br>자산인식요건 미충족 120억 원 |
| 합계 | 500억 원 | |

① 120억 원　　　　　　　　　② 300억 원
③ 420억 원　　　　　　　　　④ 500억 원

**03.** 다음 중 내부적으로 창출한 무형자산과 관련한 설명으로 가장 올바르지 않은 것은?

① 내부적으로 창출한 영업권은 자산으로 인식하지 아니한다.
② 내부 프로젝트의 연구단계에서는 미래경제적 효익을 창출할 무형자산이 존재한다는 것을 제시할 수 없기 때문에, 내부 프로젝트의 연구단계에서 발생한 지출은 발생 시점에 비용으로 인식한다.
③ 무형자산을 창출하기 위한 내부 프로젝트를 연구단계와 개발단계로 구분할 수 없는 경우에는 그 프로젝트에서 발생한 지출은 모두 연구단계에서 발생한 것으로 본다.
④ 재료, 장치, 제품, 공정, 시스템이나 용역에 대한 여러 가지 대체안을 탐색하는 활동은 미래경제적 효익이 창출될 것으로 예상되므로 무형자산으로 인식한다.

**04.** 제조업을 영위하고 있는 ㈜A는 신제품 개발 활동과 관련하여 3,000,000원을 개발비로 계상하였다(해당 개발비는 무형자산 인식기준을 충족함). 해당 무형자산이 2019년 초부터 사용 가능하다면, 무형자산으로 인식한 개발비와 관련하여 2019년에 인식할 무형자산 상각비는 얼마인가? (단, ㈜A는 무형자산을 원가모형을 적용하여 회계처리하고 정액법으로 상각하며, 내용연수는 5년에 잔존가치는 0원이다)

① 0원                                      ② 200,000원
③ 400,000원                                ④ 600,000원

**05.** 다음 중 무형자산으로 인식하기 위하여 필요한 조건이 아닌 것은?

① 개별적으로 취득한 자산이어야 한다.
② 자산으로부터 발생하는 미래경제적 효익이 기업에 유입될 가능성이 높아야 한다.
③ 자산의 원가를 신뢰성 있게 측정할 수 있어야 한다.
④ 자산의 물리적인 형체는 없지만 식별 가능해야 한다.

**06.** 다음은 ㈜A의 20×1년 중 연구 및 개발활동으로 지출한 내역이다.

ㄱ. 연구활동관련 : 100,000원
ㄴ. 개발활동관련 : 120,000원
 - 개발활동에 소요된 120,000원 중 30,000원은 20×1년 4월 1일부터 동년 9월 30일까지 지출되었으며 나머지 90,000원은 10월 1일에 지출되었다. 단, 10월 1일에 지출된 90,000원만 무형자산 인식기준을 충족하며, 동일부터 사용 가능하게 되었다.

㈜A는 20×1년 12월 31일 산업재산권을 취득하였고 이와 관련하여 직접적으로 지출된 금액은 6,000원이다. 개발비와 산업재산권은 취득 후 5년간 정액법으로 상각한다. 20×1년 12월 31일 ㈜삼일의 재무상태표에 보고되어야 할 개발비와 산업재산권은 각각 얼마인가? (단, 무형자산에 대해서 원가모형을 선택하고 있다)

|    | 개발비 | 산업재산권 |
|----|--------|-----------|
| ① | 114,000원 | 6,000원 |
| ② | 85,500원 | 91,500원 |
| ③ | 85,500원 | 6,000원 |
| ④ | 0원 | 120,000원 |

**07.** ㈜A는 신제품 개발 프로젝트와 관련하여 당기 중 90억 원을 지출하였다. 동 지출 중 20억 원은 새로운 지식을 얻고자 하는 활동으로 소요되었고 70억 원은 개발단계에서 소규모의 시험공장을 설계, 건설 및 가동하는 활동으로 소요되었다. 다음 중 이에 관한 회계처리로 가장 옳은 것은?

① 20억 원은 기간비용으로 처리하고, 70억 원 중 무형자산 인식기준을 충족하지 못하는 것은 발생 시점에 비용으로 인식하고, 무형자산 인식기준을 충족하는 것은 무형자산으로 인식한다.

② 신제품 프로젝트와 관련하여 발생한 70억 원은 전액 개발단계에 속하는 활동이므로 무형자산으로 인식한다.

③ 신제품 프로젝트와 관련하여 발생한 90억 원은 전액 연구단계에 속하는 활동이므로 현금 지출 시점에 비용으로 인식한다.

④ 개발단계에서 소규모의 시험공장을 설계, 건설 및 가동하는 활동으로 소요된 70억 원은 해당 자산을 완성해 그것을 판매하려는 기업의 의도가 없더라도 무형자산으로 인식한다.

**08.** 다음 중 무형자산에 해당하는 것은?

① 훈련을 통해 습득된 종업원의 기술
② 식별가능성을 충족한 사업결합으로 취득한 영업권
③ 조직 개편에 관련된 지출
④ 프로젝트 연구단계에서 발생한 지출

**09.** 20×1년 중 ㈜A는 새로운 항공기 엔진 개발 프로젝트와 관련하여 R&D 비용으로 총 120억 원을 지출하였다. 이 중 연구단계에서 지출된 금액이 70억 원이며, 나머지 50억 원은 개발단계에서 지출하였다. 상기 개발단계에서 지출된 비용 중 20억 원은 자산 인식요건을 충족시키지 못하였으나 나머지 30억 원은 새로운 엔진을 개발하기 위한 것으로 자산 인식요건을 충족시키며 20×2년부터 상용화될 것으로 예측되었다. ㈜A가 상기 R&D 비용과 관련하여 20×1년 중 당기비용으로 처리해야 하는 금액은 얼마인가?

① 30억 원                    ② 70억 원
③ 90억 원                    ④ 120억 원

**10.** 다음 중 무형자산에 대한 설명 중 가장 올바르지 않은 것은?

① 무형자산은 미래경제적 효익이 유입될 가능성이 높고 취득원가를 신뢰성 있게 측정할 수 있는 경우에 인식할 수 있다.

② 무형자산에는 산업재산권, 라이선스와 프랜차이즈, 저작권, 컴퓨터소프트웨어, 개발비, 임차권리금, 광업권, 어업권 등이 포함된다.

③ 무형자산은 재화나 용역의 생산, 타인에 대한 임대 또는 관리에 사용할 목적으로 기업이 보유하고 있으며, 물리적 형체가 없지만 식별가능하고, 기업이 통제하고 있으며, 미래경제적 효익이 있는 비화폐성자산을 말한다.

④ 내용연수 종료 시점에 제3자가 구입을 약정한 무형자산의 잔존가치는 영(0)으로 본다.

**11.** 다음 중 무형자산의 재평가모형에 대한 설명으로 틀린 것은?

① 무형자산은 원가모형이나 재평가모형을 선택할 수 있다.

② 활성거래시장이 없는 경우에도 재평가모형을 적용할 수 있다.

③ 무형자산 재평가이익은 원칙적으로 기타포괄손익(자본)으로 인식한다.

④ 자산으로 인식하지 않은 무형자산은 재평가할 수 없다.

**12.** 다음 중 무형자산의 내용으로 옳지 않은 것은?

① 무형자산의 경제적 효익이 소비되는 형태를 신뢰성 있게 결정할 수 없다면 상각을 하지 않는다.

② 내용연수가 비 한정인 무형자산은 상각하지 아니하며, 매년 말 그리고 자산손상을 시사하는 징후가 있을 때 손상검사를 수행한다.

③ 무형자산의 상각방법, 내용연수는 적어도 매보고 기간 말에 재검토하며, 변경이 이루어진 경우 회계추정의 변경으로 보아 전진법으로 처리한다.

④ 무형자산은 내용연수가 비한정적이거나 한정적이거나 상관없이 재평가모형을 적용할 수 있다.

**13.** 다음 영업권에 대한 설명 중 옳지 않은 것은?

① 내부적으로 창출한 영업권은 무형자산으로 인식할 수 없고, 매수 영업권만 무형자산으로 인식할 수 있다.

② 영업권은 손상 이후 회수가능액이 회복되더라도 손상차손을 환입하지 않는다.

③ 영업권은 유한한 내용연수를 갖는 것으로 보며 20년간 상각한다.

④ 매수기업결합에서 발생한 영업권과 그 밖의 무형자산을 구별할 수 있는 유일한 차이는 식별가능성이다.

**14.** ㈜경희는 바이러스 신약 개발을 위해, 당기 1월 1일에 R&D 비용으로 총 150억 원을 지출하였다. 신기술 개발의 기초 신기술 연구단계에 30억 원을 지출하였고 제품A 개발에 70억 원, 제품B 개발에 50억 원을 지출하였다. 제품A는 사용화가 가능하여 당기 상용화될 것으로 기대되어 자산화 요건을 충족한 것으로 판단되며, 제품B는 아직 상용화에는 부족하여 자산화 요건을 충족하지 못하였다. ㈜경희는 제품A가 7년동안 미래 경제적 효익을 창출할 것으로 기대하고 있으며 정액법으로 상각한다. ㈜경희가 위 R&D 지출과 관련하여 당기 비용으로 인식할 총 금액은?

① 30억 원
② 80억 원
③ 90억 원
④ 150억 원

**15.** 다음 무형자산과 관련된 설명 중 옳지 않은 것은?

① 기업이 신기술을 개발하여 특허권을 인정받았다면, 그 특허권의 가치를 공정가치로 측정하여 무형자산으로 계상한다.
② 일반적으로 무형자산은 그 가치가 얼마인지 파악하기가 어렵기 때문에, 그 가치를 신뢰성 있게 측정할 수 있는 외부에서 유상으로 취득했을 때만 재무상태표에 인식할 수 있다.
③ 무형자산도 유형자산과 동일하게 시간에 따른 가치 감소분을 인식한다.
④ 물리적 형태가 없으며 1년 이상 장기간 사용할 자산이다.

**16.** 다음 중 내부적으로 창출한 무형자산에 관한 설명으로 가장 올바르지 않은 것은?

① 내부적으로 창출한 영업권은 원가를 신뢰성 있게 측정할 수 없고 기업이 통제하고 있는 식별가능한 자원이 아니기 때문에 자산으로 인식하지 아니한다.
② 내부 프로젝트의 연구단계에서는 미래경제적 효익을 창출할 무형자산이 존재한다는 것을 제시할 수 없기 때문에 연구단계에서 발생한 지출은 발생시점에 비용으로 인식한다.
③ 무형자산을 창출하기 위한 내부 프로젝트를 연구단계와 개발단계로 구분할 수 없는 경우에는 그 프로젝트에서 발생한 지출은 모두 개발단계에서 발생한 것으로 본다.
④ 재료, 장치, 제품, 공정, 시스템이나 용역에 대한 여러 가지 대체안을 탐색하는 활동은 연구단계에 속하는 활동의 일반적인 예에 해당한다.

| 1 | 2 | 3 | 4 | 5 | 6 | 7 | 8 | 9 | 10 | 11 | 12 | 13 | 14 | 15 | 16 |
|---|---|---|---|---|---|---|---|---|---|---|---|---|---|---|---|
| ③ | ③ | ④ | ④ | ① | ③ | ① | ② | ③ | ④ | ② | ① | ③ | ③ | ① | ③ |

# 05 투자부동산

## I 투자부동산의 의의 및 분류

### 1. 투자부동산의 의의[*]

투자부동산은 **임대수익**이나 **시세차익** 또는 **두 가지 모두**를 얻기 위하여 보유 중인 부동산(토지, 건물 등)을 의미한다. 특정 자산을 투자부동산으로 분류하는 이유는 투자부동산이 유형자산이나 재고자산 등 다른 자산과 거의 독립적으로 현금흐름을 창출하기 때문에 별도의 회계기준을 적용함으로써 목적적합한 정보를 제공하기 위함이다.

### 2. 투자부동산의 분류[**]

#### (1) 투자부동산에 해당되는 경우

① **장기 시세차익**을 얻기 위하여 보유하고 있는 토지
② 장래 **사용목적을 결정하지 못한 채**로 보유하고 있는 토지
③ 직접 소유(또는 금융리스를 통해 보유)하고 **운용리스로 제공**하고 있는 건물
④ 리스제공자가 **운용리스로 제공**하기 위하여 보유하고 있는 미사용 건물
⑤ **투자부동산으로 사용하기 위하여** 건설 또는 개발 중인 부동산

#### (2) 투자부동산에 해당되지 않는 경우

① 정상적인 영업과정에서 **판매하기 위한** 부동산이나 이를 위하여 건설 또는 개발 중인 부동산
② **제3자를 위하여 건설 또는 개발** 중인 부동산
③ **자가사용**부동산
④ **금융리스**로 제공한 부동산

## Ⅱ 투자부동산의 인식 및 측정

투자부동산은 최초 인식시점에 **원가로 측정**하고 원가에는 거래원가를 포함한다. 구입한 투자부동산의 원가는 구입금액과 구입에 직접 관련이 있는 지출로 구성된다. 직접 관련이 있는 지출에는 법률용역의 대가로 전문가에게 지급하는 수수료, 부동산 구입과 관련된 세금 및 그 밖의 거래원가 등이 있다.

투자부동산으로 인식하기 위하여는 다음의 요건을 모두 충족하여야 한다.

---

① 자산으로부터 발생하는 미래경제적 효익이 기업에 유입될 가능성이 높다.
② 자산의 원가를 신뢰성 있게 측정할 수 있다.

---

## Ⅲ 인식 후의 측정

투자부동산은 보고기간 말에 공정가치모형과 원가모형 중 하나를 선택하여 모든 투자부동산에 적용한다. 다만, 운용리스부동산에 대한 권리는 투자부동산으로 분류하는 경우 반드시 공정가치 모형을 적용하여 평가한다.


### 1. 원가모형

최초 인식 이후 투자부동산의 평가방법을 원가모형으로 선택한 경우에는 모든 투자부동산에 대하여 '유형자산'의 원가모형에 따라 측정된다. 따라서 투자부동산이 감가상각 대상자산인 경우에는 유형자산과 동일하게 **감가상각비를 인식**한다.


### 2. 공정가치모형★★★

투자부동산에 대하여 공정가치모형을 선택한 경우에는 최초 인식 후 모든 투자부동산을 **공정가치**[36]로 측정하고 **공정가치 변동으로 발생하는 손익은 발생한 기간의 당기손익에 반영**한다. 이 경우 감가상각 대상자산인 경우에도 **감가상각은 하지 않는다**. 일부 자산에 공정

---

36) 측정일에 시장참여자 사이의 정상거래에서 자산을 매도할 때 받거나 부채를 이전할 때 지급하게 될 가격을 말한다. 투자부동산의 공정가치를 산정할 때에는 매각이나 다른 형태의 처분으로 발생할 수 있는 거래원가를 차감하지 않고 산정한다.

가치를 신뢰성 있게 측정하지 못하는 경우 해당 자산은 원가모형을 적용하고 감가상각 시 잔존가치는 영(0)으로 한다.

---

공정가치 - 장부가액 = (+) 증가액 (당기수익)
공정가치 - 장부가액 = (-) 감소액 (당기비용)

case1. ㈜파주는 20×1년 초에 임대수익을 목적으로 본사 건물을 10,000,000원에 취득하였다. 건물의 취득 당시 내용연수는 10년, 잔존가치는 없으며, 회사의 감가상각방법은 정액법이다. 각 시점별 건물의 공정가치는 다음과 같다.
　20×1.12.31. 9,500,000원　　/　　20×2.12.31. 7,500,000원

1. 원가모형을 적용

| ×1.1.1. | (차) 투자부동산 | 10,000,000 | (대) 현　　　　금 | 10,000,000 |
| ×1.12.31. | (차) 감가상각비 | 1,000,000 | (대) 감가상각누계액 | 1,000,000 |
| ×2.12.31. | (차) 감가상각비 | 1,000,000 | (대) 감가상각누계액 | 1,000,000 |

2. 공정가치모형을 적용

| ×1.1.1. | (차) 투자부동산 | 10,000,000 | (대) 현　　　　금 | 10,000,000 |
| ×1.12.31. | (차) 투자부동산평가손실 | 500,000 | (대) 투자부동산 | 500,000 |
| ×2.12.31. | (차) 투자부동산평가손실 | 2,000,000 | (대) 투자부동산 | 2,000,000 |

---

## Ⅳ 계정대체

### 1. 투자부동산 → 다른 계정

| ① 자가 사용의 개시 투자부동산 → 자가 사용 부동산(유형자산)으로 대체 | 원가모형 | 대체 전 자산의 장부금액을 승계 |
|---|---|---|
| | 공정가치모형 | 사용 목적 변경 시점의 공정가치 |
| ② 정상적인 영업과정에서 판매하기 위한 개발의 시작 투자부동산 → 재고자산으로 대체 | 원가모형 | 대체 전 자산의 장부금액을 승계 |
| | 공정가치모형 | 사용 목적 변경 시점의 공정가치 |

## 2. 다른 계정 → 투자부동산

| | | |
|---|---|---|
| ① 자가 사용 종료<br>자가 사용 부동산(유형자산)<br>→ 투자부동산으로 대체 | 원가모형 | 대체 전 자산의 장부금액을 승계 |
| | 공정가치모형 | 자가 사용 부동산의 장부금액과 공정가치의 차액을 **재평가잉여금(재평가손실)으로 인식**한 후 대체[재평가모형처리와 동일] |
| ② 제3자에게 운용리스 제공<br>재고자산 → 투자부동산 대체 | 원가모형 | 대체 전 자산의 장부금액을 승계 |
| | 공정가치모형 | 재고자산의 장부금액과 대체시점의 공정가치 차액을 **당기손익으로 인식한 후 대체**<br>[매각회계처리와 동일] |

---

Case2. ㈜파주는 20×1년 1월 1일에 20,000,000원에 공장건물을 취득하여 생산 활동에 사용하기 시작하였다. 공장건물의 내용연수는 20년으로 추정하였으며, 잔존가치 없이 정액법으로 상각하기로 하였다. 20×2년 1월 1일에 ㈜파주는 공장건물을 임대목적으로 용도변경하였다. ㈜파주는 20×2년 2월 1일에 ㈜한양과 임대차 계약을 체결하여 ㈜한양이 사용하기 시작하였다.

1. 공장건물에 대해서 원가모형과 재평가모형을 각각 적용하여 ㈜파주가 20×1년 말에 해야 할 회계처리를 하세요. (20×1년 말 공장건물의 공정가치는 19,500,000원)
   ① 원가모형

   ×1.12.31 (차) 감가상각비　　　　　1,000,000　(대) 감가상각누계액　　1,000,000

   ② 재평가모형

   ×1.12.31 (차) 감가상각비　　　　　1,000,000　(대) 감가상각누계액　　1,000,000
   　　　　　 (차) 감가상각누계액 1,000,000　(대) 건　　　　물　　　　500,000
   　　　　　　　　　　　　　　　　　　　　　　　재평가잉여금　　　　500,000

2. ㈜파주가 20×2년 1월 1일 공장건물을 임대목적으로 변경했을 때의 회계처리를 하세요. (단, ㈜파주는 투자부동산에 대해서 공정가치 모형을 적용, 20×2년 1월 1일 현재 공장건물의 공정가치는 19,800,000원)
   ① 원가모형

   ×2.1.1 (차) 감가상각누계액　　1,000,000　(대) 건　　　　물　　20,000,000
   　　　　　　 투 자 부 동 산　19,800,000　　　재평가잉여금　　　800,000

   ② 재평가모형

   ×2.1.1 (차) 투 자 부 동 산　19,800,000　(대) 건　　　　물　　19,500,000
   　　　　　　　　　　　　　　　　　　　　　　　재평가잉여금　　　300,000

Case3. ㈜용산은 20×1년 7월 1일에 시세차익을 목적으로 건물을 2,000,000원에 취득하였으며, 공정가치 모형을 적용하기로 하였다. ㈜용산은 20×2년 7월 1일에 동 건물을 공장건물로 사용 목적을 변경하고, 즉시 사용하기 시작하였다. 각 일자별 건물의 공정가치는 다음과 같다)

| 20×1.12.31. | 20×2.7.1. | 20×2.12.31. |
|---|---|---|
| 2,100,000원 | 2,050,000원 | 2,010,000원 |

1. 20×1년 12월 31일 ㈜용산이 투자부동산에 대해서 해야 할 회계처리를 하세요.
   ×1.12.31 (차) 투자부동산          100,000   (대) 투자부동산평가이익  100,000

2. 20×2년 7월 1일 건물의 사용목적 변경시 ㈜용산이 해야 할 회계처리를 하세요.
   ×2.7.1    (차) 건      물      2,050,000   (대) 투자부동산          2,100,000
                  투자부동산평가손실   50,000

 ## 처분

투자부동산을 처분하거나, 사용을 영구히 중지하고 처분으로도 더 이상의 경제적 효익을 기대할 수 없는 경우에는 재무상태표에서 제거한다. 투자부동산의 장부금액과 순처분금액의 차이는 폐기나 처분이 발생한 기간에 당기손익으로 인식한다.

01. 다음 중 투자부동산에 관한 설명으로 가장 올바르지 않은 것은?

① 투자부동산이란 임대수익이나 시세차익을 얻기 위해 보유하고 있는 부동산이다.

② 정상적인 영업과정에서 단기간에 판매하기 위하여 보유하고 있는 토지만 투자부동산으로 분류한다.

③ 투자부동산은 원가모형과 공정가치모형 중 하나를 선택할 수 있다.

④ 투자부동산에 대하여 원가모형을 선택한 경우 감가상각대상자산에 대하여 유형자산과 마찬가지로 감가상각비를 인식한다.

02. ㈜삼일은 20×1년 10월 1일 다음과 같은 건물을 구입하고 투자부동산으로 분류하였다. 투자부동산의 회계처리와 관련하여 ㈜삼일의 20×1년 당기순이익에 미치는 영향은 얼마인가? (단, 법인세비용은 고려하지 않으며, 원가모형으로 투자부동산을 측정하고 있다)

> ㄱ. 취득원가 : 600,000,000원
> ㄴ. 감가상각방법 및 내용연수 : 정액법, 30년
> ㄷ. 잔존가치 : 60,000,000원
> ㄹ. 공정가치
>
> | 구 분 | 20×1년 10월 1일 | 20×1년 12월 31일 |
> |---|---|---|
> | 투자부동산 | 600,000,000원 | 610,000,000원 |

① 5,5000,000원 당기순이익 증가　② 10,000,000원 당기순이익 증가

③ 4,500,000원 당기순이익 감소　④ 20,000,000원 당기순이익 감소

**03.** 다음은 건설회사인 ㈜용산의 김사장과 이과장이 나눈 대화이다. 다음 중 대화의 주제인 투자부동산에 대한 설명으로 가장 올바르지 않은 것은? (단, 공정가치 모형으로 회계처리 할 경우 투자부동산의 공정가치를 계속하여 신뢰성 있게 결정할 수 있다고 가정한다)

> 김사장 : 이과장, 이번에 건설한 상가는 분양이 잘 되지 않으니 임대목적으로 전향하도록 하게.
> 이과장 : 네, 알겠습니다. 그러면 상가의 계정과목을 변경해야겠군요.
> 김사장 : 무슨 계정과목으로 변경해야 하나?
> 이과장 : 투자부동산으로 변경해야 할 것 같습니다.
> 김사장 : 그렇다면, 재무제표에 미치는 영향은 어떻게 달라지나?

① ㈜용산은 이미 다른 건물을 임대목적으로 사용하고 있고 이를 공정가치 모형으로 회계처리 하고 있다면, 위에서 언급한 상가도 공정가치모형으로 회계처리해야 한다.
② 상가에 대해 공정가치모형으로 회계처리 할 경우 감가상각은 하지 않는다.
③ 투자부동산을 공정가치모형으로 회계처리 하는 경우 상가(투자부동산)의 장부금액은 상가(재고자산)의 대체 전 장부금액으로 한다.
④ 상가에 대해 공정가치모형으로 회계처리 할 경우 공정가치변동으로 발생하는 손익은 발생한 기간의 당기손익에 반영한다.

**04.** 다음 중 투자부동산으로 분류되는 것은?
① 제3자를 위하여 건설 또는 개발 중인 부동산
② 정상적인 영업과정에서 판매하기 위한 부동산이나 이를 건설 또는 개발 중인 부동산
③ 장래 사용목적을 결정하지 못한 채로 보유하고 있는 토지
④ 금융리스로 제공한 부동산

**05.** ㈜삼일 및 ㈜용산은 20×1년 초에 임대수익 및 시세차익 등을 목적으로 각각 건물 1동씩을 40억 원에 매입하였다. 두 건물의 취득 당시 내용연수는 20년, 잔존가치는 없으며 20×1년 말 건물의 공정가치는 36억 원으로 동일하다. ㈜삼일 및 ㈜용산이 선택하고 있는 측정방식은 다음과 같다.

| 구 분 | ㈜삼일 | ㈜용산 |
| --- | --- | --- |
| 유형자산 평가방법 | 원가모형 | 원가모형 |
| 투자부동산 평가방법 | 원가모형 | 공정가치모형 |
| 감가상각방법 | 정액법 | 정액법 |

다음 중 상기 건물의 취득과 보유가 20×1년 말 ㈜삼일 및 ㈜용산의 당기손익에 미치는 영향에 대한 설명으로 가장 올바른 것은? (단, 손상의 사유는 발생하지 않은 것으로 가정한다)

① ㈜삼일이 ㈜용산보다 당기이익이 2억 원 더 많이 계상된다.
② ㈜삼일이 ㈜용산보다 당기이익이 2억 원 더 적게 계상된다.
③ ㈜삼일이 ㈜용산보다 당기이익이 4억 원 더 많이 계상된다.
④ ㈜삼일과 ㈜용산의 당기손익에 미치는 영향은 동일하다.

06. ㈜용산은 20×1년 1월 1일 보유하고 있던 장부가액 100억 원의 본사 건물 중 절반을 다른 기업에 임대하였다. 임대 시 건물의 공정가치는 아래와 같은 경우 재무상태표에 유형자산과 투자부동산으로 계상할 금액은? (단, 투자부동산에 대해 원가모형을 적용한다)

| 구 분 | 공정가치 |
|---|---|
| 본사 사용 부분(1-5층) | 60억 원 |
| 임대 부분(6-10층) | 60억 원 |

|  | 유형자산 | 투자부동산 |
|---|---|---|
| ① | 50억 원 | 50억 원 |
| ② | 100억 원 | 0원 |
| ③ | 0원 | 100억 원 |
| ④ | 60억 원 | 60억 원 |

| 1 | 2 | 3 | 4 | 5 | 6 |
|---|---|---|---|---|---|
| ② | ③ | ③ | ③ | ① | ① |

# chapter
# 06 부채

　부채란 과거 사건에 의하여 발생하였으며, 경제적 효익을 지닌 자원이 기업으로부터 유출됨으로써 이행될 것으로 기대되는 현재 의무이다. 한국채택국제회계기준에서는 다른 표시방법이 더 신뢰성 있고 목적적합한 정보를 제공하는 경우를 제외하고는 자산과 부채를 유동과 비유동으로 구분하여 재무상태표에 표시하도록 규정하고 있다.

## 1. 유동부채

**(1) 지급채무** : 지급채무(payables)란 기업이 영업활동을 수행하는 과정에서 재화나 용역을 외상으로 매입하거나 타인으로부터 자금을 차입한 경우에 발생한 채무를 말한다.

| 매입채무 | 외상매입금, 지급어음 등 상거래에서 발생 |
|---|---|
| 기타채무 | 미지급금, 차입금 등 상거래 이외의 거래에서 발생 |

## (2) 기타유동부채

① 예수금 : 예수금이란 정상적인 영업활동(상거래) 이외 거래로 인해 일시적으로 보관하고 있는 금액이다. 종업원에게 급여를 지급할 때 종업원이 내야 할 근로소득세, 4대 보험이 대표적 예이다.

② 미지급법인세 : 회사가 낼 법인세 중 아직 납부하지 않은 금액을 말한다. 보고기간 말 정확한 법인세를 계산하여 차액을 미지급법인세 또는 선급법인세로 계상한다.

③ 선수금 : 선수금이란 정상적인 영업활동(상거래)에서 상품, 제품을 판매하기 전에 계약금 명목으로 미리 수령한 돈을 말한다.

④ 선수수익 : 선수수익이란 발생하지 않은 수익을 미리 받은 금액을 말한다. 예를들어 월세를 미리 받는 경우 선수수익으로 처리하였다가 나중에 수익으로 인식하는 수익의 이연계정과목이다.

⑤ 미지급비용 : 이미 발생한 관리비, 전기료, 수도료 등의 각종 비용 중 지급을 하지 못

한 금액을 말한다. 미지급금은 건물, 기계장치 등을 상거래 이외의 활동에 미지급한 금액을 말하며, 미지급비용은 그 중 비용 관련 미지급을 말한다.

> **유동부채 사례 〈뉴스웨이 수정〉**
>
> K사 대표는 최근 1분기 실적발표 컨퍼런스콜에서 "데이터센터 다중화 작업에 따른 인프라 증가와 CAPEX 투자 증가에 따른 감가상각비 부담이 증가했고 AI·클라우드·헬스케어를 포함한 뉴이니시에이티브에서 예상보다 많은 수준의 투자가 진행돼 다소 낮은 수준의 영업이익을 기록했다"고 말했다.
>
> 큰 폭의 영업비용 증가는 회사의 부채 확대에 기여했다. 가장 큰 폭으로 늘어난 부분은 유동부채다. 1분기 유동부채는 6조4073억원으로 전년 동기 대비 13.4% 올랐다. 유동부채는 1년 안에 갚아야 할 부채를 뜻한다. 단기차입금도 도드라졌다. 이 기간 단기차입금은 1조6018억원으로 같은 기간 대비 24.5% 확대됐다. 단기차입금이란 1년 이내에 갚아야 할 차입금이다.
>
> 매입채무 및 기타채무도 1조5043억원을 기록, 전년 대비 13.8% 증가했다. 매입채무란 거래에서 발생하는 외상매입금과 지급어음 등 재고자산의 매입과 관련된 채무다. 비유동부채도 남아있다. 상환까지 1년 이상 남은 비유동부채는 3조5559억원으로 전년 대비 5.2% 늘었다.

## 2. 비유동부채

비유동부채란 기업이 1년 이후에 의무를 이행해야 하는 부채이며, 유동부채를 제외한 모든 부채이다. 비유동부채는 항목의 성격에 따라 장기차입부채, 충당부채 및 기타 비유동부채로 구분된다.

| 장기차입<br>부채 | 장기차입금 | 외부에서 자금을 차입하여 이자를 부담하는 부채 |
|---|---|---|
| | 사채 | 기업이 자금조달을 목적으로 발행한 채무상품 |
| 충당부채 | 소송충당부채 | 향후 소송비용을 지급하기 위해 재원을 미리 적립 |
| | 제품보증충당부채 | 제품판매 시 제품의 수리 등을 보증하기 위한 재원을 미리 적립 |
| 기타비유동부채 | 임대보증금, 장기선수금 등 | |

> **비유동부채 사례 〈데이터 뉴스 수정〉**
>
> T사가 지주회사인 Y사부터 지원받은 자금은 총 4,000억 원이다. 이 자금은 Y사가 B사 주식을 담보로 제공하고 글로벌사모펀드인 K사로부터 사모사채 형식으로 투자받은 금액이다. 이 때문에 재무제표상 부채로 인식된다.
>
> 이에 올해 3월 말 부채는 총 3조6,842억 원으로, 전년 말(3조5,824억 원) 대비 2.8% 증가했다. 이 기간 비유동부채(지불 기한이 1년을 초과하는 부채) 규모가 1조3,694억 원에서 2조2,131억 원으로 61.6% 늘어났다. 비유동차입금및사채가 가장 큰 비중을 차지했다. 1조6,693억 원으로, 전년 말(1조111억 원)과 비교하면 65.1% 증가했다.
>
> 공시에 따르면, T사가 받은 자금의 이자율은 13%이며 상환일은 2027년 1월 26일까지다. 이번에 확보한 자금은 T사가 기존에 보유하고 있던 차입금과 비교하면 이자율이 높은 수준이다. 기존에 보유하고 있던 차입금의 이자율은 평균 4%~7%로 파악됐다.

## 3. 충당부채

### (1) 정의

충당부채는 지출의 시기나 금액이 불확실한 부채를 말한다. 충당부채는 과거 사건에 의해서 발생한 현재 의무(법적의무 또는 의제의무[37])로 지출의 시기나 금액이 불확실한 부채를 의미하며, **반드시 재무상태표에 부채로 인식**한다.

### (2) 인식

충당부채는 다음의 3가지 요건을 모두 충족하는 경우에 인식한다.

① 과거사건의 결과로 현재의무(법적의무 또는 의제의무)가 존재한다.
② 당해 의무를 이행하기 위하여 경제적 효익이 내재된 자원이 유출될 가능성이 높다[38].
③ 당해 의무의 이행에 소요되는 금액을 신뢰성 있게 추정할 수 있다.

### (3) 충당부채의 측정

---

37) 의제의무란 과거의 실무관행, 발표된 경영방침 또는 구체적이고 유효한 약속 등을 통하여 기업이 특정 책임을 부담하겠다는 것을 상대방에게 표명하였고, 그 결과 기업이 당해 책임을 이행할 것이라는 정당한 기대를 상대방이 가지게 함에 따라 발생하는 의무를 의미

38) 유출가능성이 높다는 의미는 발생할 가능성이 발생하지 않을 가능성보다 더 높음을 의미(즉, 50% 초과 발생가능성)

① 최선의 추정치

충당부채로 인식하는 금액은 현재의무를 보고기간 말에 이행하기 위하여 소요되는 지출에 대한 **최선의 추정치**이어야 한다. 현재의무를 이행하기 위하여 소요되는 지출에 대한 최선의 추정치는 보고기간 종료일 현재 시점에 의무를 직접 이행하거나 이해관계가 없는 제3자에게 이전시키는 경우에 지급하여야 하는 금액으로서 세전금액을 말한다.

충당부채로 인식하여야 하는 금액에 대한 최선의 추정치는 관련된 사건과 상황에 대한 불확실성이 고려되어야 한다. 측정하고자 하는 충당부채가 다수의 항목과 관련되는 경우에 당해 의무는 모든 가능한 결과와 그와 관련된 확률을 가중평균하여 추정한다.

② 현재가치

충당부채의 명목금액과 현재가치의 차이가 중요한 경우에는 의무를 이행하기 위하여 예상되는 지출액의 현재가치로 평가한다.

③ 영향을 미치는 미래사건

현재의무를 이행하기 위하여 소요되는 지출 금액에 영향을 미치는 미래사건이 발생할 것이라는 충분하고 객관적인 증거가 있는 경우에는 그러한 미래사건을 감안하여 충당부채 금액을 추정한다.

④ 처분이익

충당부채를 발생시킨 사건과 밀접하게 관련된 자산의 처분이익이 예상되는 경우에 당해 처분이익은 충당부채 금액을 측정하는데 고려하지 아니한다.

## (4) 조정 및 변제

### 1) 조정

충당부채는 최초 인식과 관련 있는 지출에만 사용한다. 또한 매 보고기간 말마다 충당부채의 잔액을 검토하고 보고기간 말 현재 최선의 추정치를 반영하여 조정한다.

① 의무이행을 위하여 경제적 효익이 내재된 자원이 유출될 가능성이 더 이상 높지 아니한 경우에는 관련 충당부채를 환입

② 충당부채를 현재가치로 평가하여 표시하는 경우에는 장부금액을 기간 경과에 따라 증가시키고 해당 증가금액은 차입원가(이자비용)로 인식

### 2) 변제

충당부채의 미래 부담에 대해 외부의 제3자에게 전가할 수도 있다. 이를 충당부채의 대리변제라 하는데, 대리변제란 기업이 의무이행을 위하여 지급할 금액을 제3자가 보험약정

이나 보증계약 등에 따라 보전하여 주거나 기업이 지급할 금액을 제3자가 직접 지급하는 경우를 말한다.

① 대리변제될 것이 확실한 경우에 한하여 그 금액을 자산으로 인식하되 그 금액은 관련 충당부채 금액을 초과할 수 없다.

② 만약, 제3자에 의한 대리변제의 약정이 있고 대리변제가 이행되지 않더라도 기업이 그 금액을 지급할 의무가 더 이상 없는 경우에는 충당부채를 인식하지 아니한다.

## (5) 특수한 상황

① 미래의 예상 영업손실

미래의 예상 영업손실은 부채의 정의에 부합하지 아니할 뿐만 아니라 충당부채의 인식요건을 충족시키지 못하므로 충당부채로 인식하지 아니한다.

② 손실부담계약

손실부담계약이란 계약상의 의무에 따라 발생하는 회피 불가능한 원가가 당해 계약에 의하여 받을 것으로 기대되는 경제적 효익을 초과하는 계약을 말한다. 이러한 손실부담계약을 체결한 경우에는 관련된 현재의무를 충당부채로 인식한다.

MIN 〔①, ②〕
① 계약을 이행하기 위하여 소요되는 원가
② 계약을 이행하지 못하였을 때 지급하여야 할 보상금 또는 위약금

③ 구조조정

구조조정은 사업부 매각 또는 폐쇄, 이전, 조직구조변경 등과 같이 경영자의 계획과 통제하에서 사업의 범위 또는 사업수행방식을 중대하게 변화시키는 일련의 절차를 말한다.

다음의 요건을 모두 충족하는 구조조정과 관련된 의제의무로서 충당부채의 인식요건을 모두 충족하는 경우에는 재무상태표 상 충당부채로 인식한다.

• 구조조정에 대한 <u>공식적이며 구체적인</u> 계획[39]

• 기업이 구조조정 계획의 이행에 착수하였거나 구조조정의 주요 내용을 공표

---

39) ① 구조조정 대상이 되는 사업 ② 구조조정에 영향을 받는 주사업장 소재지 ③ 구조조정에 소요되는 지출 내용 ④ 구조조정 계획의 이행시기 ⑤ 해고에 따른 보상을 받게 될 것으로 예상되는 종업원의 근무지, 역할 및 대략적인 인원

## 1. 제품보증충당부채

상품이나 제품을 보증 판매한 경우에 미래의 보증기간 동안 발생할 것으로 예상되는 보증비용을 미리 부채로 기록하는 것이다. 제품보증과 관련되는 비용은 미래의 보증기간에 발생하지만 그 비용과 대응되는 수익은 판매시점에 모두 인식하므로 수익과 비용의 대응원칙을 따르려면 제품보증비용은 판매시점에 인식해야 한다.

ex. 제품을 판매하는 시점에 구매자에게 제품보증을 약속하고, 판매 후 보증기간 내 제품의 결함이 발견된다면 제조자는 판매조건에 따라 수선해 주거나 대체해 준다. 과거 경험에 비추어 보면 제품보증에 따라 일부 청구가 있을 가능성이 높다.

→ 제품의 보증판매로 의무가 발생(법적의무)하고 이는 경제적 효익을 갖는 자원이 유출될 가능성이 높다. 따라서 보고기간 말 전에 판매된 제품의 보증을 하는 데 드는 원가에 대한 최선의 추정치로 충당부채를 인식한다.

## 2. 오염된 토지

ex. A기업은 서울 외곽지역에서 쓰레기를 매립하는 사업을 운영하며 토지오염을 유발하고 있다. 현재까지는 오염된 토지를 정화하여야 한다는 법이 제정되어 있지 않은 상황이나, 이미 이러한 기업을 대상으로 오염된 토지를 반드시 정화하여야 한다는 법률이 발의가 되어 있고 이 법률이 제정될 것이 20×1.12.31. 현재 거의 확실하다.

→ 토지 정화를 요구하는 법률 제정이 거의 확실하므로 토지 오염으로 인하여 의무가 발생하고 경제적 효익을 갖는 자원의 유출 가능성이 높으므로 최선의 추정치로 충당부채를 인식한다.

## 3. 손실부담계약

ex. 운용리스로 현재 사용하고 있는 크레인으로 사업을 운영하다 새로운 계약에 맞추어 신규 장비를 계약하는 중 새로운 크레인도 구매하게 되었다. 기존 크레인에 대한 리스기간은 현재 2년 남아있으며, 계약 내용에 따라 본 리스 계약은 취소할 수 없으며 다른 이용자에게 리스 승계를 할 수 없는 조건이 있다.

→ 리스계약을 통한 법적의무가 발생하였으며 이는 경제적 효익을 갖는 자원이 유출될 가능성이 높으므로 최선의 추정치로 충당부채를 인식하여야 한다.

## 4. 소송사건

ex. 커피숍을 운영하던 중 고객의 부주의로 인하여 커피로 인한 고객의 화상 피해가 발생하였다. 기업에게 손해배상을 청구하는 법적절차가 시작되었으나, 기업은 고객의 부주의를 이유로 이의를 제기하였다. 법률전문가는 20×1년 12월 31일로 종료하는 재무제표의 발행승인일까지는 기업의 책임이 없을 가능성이 높다고 조언하였다. 그러나 20×2년 12월 31일로 종료하는 재무제표를 작성할 때에는 법률전문가는 상황의 진전에 따라 기업이 책임지게 될 가능성이 높다고 조언하였다.

→ ×1.12.31 과거 사건에 따른 의무는 없으며 충당부채로 인식하지 아니한다. 단, 유출될 가능성이 희박하지 않다면 그러한 사항을 우발부채로 공시한다.

→ ×2.12.31 현재의무가 존재하며 경제적 효익을 갖는 자원의 유출 가능성이 높으므로 최선의 추정치로 충당부채를 인식한다.

## 4. 우발부채 및 우발자산

### (1) 우발부채

우발부채는 충당부채의 부채인식기준을 모두 충족시키지 못하는 다음의 경우를 말한다. 이러한 우발부채는 부채로 인식하지 아니한다. 만약, 의무를 이행하기 위하여 경제적 효익이 내재된 자원의 유출가능성이 아주 낮지 않다면 우발부채를 주석으로 공시한다.

① 과거사건에 의하여 발생하였으나, 기업이 전적으로 통제할 수 없는 하나 또는 그 이상의 불확실한 미래사건의 발생여부에 의해서만 그 존재가 확인되는 잠재적 의무

② 과거사건에 의하여 발생하였으나, 자원의 유출가능성이 높지 않거나 금액을 신뢰성 있게 측정할 수 없어 인식하지 아니하는 다음의 현재의무
- 당해 의무를 이행하기 위해 경제적 효익을 갖는 자원이 유출될 가능성이 높지 아니한 경우
- 당해 의무를 이행하여야 할 금액을 신뢰성 있게 측정할 수 없는 경우

|  | 신뢰성 있게 추정 가능 | 신뢰성 있게 추정 불가능 |
|---|---|---|
| 가능성이 높음 | 충당부채로 인식 | 우발부채로 주석공시 |
| 가능성이 어느 정도 있음 | 우발부채로 주석공시 | |
| 가능성이 아주 낮음 | 공시하지 않음 | 공시하지 않음 |

**우발부채의 사례 〈연합뉴스 기사 수정〉**

금융위원회 산하 증권선물위원회는 정례회의를 열어 회계처리 기준을 위반해 재무제표를 작성·공시한 코스닥 상장사 N사에 대해 감사인 지정 2년, 증권발행제한 8개월의 제재를 의결했다고 밝혔다. 증선위에 따르면 N사는 불량·파손된 재고의 평가손실을 제대로 검토하지 않은 채 자산을 과대계상하고, 특수관계자의 지급보증과 관련한 우발부채를 재무제표 주석에 기재하지 않은 것으로 드러났다.

## (2) 우발자산

우발자산이란 우발부채에 상대되는 항목으로서, 과거 사건에 의하여 발생하였으나 기업이 전적으로 통제할 수 없는 하나 또는 그 이상의 불확실한 미래사건의 발생 여부에 의해서만 그 존재가 확인되는 잠재적 자산이다.

우발자산은 자산으로 인식하지 아니하고 경제적 효익의 유입 가능성이 높은 경우에만 주석으로 공시한다.

|  | 신뢰성 있게 추정 가능 | 신뢰성 있게 추정 불가능 |
| --- | --- | --- |
| 가능성이 높음 | 우발자산으로 주석공시 | 우발자산으로 주석공시 |
| 가능성이 어느 정도 있음 | 공시하지 않음 | 공시하지 않음 |

**01.** 다음 중 우발부채 및 우발자산에 대한 설명으로 가장 올바르지 않은 것은?

① 과거 사건에 의해 발생하였으나, 기업이 전적으로 통제할 수 없는 하나 이상의 불확실한 미래사건의 발생 여부에 의하여서만 그 존재가 확인되는 잠재적 의무는 우발부채이다.

② 과거 사건에 의해 발생하였으나, 기업이 전적으로 통제할 수 없는 하나 이상의 불확실한 미래사건의 발생 여부에 의하여서만 그 존재가 확인되는 잠재적 자산은 우발자산이다.

③ 우발부채는 자원의 유출 가능성을 지속적으로 검토하는데, 과거에 우발부채로 처리하였더라도 미래경제적 효익의 유출 가능성이 높아진 경우에는 그런 가능성의 변화를 소급하여 전기 재무제표를 충당부채로 수정하여 인식하여야 한다.

④ 과거사건에 의해 발생하였으나, 당해 의무를 이행하여야 할 금액을 신뢰성 있게 측정할 수 없어 인식하지 아니하는 현재의무는 우발부채이다.

**02.** 다음은 ㈜용산의 소송과 관련된 자료들이다. ㈜용산이 20×5년도에 인식하여야 하는 손익은 얼마인가?

> 1. 20×5년 2월 소송에 관련되어 있으며, 이 소송의 결과로 ㈜용산은 거래처에 2,300,000원의 손해배상금을 지불하게 될 가능성이 확실하다.
> 2. 20×5년 5월 ㈜연희는 ㈜용산에 대해 800,000원의 손해배상금을 요구하는 소송을 제기하였으며, 이 소송에서 ㈜용산이 손해배상금을 지불할 가능성은 약간 있다.
> 3. 20×5년 9월 ㈜용산은 ㈜신촌을 상대로 특허권침해에 대해 2,000,000원의 보상을 요구하며 소송을 제기하였다. ㈜용산의 고문변호사는 ㈜용산이 승소할 확률이 확실하며 배상금은 1,000,000원이 될 것으로 예상된다고 한다.

① 손실 1,300,000원      ② 손실 2,100,000원

③ 손실 3,100,000원      ④ 손실 2,300,000원

**03.** 다음 중 한국채택국제회계기준 제1037호 충당부채의 적용에 대한 설명으로 옳지 않은 것은?

① 충당부채 인식요건 중 자원유출의 발생가능성이 높다는 것은 발생확률이 80% 이상을 의미한다.

② 보증판매에 따라 보증청구가 있을 가능성이 높고, 그 금액에 대한 신뢰성이 있는 추정이 가능한 경우 보증판매에 따른 제품보증비를 충당부채로 인식한다.

③ 제품에 대해 만족하지 못하는 고객에게 법적 의무가 없음에도 불구하고 환불해 주는 정책을 펴고 있으며, 고객에게 이 사실이 널리 알려져 있는 경우 환불비용을 충당부채로 인식한다.

④ 대수선의 경우 법적으로 강제되어 있다 하더라도 충당부채로 인식하지 아니한다.


**04.** 다음 중 우발부채로 회계처리 하지 않는 것은?

① 계류 중이거나 발생가능한 소송

② 타인에 대한 채무보증

③ 제품의 품질보증

④ 상환청구가능 수취채권의 양도


**05.** ㈜서울의 충당부채에 관한 다음 회계처리 중 가장 옳지 않은 것은?

① ㈜서울은 판매시점으로부터 2년간 품질을 보증하는 조건으로 제품을 판매하여 20×1년 중에 판매한 제품에 대해 추정한 보증수리비용을 충당부채로 인식하였다.

② ㈜서울은 충당부채를 계상할 때 현재의무의 이행에 소요되는 지출에 대한 보고기간 종료일 현재의 최선의 추정치를 산출하였다.

③ ㈜서울은 화재, 폭발 또는 기타 재해에 의한 재산상의 손실에 대비한 보험에 가입하고 있지 않아 이의 멸실에 대비하여 충당부채를 계상하였다.

④ ㈜서울은 충당부채의 명목가액과 현재가치의 차이가 중요하여 예상 지출액의 현재가치로 충당부채를 평가하였다.


**06.** 전자제품을 판매하는 ㈜파주는 판매 후 1년간 판매한 제품에서 발생하는 결함을 무상으로 수리해 주고 있다. 과거의 판매경험에 의하면 제품보증비용은 매출액의 5%가 발생할 것으로 예상된다. ㈜파주의 20×1년도 매출액이 200억 원이고 20×1년 중 발생된 제품보증비용이 7억 원인 경우, 포괄손익계산서에 계상되는 제품보증비는 얼마인가?

① 0억 원                    ② 3억 원

③ 7억 원                    ④ 10억 원

**07.** ㈜삼일은 판매일로부터 1년간 판매한 제품에 발생하는 하자를 무상으로 수리해주는 제품보증 정책(확신유형의 보증)을 시행하고 있다. 제품보증비용은 매출액의 2%가 발생할 것으로 예측 된다. 각 회계연도의 매출액과 실제 제품보증 발생액이 다음과 같은 경우 20×2년 말 재무상태 표상 제품보증충당부채로 계상할 금액은 얼마인가?

| | 20×1년 | 20×2년 |
|---|---|---|
| 매출액 | 1,000,000원 | 2,000,000원 |
| 20×1년 판매분에 대한 제품보증 비용 | 5,000원 | 10,000원 |
| 20×2년 판매분에 대한 제품보증 비용 | - | 20,000원 |

① 0원                      ② 20,000원
③ 25,000원               ④ 40,000원

**08.** 다음 중 충당부채에 관한 설명으로 가장 올바르지 않은 것은?

① 충당부채는 과거사건이나 거래의 결과에 의한 현재의무로서, 지출의 시기 또는 금액 이 불확실하지만 그 의무를 이행하기 위하여 자원이 유출될 가능성이 높고 또한 금 액을 신뢰성 있게 추정할 수 있는 의무를 말한다.
② 충당부채로 인식하는 금액은 현재의무의 이행에 소요되는 지출에 대한 보고기간 종 료일 현재의 최선의 추정치이어야 한다.
③ 충당부채를 설정하는 의무에는 명시적인 법규 또는 계약의무는 아니지만 과거의 실 무 관행에 의해 기업이 이행해 온 의무도 포함된다.
④ 충당부채는 반드시 재무상태표에 부채로 인식할 필요는 없으며 주석으로만 공시한다.

**09.** 부채의 분류에 관한 설명 중 옳지 않은 것을 고르시오. (단, 정상영업주기를 1년로 가정하며 시점은 회계기간 말)

① 1년 이내에 상환되거나 이행될 것으로 기대되는 부채는 유동부채로 분류한다.
② 미래 지출시기 또는 금액을 확실하게 알 수 없다면 장기부채에 기록하지 않고 주석 으로 공시한다.
③ 주주총회에서 배당지급일자에 주주들에게 지급될 것으로 결의된 배당금은 유동부채 이다.
④ 미지급비용, 미지급금, 선수금, 선수수익 등은 유동부채로 분류한다.

**10.** 다음 중 영업주기와 관계없이 유동부채로 분류하여야 하는 계정과목이 아닌 것은?

① 퇴직급여충당부채
② 단기차입금

③ 유동성 장기차입금
④ 당좌차월

**11.** 다음 중 부채계정의 회계처리에 관한 설명으로 가장 옳은 것은?

① 당기말 현재 전 종업원이 퇴직한다고 가정하고 이때 지급할 퇴직금의 40% 상당액을 퇴직급여충당부채로 설정한다.
② 기간이 경과하여 장기차입금의 만기가 재무상태표일로부터 1년 이내에 도래하는 경우 비유동부채로 계상한다.
③ 일상적인 상거래 이외에서 발생한 물품 구입대금은 매입채무로 분류한다.
④ 장기차입금의 이자비용은 지급기일이 도래하지 않아도 당기 중 발생한 금액을 미지급비용으로 계상한다.

**12.** 다음 중 우발부채 및 우발자산에 관한 설명으로 가장 올바르지 않은 것은?

① 과거사건에 의해 발생하였으나 불확실한 미래사건의 발생 여부에 의하여서만 그 존재가 확인되는 잠재적 의무는 우발부채이다.
② 과거사건에 의해 발생하였으나 불확실한 미래사건의 발생 여부에 의하여서만 그 존재가 확인되는 잠재적 자산은 우발자산이다.
③ 우발부채는 당해 의무 이행을 위해 자원이 유출될 가능성이 아주 낮더라도 주석으로 기재해야 한다.
④ 우발자산은 재무상태표에 자산으로 기록하지 않는다.

| 1 | 2 | 3 | 4 | 5 | 6 | 7 | 8 | 9 | 10 | 11 | 12 |
|---|---|---|---|---|---|---|---|---|----|----|----|
| ③ | ④ | ① | ③ | ③ | ④ | ② | ④ | ② | ① | ④ | ③ |

## chapter

# 07 자본

## I 자본[40]의 의의

기업의 경제적 자원은 크게 두 가지 원천으로부터 조달된다. 하나는 채권자들이 제공하는 자금으로써 이는 재무상태표에 부채로 표시되며, 또 하나는 소유주들이 제공하는 자금으로써 이는 재무상태표에 자본으로 나타난다. 자본은 소유주지분, 자기자본 또는 순자산이라고 하며, 오늘날 주식회사가 기업의 대표적인 형태가 됨에 따라 주주지분이라는 말로 통용되고 있다.

소유주지분(주주지분) = 자산 − 부채

## 1. 자본의 분류

일반기업회계기준에서는 자본을 자본금, 자본잉여금, 자본조정, 기타포괄손익누계액, 이익잉여금으로 분류한다.

| 분 류 | 계정과목 |
|---|---|
| 자본금 | 보통주자본금, 우선주자본금 |
| 자본잉여금 | 주식발행초과금, 감자차익, 자기주식처분이익 등 |
| 자본조정 | 주식할인발행차금, 감자차손, 자기주식처분손실, 자기주식, 배당건설이자, 미교부주식배당금 등 |
| 기타포괄손익누계액<br>(손익거래 − 미확정손익) | 기타포괄손익인식 금융자산 평가손익, 재평가잉여금, 확정급여제도의 보험수리적 손익, 해외사업장의 재무제표환산으로 인한 손익, 현금흐름위험회피의 위험회피수단의 평가손익 등 |
| 이익잉여금<br>(손익거래 − 확정손익) | 법정적립금, 임의적립금, 미처분이익잉여금 |

---

40) 한국채택국제회계기준에서 자본금을 비롯한 여러 가지 자본항목의 구체적인 회계처리를 규정하고 있지 않아 한국채택국제회계기준에서 규정한 부분을 제외한 회계처리는 일반기업회계기준에 따라 설명한다.

# Ⅱ 자본금

자본금(capital stock)은 상법상의 법정자본에 해당되며 1주당 액면금액(par value)에 발행주식수를 곱한 금액으로 표시된다.

**자본금 = 발행주식총수 × 주당 액면금액**

## 1. 주식의 종류

### (1) 보통주

보통주(common stock)란 여러 종류의 주식 중 이익 및 잔여재산분배 등의 재산적 내용에 있어서 표준이 되는 주식을 말한다.

① 주주총회에서 지분비율에 비례하는 의결권을 행사한다.

② 보통주주는 회사가 신주를 발행할 경우 우선적으로 이 신주를 매입할 수 있는 권리가 부여되는데, 이를 신주우선권(subscription right)이라고 한다.

③ 보통주는 우선주에 배당이 지급되고 난 뒤에 배당을 받을 수 있고 회사의 손실에 대한 위험을 부담해야 하므로 배당이나 잔여재산분배에 확정적인 지위를 갖지 못한다.

### (2) 우선주

우선주(preferred stock)란 보통주에 비하여 이익배당이나 청산으로 인한 재산분배에 대하여 우선적 지위를 갖는 주식을 말한다. 그러나 우선주는 일반적으로 주주총회에서의 의결권이 없다. 우선주는 우선권의 내용에 따라 이익배당우선주, 전환우선주, 상환우선주로 나눌 수 있다.

#### 1) 이익배당우선주

① 누적적우선주(cumulative preferred stock)와 비누적적우선주(non-cumulative preferred stock): 누적적우선주란 특정 연도에 배당을 받지 못하거나 미달되었을 경우 차후 연도의 이익에서 그 부족액을 우선적으로 배당받을 수 있는 우선주를 말한다. 그렇지 못한 우선주를 비누적적우선주라고 한다.

② 참가적우선주(participating preferred stock)와 비참가적우선주(non-participating preferred stock): 참가적 우선주란 보통주에 기본 배당을 지불한 후에도 잔여이익이

있을 때 그 잔여분에 대해서 보통주와 함께 이익배당에 참가할 수 있는 우선주를 말한다. 반면에, 일단 약정된 배당을 받고 난 후에 잔여이익에 대해서 참가할 수 없는 우선주를 비참가적 우선주라고 한다. 비참가적우선주의 경우 잔여이익은 전부 보통주에 귀속된다.

### 2) 전환우선주

전환우선주(convertible preferred stock)란 우선주 주주의 의사에 따라 보통주로 전환할 수 있는 권리를 부여받은 것이다. 전환우선주는 우선주의 특징을 가지고 있을 뿐만 아니라 보통주의 시장가격이 상승할 것으로 예측될 때 보통주로 전환할 수 있는 이점이 있다.

---

**전환우선주의 사례 〈이데일리 기사 수정〉**

산업은행과 수출입은행이 K은행 보유 우선주를 보통주로 전환하면서 K은행 보통주 자본이 확충됐다. 금융권에 따르면, 산은은 최근 소유하고 있는 K은행의 전환우선주 4,691만 5,282주를 보통주로 모두 전환했다. 수은 역시 K은행의 전환우선주 621만주를 보통주로 전부 바꾸었다.

이에 따라 K은행은 국제결제은행(BIS) 기준 보통주 자본비율이 높아지게 됐다. 액면가 5,000원 기준 2,656억 원(5,312만 5,282주×5,000원)의 자본이 확충된다. 산은과 수은의 보통주 지분율도 각각 7.20%, 1.84%로 늘어났다.

---

### 3) 상환우선주

상환우선주(callable preferred stock)란 기업이 미래에 일정한 금액으로 상환해야 하거나, 우선주의 보유자가 상환을 청구할 수 있는 권리를 보유하고 있는 우선주를 말한다. 기업에 불리해 보이는 상환우선주를 발행하는 이유는 일시적인 자금 유동성 확보를 위하여 주주들에게 자금을 조달한 후 일정기간 후에 이를 상환함으로써 우선주에 대한 배당압력을 피하기 위함이다.

## (3) 액면주식과 무액면주식

① 액면주식(par value stock) : 주식의 권면에 주금액이 기재되어 있으며, 발행주식 권면액의 총액이 자본금이 된다.

② 무액면주식 : 주식의 권면에 주금액이 기재되어 있지 않아 원칙적으로 기업의 경제가치를 반영하는 발행시점의 시장가치로 발행되고 자본금도 그 발행금액으로 결정된다.

## 2. 주식의 발행

### (1) 유상증자

유상증자란 회사가 주주로부터 금전이나 기타재산을 받고 주식을 추가로 발행하는 증자 형태를 말한다.

① 액면발행(issue at par)은 주식의 발행가액이 액면금액과 동일한 경우를 말하며 액면 금액을 자본금으로 기록한다.

> ㈜삼일은 주당 액면금액이 5,000원인 1,000주의 주식을 액면금액으로 발행하였다.
> (차) 현　　금　　　　　5,000,000　　　(대) 자본금　　　　　　　　　5,000,000
> 　　　　　　　　　　　　　　　　　　　　　　　　(주식수 × 액면가액)

② 할증발행(issuance at premium)은 발행가액이 액면금액을 초과하여 주식을 발행하는 경우를 말한다. 액면금액은 자본금으로 처리하고, 이를 초과하는 금액은 주식발행초 과금(paid-in capital in excess of par value)으로 자본잉여금으로 표시한다.

> ㈜삼일은 주당 액면금액이 5,000원인 1,000주의 주식을 주당 6,000원에 발행하였다.
> (차) 현　　금　　　　　6,000,000　　　(대) 자　본　금　　　　　　5,000,000
> 　　　　　　　　　　　　　　　　　　　　　　주식발행초과금　　　　1,000,000

③ 할인발행(issuance at discount)은 주식을 액면금액에 미달하게 발행하는 것을 말한 다. 발행가액이 액면금액에 미달하면 그 미달액은 자본조정항목에 해당하는 주식할인 발행차금[41](discounts on stock issuance)으로 표시한다.

> ㈜삼일은 주당 액면금액이 5,000원인 1,000주의 주식을 주당 4,000원에 발행하였다. (위 참고와 별도)
> (차) 현　　　　금　　　4,000,000　　　(대) 자　본　금　　　　　5,000,000
> 　　　주식할인발행차금　　1,000,000

---

41) 주식할인발행차금은 우선적으로 주식발행초과금과 상계를 한 후 잔액에 대해 3년 이내의 기간에 매기 균등 액을 상각하여 미처분이익잉여금과 상계한다. 만일 상각기간 중 주식발행초과금이 발생하면 우선적으로 상 계하고 잔액은 잔여상각 기간 동안 상각하면 된다.

## (2) 무상증자

무상증자란 주식발행초과금(주주와의 거래)과 같은 자본잉여금 또는 이익잉여금 중 이익준비금과 같이 배당을 할 수 없는 법정적립금을 자본에 전입하고 주주에게 신주를 무상으로 발행하는 것을 말한다. 이러한 무상증자의 특징은 다음과 같다.

① 주주로부터의 별도의 현금 유입이 없기 때문에 기업 내부의 자본의 구성만 변하는 것으로 자본총계에는 영향이 없다.

② 무상증자로 인하여 신주를 부여받은 주주는 주식수는 증가하지만, 주주의 지분율 변동은 일어나지 않는다(단, 자사주를 보유한 경우는 주주의 지분율 변동이 발생함).

| (차) 주식발행초과금 | ××× | (대) 자 본 금 | ××× |
| --- | --- | --- | --- |
| or | | | |
| 이익준비금 | ××× | | |

했다. J사 주주들이 보유한 보통주 1주당 신주를 2주씩 무상 지급하기로 결정한 것이다. 무상증자는 기업의 자본잉여금이나 이익잉여금 일부를 자본금으로 옮겨 발행되는 신주를 무상으로 기존 주주에게 나눠주는 것을 의미한다. 주주 입장에서는 돈을 들이지 않고 추가 주식을 가질 수 있기 때문에 대표적인 주주친화 정책으로 꼽힌다. 이에 주식시장에선 무상 증자를 호재로 인식, 결정 직후 기업 주가가 상승하는 경향을 보여왔다.

업계에서는 투자자들이 무상증자 이슈만이 아닌 기업 본연의 가치에 집중해 투자에 나서야 한다고 거듭 당부한다. 특히 주식시장이 좋지 않은 상황에선 주가에 영향을 미치는 변수가 더욱 많다는 지적이다. 상장사협의회 관계자는 "무상증자는 손댈 수 없는 자본금으로 잉여금을 옮겨 회사의 재무 여력을 보여준다는 점, 유통주식 수를 늘려 거래량을 늘리는 점, 주주환원 정책이라는 점 등에서 긍정적 측면이 있다"면서도 "하지만 왼쪽 주머니에 있던 돈(잉여금)을 오른쪽 주머니(자본금)로 옮겨 진행되기 때문에 회사 실질가치는 사실상 변화가 없다"고 평가했다. 이어 그는 "무상증자 이슈만을 가지고 투자를 하는 것은 위험하다"며 "장기적으로 주가에 미치는 영향은 미래 실적 등 기업이 가진 본연의 가치다. 무상증자 효과도 기업가치에 따라 호재로 작용한다는 점을 유의해야 한다"고 덧붙였다.

## 3. 자본금의 감소(감자)

감자(capital reduction)란 기업의 발행주식수를 감소시키고 결손금을 보전하기 위하여 자본금을 감소하는 것을 말한다. 이는 기업의 이해관계자에게 영향을 미칠 수 있기 때문에 주주총회의 특별결의를 거쳐야만 한다. 감자의 종류는 실질적인 감자와 형식적인 감자가 있다.

## (1) 실질적인 감자(유상감자)

실질적인 감자란 주식을 주주들로부터 유상으로 취득하여 소각하는 것으로 현금이 유출되기 때문에 실질적인 감자라 한다. 회사의 자본금도 감소하고 자본도 감소하게 된다.

㈜ 용산은 구조조정을 통하여 기업의 재무구조를 개선하기 위하여 기업 규모를 축소하기로 결정하고 액면금액 5,000원인 주식을 다음과 같이 주식시장에서 매입하여 소각하기로 결정하였다.
1. 8월 9일 주식 1,000주를 4,500원에 주식시장에서 매입하여 소각하였다.
  (차) 자　본　금　　　5,000,000　　　(대) 현　　　　금　　　　4,500,000
                                  감 자 차 익　　　　500,000
2. 8월 20일 주식 1,000주를 6,000원에 주식시장에서 매입하여 소각하였다.

| (차) 자 본 금 | 5,000,000 | (대) 현 금 | 6,000,000 |
|---|---|---|---|
| 감 자 차 익 | 500,000 | | |
| 감 자 차 손 | 500,000 | | |

감자차손의 잔액은 차변에 남아서 자본의 차감항목이다. 이는 자본조정항목으로 분류하고 재무상태표를 작성할 때는 자본의 감소항목으로 표시한다. 감자차익(자본잉여금)과 감자차손(자본조정)은 우선적으로 상계하며, 감자차손의 잔액은 이익잉여금처분 과정에서 미처분이익잉여금과 상계한다.

### 유상감자 사례 〈News1 기사 수정〉

미국 뷰티 회사인 A사가 화장품(피부케어) 운영사인 B사로부터 825억 원의 투자금을 유상감자 방식으로 회수했다.

13일 화장품(피부케어)을 전개하는 B사의 연결 감사보고서에 따르면 최근 2,230주에 대한 유상감자를 진행했다. 유상감자는 회사가 주식을 유상으로 소각해 자본금을 줄이는 절차로, 통상 주주들이 투자금을 회수할 때 흔히 쓰이는 방법이다.

## (2) 형식적인 감자(무상감자)

형식적인 감자란 주주들에게 대가를 지급하지 않고 주당 액면금액을 감액시키거나 주식수를 일정비율로 감소시키는 것으로 누적된 결손금을 보전하기 위해 주로 사용된다.

1. 무상감자일

| (차) 자 본 금 | ××× | (대) 감 자 차 익 | ××× |
|---|---|---|---|

2. 주주총회 결의일

| (차) 감 자 차 익 | ××× | (대) 미 처 리 결 손 금 | ××× |
|---|---|---|---|

무상감자는 미처리결손금이 있는 기업에서 대주주인 경영자가 자기가 보유하는 주식을 미처리결손금과 상계하는 방식으로 부실 경영에 대한 책임을 지는 과정에서 보통 발생한다.

### 무상감자 사례 〈조선비즈 기사 수정〉

A사가 창사 이래 처음으로 무상감자를 실시한다. 자본잠식 상태에 빠진 데 이어 부채비율이 1,431%까지 치솟으면서 재무 상태가 악화일로를 걷고 있기 때문이다.

2일 A사에 따르면 최근 열린 이사회에서 보통주 3주를 1주로 무상 병합하는 안건을 통과

시켰다. 오는 7월 11일 열리는 임시 주주총회에서 무상 감자 안건이 통과될 경우 A사의 발행 주식 수는 기존 1억 9,392만주에서 6,464만주로 3분의 1 줄어든다. 감자 기준일은 오는 7월 25일, 신주 상장일은 8월 10일이다.

## Ⅲ 자본잉여금

자본잉여금(capital surplus)은 주주가 불입한 자본과 영업활동이 아닌 자본거래로 얻어진 자본 중에서 법정자본금을 초과하는 금액을 말한다. 자본잉여금은 이익배당의 대상이 아니며 자본금으로 전입(무상증자)되거나 결손을 보전하기 위하여 사용할 수 있다.

## 1. 자본잉여금의 종류

| | |
|---|---|
| **자본잉여금** | 주식발행초과금 |
| | 기타자본잉여금 : 감자차익, 자기주식처분이익 등 |

## 2. 자본잉여금의 처분

① 자본잉여금의 자본금전입 (무상증자) : 앞에서 서술한 무상증자의 한 예로 자본잉여금을 감소시키면서 해당 금액만큼 발행주식수를 증가시키기 때문에 자본의 구성내역만 변할 뿐 자본총액은 변동되지 않아 회사의 순자산은 증가되지 않는다.

㈜삼일은 주주총회에서 주식발행초과금 1,000,000원의 자본금 전입을 결의하고 액면금액 5,000원인 주식 200주를 무상으로 발행하였다.
(차) 주식발행초과금        1,000,000        (대) 자  본  금              1,000,000

② 미처리결손금의 보전

미처리결손금을 처리할 때 상계대상 잉여금은 자본잉여금, 법정적립금 및 임의적립금이 될 수 있다. 상법의 규정에 따르면 임의적립금, 이익준비금, 자본잉여금의 순서에 따라 결손금을 보전할 수 있다.

# Ⓥ 이익잉여금

이익잉여금(retained earnings)이란 영업활동이나 재무활동 등 기업의 이익창출활동에 의하여 축적된 이익으로서 사외에 유출되거나 불입자본에 대체되지 않고 사내에 유보된 부분을 말한다.

## 1. 이익잉여금의 종류

### (1) 법정적립금(regal reserve)

① 이익준비금 : 상법 규정에 의해 매 결산기의 금전에 의한 이익배당액(중간배당포함)의 10분의 1 이상의 금액을 자본금의 2분의 1이 될 때까지 의무적으로 적립하는 금액을 말한다. 이는 최저한도를 정한 것이기 때문에 배당이 없어도 자유롭게 적립이 가능하며 이익준비금은 상법에 의하여 결손보전과 자본전입 이외에는 사용이 금지되어 있다.
② 기타법정적립금 : 상법 이외의 법령 규정에 의하여 적립된 금액으로 대표적인 예로 선물거래법에 따른 선물거래책임준비금이 있다.

### (2) 임의적립금(voluntary reserve)

임의적립금이란 법률이 아닌 기업이 자발적으로 정관의 규정 또는 주주총회의 결의로 유보한 이익을 말한다. 임의적립금은 기업이 특정목적을 위하여 자발적으로 현금배당을 제한한 것이기 때문에 목적이 달성된다면 다시 현금 배당을 할 수 있다. 대표적인 예로는 사업확장적립금, 감채기금적립금 등이 있다.

### (3) 미처분이익잉여금

미처분이익잉여금이란 기업이 벌어들인 이익 중 자본조정과 상계되거나 배당금 및 다른 이익잉여금으로 처분되지 않고 남아 있는 이익을 말한다.

## 2. 이익잉여금의 처분

이익잉여금의 처분이란 처분가능이익잉여금을 이익준비금, 임의적립금, 배당금 등으로 처분하는 것을 말하며 이러한 처분내용은 이익잉여금처분계산서에 표시하게 된다.

## (1) 임의적립금 이입 : 임의적립금 이입을 통하여 처분가능이익잉여금을 증가시킨다.

| (차) 임 의 적 립 금 | ××× | (대) 미처분이익잉여금 | ××× |
|---|---|---|---|

## (2) 이익잉여금의 처분(주주총회의 결의)

### 1) 현금배당[42] : 현금배당(cash dividends)은 주식회사가 주주총회의 결의로써 주주에게 현금으로 배당을 지급하는 것을 말하며 기말배당과 중간배당이 있다.

① 배당선언일 : 회사는 주주에게 배당을 지불할 의무 발생
| (차) 미처분이익잉여금 | ××× | (대) 미지급배당금 | ××× |
|---|---|---|---|

② 배당금지급일
| (차) 미지급배당금 | ××× | (대) 현      금 | ××× |
|---|---|---|---|

### 2) 주식배당 : 주식배당(stock dividends)은 주주의 지분율에 비례하여 신주를 발행하여 이익을 배당하는 것을 말한다. 주식배당은 이익잉여금이 자본금으로 바뀌는 것으로 단순한 자본항목의 재분류로 발행주식수와 자본금이 증가될 뿐이며, 기존 주주의 지분비율이나 순자산의 변화에는 영향을 미치지 못한다.

① 배당선언일
| (차) 미처분이익잉여금 | ××× | (대) 미교부주식배당금 | ××× |
|---|---|---|---|
② 주식교부일
| (차) 미교부주식배당금 | ××× | (대) 자 본 금 | ××× |

## (3) 적립금의 적립

적립금을 설정하여 이익잉여금의 사외유출을 제한하는 것을 말한다.

---

42) 현금배당을 이해하기 위해서는 다음을 이해하여야 한다.
  ① 배당기준일 : 배당금을 지급받을 주주가 확정(기말배당의 경우 회계연도의 말일이며, 중간배당에서는 이사회에서 정한 날)
  ② 배당선언일(주주총회일) : 배당의사를 공식적으로 발표하는 날로 기말배당의 경우 주주총회일이 되며, 중간배당에서는 이사회의 결의일이다.
  ③ 배당지급일 : 배당기준일에 확정된 주주에게 실제로 배당을 지급하는 날

## (4) 결손금 처리

당기순손실이 발생하는 경우 우선 그 금액이 전기이월미처분이익잉여금보다 적은 경우에 상계해서 처리한다. 결손금처리계산서는 미처리결손금의 처리사항을 보고하기 위한 주석사항으로서 결손금의 처리내용을 표시한다. 결손금의 처리순서는 다음과 같다.

임의적립금이입액 → 기타법정적립금이입액 → 이익준비금이입액 → 자본잉여금이입액

---

**이익잉여금의 처분 사례 〈데이터 뉴스 수정〉**

A사가 최근 2년 간 본사로 보낸 배당금이 1조 원이 넘는 것으로 나타났다.

금융감독원 전자공시시스템에 공시된 A사 감사보고서를 분석한 결과, 작년과 재작년 두 차례에 걸쳐 총 1조1,052억 원의 배당금을 본사에 지급한 것으로 집계됐다.

재작년 9,809억 원, 작년 1,243억 원을 배당금으로 결정했다. 두 차례 모두 전년도의 차기이월 미처분이익잉여금이 전액 배당금으로 결정됐다.

최근 2년간 당기순이익은 2,372억 원(재작년 1,243억 원, 작년 1,129억 원)이다. 2년간의 배당성향은 평균 465.9%다.

---

 **자본조정**

## 1. 자기주식

자기주식(treasury stock)은 회사가 소각하거나 향후 재발행할 목적으로 취득한 자기회사의 주식을 말한다. 상법에서는 법정자본금을 유지함으로써 채권자를 보호할 수 있도록 하기 위해서 원칙적으로 자기주식의 취득을 금지하되 부득이한 사유가 있는 경우 예외적으로 허용한다.

---

**자기주식의 사례 〈뉴스투데이 기사 수정〉**

한국거래소에 따르면 지난 한 해 동안 코스피 · 코스닥 상장 법인의 자기주식 취득 · 처분 공시 건수는 총 1,427건으로 집계됐다. 이는 전년(1,212건) 대비 약 17.7% 증가한 수준이다. 지난해 국내 기업들의 자사주 관련 공시가 늘어난 것은 글로벌 증시 약세에 주가가 하락한 것에 영향을 받은 것으로 보인다. 자기주식의 가격이 떨어질 경우 저렴한 가격에 매입

해 자사주 지분율을 강화할 수 있다. 또 일반적으로 시장에서 자사주 매입이 주가에 호재로 작용하는 만큼, 주주가치 제고의 효과도 노릴 수 있다. 한국거래소 관계자는 "지난해 국내 주식시장의 주가 하락 등으로 자기주식 관련 공시가 늘어났다"며 "주가 방어 및 주주가치 제고를 위한 자사주 취득 공시도 전년 대비 50% 가까이 증가했다"고 설명했다. 하지만 같은 기간 자사주 소각을 공시한 기업은 양 시장을 합쳐 단 65건에 불과했다. 전년(33건)과 비교하면 약 두 배로 늘어났지만, 전체 자사주 관련 공시의 약 4%대에 불과한 수준이다. 시장에서는 주주가치 제고라는 목적에 있어 자사주 매입보다 소각을 더 크게 평가한다. 자사주를 매입한 뒤 소각할 경우 시가총액은 그대로인데 총 발행 주식수가 줄어들어 주당순이익(EPS)과 같은 평가 지표를 개선하거나 개별 주식의 가치를 올릴 수 있다. 그러나 매입만 진행할 경우 시장에 되팔아 주가를 하락시킬 수 있다.

## (1) 자기주식의 취득

| (차) 자 기 주 식 (자본조정) | ××× | (대) 현    금 | ××× |
| --- | --- | --- | --- |

## (2) 자기주식 처분

① 처분금액 〉 장부금액

| (차) 현    금 | ××× | (대) 자 기 주 식 | ××× |
| --- | --- | --- | --- |
| | | 자기주식처분이익 (자본잉여금) | ××× |

② 처분금액 〈 장부금액

| (차) 현    금 | ××× | (대) 자 기 주 식 | ××× |
| --- | --- | --- | --- |
| 자기주식처분손실 (자본조정) | ××× | | |

자기주식처분손실은 자기주식처분이익과 우선적으로 상계를 하며, 상계되지 아니한 자기주식처분손실 잔액은 이익잉여금처분시 미처분이익잉여금과 상계한다.

## (3) 자기주식 소각

| (차) 자 본 금 | ××× | (대) 자 기 주 식 | ××× |

감자차손(자본조정) ××× or 감자차익(자본잉여금) ×××

## 2. 기타의 자본조정항목

① 주식할인발행차금
② 감자차손
③ 자기주식처분손실

## Ⅵ 기타포괄손익누계액

포괄손익(comprehensive income)은 일정기간 동안 주주와의 자본거래를 제외한 모든 거래나 사건에서 인식한 자본의 변동을 말한다.

**포괄손익 = 당기순손익 + 기타포괄손익**

기타포괄손익(other comprehensive income)은 손익거래를 통해 기업의 순자산의 변화를 가져오기는 하지만 당기순손익에는 반영되지 않은 항목을 말한다.

**01.** 액면주식을 발행할 때 액면금액을 초과한 금액을 무엇이라고 하는가?

　① 자본금　　　　　　　　　　　② 기타포괄손익누계액

　③ 주식할인발행차금　　　　　　④ 주식발행초과금

**02.** 재무상태표상의 자본에 대한 설명으로서 틀린 것은?

　① 자본금은 발행주식수에 발행금액을 곱하여 계산하며 재무상태표에 공시할 때에는
　　주식별로 구분하여 표시한다.

　② 재무상태표상 자본잉여금은 주식발행초과금과 감자차익 및 자기주식처분이익등 기
　　타자본잉여금이 있다.

　③ 재무상태표상의 자본은 자본금, 자본잉여금, 자본조정, 기타포괄손익누계액, 이익잉
　　여금으로 구성된다.

　④ 주식할인발행차금은 자본조정항목이다.

**03.** 주식배당에 관한 설명 중 옳지 않은 것은?

　① 이익잉여금을 현금으로 배당하지 않고 주식을 교부한 것이다.

　② 배당 후에도 자본(순자산)은 불변이다.

　③ 배당 후 자본금은 증가한다.

　④ 배당금만큼 주주의 이익은 커진다.

**04.** 다음 중 주식회사의 자본을 실질적으로 감소시킨 거래는 어느 것인가?

　① 회사가 자금이 부족하여 주식배당을 하였다.

　② 회사는 자본잉여금을 자본에 전입하였다.

　③ 회사는 결산결과 당기순손실이 발생하였다.

　④ 회사는 액면금액을 초과하여 주식을 발행하였다.

**05.** 다음은 회사의 자본거래가 각 자본항목에 미치는 영향을 나타내고 있다. 이 중 가장 올바른 것은?

|   | 자본금 | 이익잉여금 | 총자본 |
|---|---|---|---|
| ① 현금배당 | 불 변 | 불 변 | 불 변 |
| ② 주식배당 | 불 변 | 감 소 | 불 변 |
| ③ 주식병합 | 불 변 | 불 변 | 불 변 |
| ④ 주식분할 | 증 가 | 증 가 | 불 변 |

**06.** 자기주식의 회계처리에 대한 다음의 설명 중 옳지 않은 것은?
① 자기주식 취득시 이익잉여금의 총액은 감소한다.
② 자기주식의 처분시 처분가액이 장부가액보다 크다면 자기주식처분이익이 발생된다.
③ 감자차손은 자본항목으로 분류되었다가 결손금처리 순서에 따라 처리하되 미처리 결손금을 먼저 보전한 후 처리하며, 잔액이 남을 경우 차기로 이연한다.
④ 자기주식 소각시 자기주식 취득원가와 액면가액의 차이를 감자차손익으로 처리한다.

**07.** 다음 중 자본과 관련된 설명으로 옳은 것은?
① 자본 구성항목의 표시는 유동성배열법을 따른다.
② 주식배당으로 주식을 교부하면 자본금이 증가한다.
③ 자본이란 자산총액에서 부채총액을 차감한 잔액으로 채권자에게 귀속될 잔여지분의 성격을 갖는다.
④ 기타포괄손익누계액은 자본거래로부터 발생한다.

**08.** 다음 중 자본변동표에서 확인할 수 없는 항목은?
① 자기주식의 취득       ② 유형자산의 재평가이익
③ 현금배당             ④ 주식분할

**09.** ㈜한국의 자기주식(주당 액면금액 5,000원)과 관련된 자료는 다음과 같다. 8월 7일 자기주식 처분이 당기순이익에 미치는 영향으로 옳은 것은?

> • 2월 1일: 자기주식 300주를 주당 6,000원에 취득하다.
> • 6월 2일: 자기주식 100주를 주당 6,300원에 처분하다.
> • 7월 5일: 자기주식 100주를 소각하다.
> • 8월 7일: 자기주식 100주를 주당 5,000원에 처분하다.

① 영향 없음
② 30,000원 감소
③ 30,000원 증가
④ 70,000원 감소

| 1 | 2 | 3 | 4 | 5 | 6 | 7 | 8 | 9 |
|---|---|---|---|---|---|---|---|---|
| ④ | ① | ④ | ③ | ③ | ① | ② | ④ | ① |

# chapter 08 금융자산

## Ⅰ 금융상품의 의의

한국채택국제회계기준에서는 금융상품을 <u>거래당사자 일방에게 금융자산을 발생시키고</u>,
동시에 <u>다른 거래상대방에게 금융부채나 지분상품을 발생시키는</u> **모든 계약**으로 정의하고
있다.

| 발행자 | | 보유자 |
|---|---|---|
| 금융부채 (의무) | 금융상품 (계약관계) | 금융자산 (경제적 권리) |
| 지분상품 (자본) | ↔ | |

| 분류 | 정 의 |
|---|---|
| 금융자산 | ① <u>**현금 및 현금성 자산**</u><br>② <u>다른 기업의 **지분상품**</u><br>③ 다음 중 하나에 해당하는 계약상의 **권리**<br>　ⓐ <u>**거래상대방에게서 현금 등 금융자산을 수취할 계약상의 권리**</u><br>　ⓑ 잠재적으로 유리한 조건으로 거래상대방과 금융자산이나 금융부채를 교환하기<br>　　로 한 계약상의 **권리**<br>④ 기업이 자기지분상품으로 결제되거나 결제될 수 있는 다음 중 하나의 계약<br>　ⓐ 수취할 자기지분상품의 수량이 변동 가능한 비파생상품<br>　ⓑ 확정수량의 자기지분상품에 대하여 확정금액의 현금 등 금융자산을 교환하여<br>　　결제하는 방법이 아닌 방법으로 결제되거나 결제될 수 있는 파생상품 |
| 금융부채 | ① 다음 중 하나에 해당하는 <u>**계약상의 의무**</u><br>　ⓐ <u>**거래상대방에게서 현금 등 금융자산을 인도하기로 한 계약상 의무**</u><br>　ⓑ 잠재적으로 불리한 조건으로 거래상대방과 금융자산이나 금융부채를 교환하기<br>　　로 한 계약상의 **의무**<br>② 자기지분상품으로 결제되거나 결제될 수 있는 다음 중 하나의 계약<br>　ⓐ 인도할 자기지분상품의 수량이 변동 가능한 비파생상품<br>　ⓑ 확정수량의 자기지분상품에 대하여 확정금액의 현금 등 금융자산을 교환하여<br>　　결제하는 방법이 아닌 방법으로 결제되거나 결제될 수 있는 파생상품 |
| 지분상품 | 기업이 자산에서 모든 부채를 차감한 후의 잔여지분을 나타내는 모든 계약 |

1. 금융자산
   ① **현금 및 현금성 자산** : 현금은 지폐, 주화 이외에도 타인발행당좌수표, 자기앞수표, 송금환, 우편환, 만기도래한 공사채이자표, 만기도래한 어음과 같이 일반 지급수단으로 쓰이는 대용증권과 당좌예금·보통예금을 포함한다. 현금성 자산이란 유동성이 매우 높은 단기 투자자산[43]으로서 확정된 금액의 현금으로 전환이 용이하고 가치변동의 위험이 경미한 자산이다.
   ② **다른 기업의 지분상품** : 지분상품은 기업에 자본을 출자한 주주에게 기업의 소유권을 의미하는 증서로 발행한 유가증권을 말하며 주식형 유가증권이라고도 한다. 다른 기업이 발행한 보통주나 우선주, 신주인수권 등의 주주지분과 관련된 권리를 보유한 경우에 금융자산에 포함된다.
   ③ **금융자산을 수취할 계약상의 권리·의무** : 매출채권, 받을어음, 대여금, 투자사채 등은 거래상대방에게서 현금 등 금융자산을 수취할 계약상 권리에 해당되므로 금융자산에 포함된다. 이때 거래상대방에게는 매입채무, 지급어음, 차입금, 사채 등 금융부채가 발생한다. 이처럼 한 거래당사자의 현금을 수취할 계약상 권리는 다른 거래당사자가 지급할 계약상 의무에 대응한다.

2. **금융부채와 지분상품의 구분**
   금융상품은 발행자 입장에서 금융부채나 지분상품으로 구분되는데 다음의 조건을 모두 충족하는 금융상품은 지분상품[44]으로 규정하고, 그 이외의 경우에는 금융부채로 구분한다.

   ---

   ① 다음의 <u>**계약상 의무**</u>[45]를 포함하지 아니한다.
   - 거래상대방에게 현금 등 금융자산을 인도하기로 하는 계약상 의무
   - 발행자에게 잠재적으로 불리한 조건으로 거래상대방과 금융자산이나 금융부채를 교환하는 계약상 의무
   ② <u>**자기지분상품으로 결제되거나 결제될 수 있는**</u> 계약으로서, 다음 중 하나에 해당한다.
   - 변동가능한 수량의 자기지분상품을 인도할 계약상 의무가 없는 비파생상품
   - 확정 수량의 자기지분상품에 대하여 확정 금액의 현금 등 금융자산의 교환을 통해서만 결제될 파생상품 (개정시 내용 삭제 또는 자세한 설명 필요)

   ---

---

43) 투자자산이 현금성 자산으로 분류되기 위해서는 확정된 금액의 현금으로 전환이 용이하고, 가치변동의 위험이 경미해야 한다. 따라서 투자자산은 일반적으로 만기일이 단기에 도래하는 경우(예를 들어, 취득일로부터 만기일이 3개월 이내인 경우)에만 현금성 자산으로 분류한다.

44) 특정 금융상품이 금융부채로 구분되지 않기 위해서는 계약상의 의무가 없어야 하며, 자기지분상품으로 결제되는 계약의 경우에는 확정 수량과 확정금액 간의 교환이어야 한다.

45) 법적 형식으로는 지분상품의 형식을 가지고 있지만 실질적으로 계약상 현금지급 의무가 있는지 여부를 판단하여 금융부채 분류를 고려하여야 한다. (ex. 상환우선주, 풋가능 금융상품)

| 구 분 | | 자기지분상품/수취대가 | |
|---|---|---|---|
| | 발행자 | | 보유자 |
| | 수취대가 | | 자기지분상품 |
| 지분상품 | 확정금액 | | 확정수량 |
| 금융부채 | 확정금액 | | 미확정수량 |
| | 미확정금액 | | 미확정수량 |
| | 미확정금액 | | 확정수량 |

# Ⅱ 금융자산의 분류

한국채택국제회계기준에서는 금융자산을 **① 금융자산의 계약상 현금흐름의 특성 ② 금융자산의 관리를 위한 사업모형에 근거**하여 후속적으로 '상각후원가', '기타포괄손익 – 공정가치', '당기손익 – 공정가치'로 측정되도록 분류한다.

① 계약상 현금흐름의 특성

계약상 현금흐름의 특성은 계약 조건에 따라서 원금과 이자를 지급하는 날짜가 확정되는 특징을 말한다. 상각후원가 금융자산은 금융상품의 계약에 명시된 현금흐름을 수령하는 것을 목적으로 하므로 계약상 현금흐름의 특성을 가지고 있어야 한다. 주식은 계약상 현금흐름의 특성이 없으므로 상각후원가 금융자산에 해당하지 않는다. 따라서 주식과 같이 계약상 현금흐름의 특성을 가지고 있지 않은 금융상품은 현금흐름의 수취가 목적이 아니라 공정가치의 변동에 따라 금융자산을 매도해서 차익을 얻는 목적으로 취득한 것으로 판단해서 기본적으로 당기손익 – 공정가치 금융자산으로 분류한다.

② 사업모형

사업모형은 현금흐름을 창출하기 위해 금융자산을 관리하는 방식으로 특정 목적을 위해 금융자산 집합에 대한 관리방식으로 볼 수 있다. 사업모형은 아래와 같이 구분되는데 기업은 하나 이상의 사업모형을 가질 수 있다.

ⓐ **계약상 현금흐름을 수취**하기 위해 금융자산을 보유하는 것이 목적인 사업모형
ⓑ **계약상 현금흐름의 수취**와 **금융자산의 매도** 둘 다를 통해 목적을 이루는 사업모형
ⓒ 기타의 사업모형[46]

## (1) 상각후원가측정 금융자산(A financial asset measured at amortised cost : AC 금융자산)

AC 금융자산은 계약상 현금흐름을 수취하는 목적으로 보유하는 금융자산으로 <u>보고기간 말에 공정가치로 평가하지 않는다.</u> 계약상 현금흐름을 수취하는 것은 반드시 금융자산을 만기까지 보유할 것을 전제로 하지 않는다. AC 금융자산의 할인 혹은 할증 발행시에는 할인발행차금 또는 할증발행차금은 유효이자율법에 따라 이자수익에 가감하는데 이렇게 가감한 금액을 상각후원가라고 한다.

## (2) 기타포괄손익-공정가치측정 금융자산(A financial asset measured fair value through other comprehensive income : FV-OCI 금융자산)

<u>기업이 금융상품의 계약에 명시된 현금흐름을 수령하는 목적도 가지면서 동시에 금융자산을 처분해서 차익을 얻는 것도 목적으로 가지는 금융자산을 취득했다고 판단되는 경우에는 FV-OCI로 분류한다.</u> FV-OCI 금융자산은 현금흐름을 수취하는 목적에 맞도록 유효이자율법에 따라 수익을 인식하는 것도 중요하지만, 공정가치를 정확하게 평가해서 공정가치의 변동에 대한 정보를 제공하는 것도 중요하다. 각 회계기간별 손익은 <u>AC 금융자산과 동일하게 유효이자율법에 따라 인식하고, 기말에 금융자산은 공정가치로 평가</u>하면서, 공정가치의 변동에 따른 **평가손익은 당기손익에 반영하지 않고 기타포괄손익에 포함**시킨다. 이 때 지분증권의 FV-OCI 금융자산 평가손익은 이후 처분하는 경우에도 손익계산서상 처분손익으로 대체되지 않으나 채무증권은 평가손익을 손익계산서상 처분손익에서 조정한다. 즉, 지분증권의 경우는 처분손익을 영업외손익으로 인식하지 않고 기타포괄손익으로 계속 인식하지만 채무증권은 기타포괄손익을 감안하여 손익계산서에 처분손익을 인식하게 된다.

## (3) 당기손익-공정가치측정 금융자산(A financial asset measured fair value through profit or loss: FV-PL 금융자산)

기업이 금융상품의 계약에 명시된 현금흐름을 수령하는 것을 목적으로 하는 것이 아니라 금융자산을 처분해서 차익을 얻는 것을 목적으로 금융자산을 취득했다고 판단되는 경우에 FV-PL 금융자산으로 분류한다. FV-PL 금융자산은 <u>공정가치로 금융자산을 평가</u>하고 **공정가치가 변동되어 발생하는 손익은 당기손익으로 인식**한다.

---

46) 적극적 매매를 목적으로 취득하는 '단기매매증권', '자산유동화 대출' 혹은 '공정가치로 관리하고 성과를 평가하는 금융자산의 포트폴리오(집합)'는 매도를 통해 현금흐름을 획득하는 것이 사업목적이므로 사업모형은 ⓐ와 ⓑ가 아닌 ⓒ에 해당한다.

> ① 지분증권(단, FV-OCI 금융자산으로 지정한 것 제외)
> ② 채무증권(단, AC 금융자산, FV-OCI 금융자산이 아닌 것)
> ③ 파생상품
> ④ 단기매매항목(단기간 매매목적으로 보유하는 자산, 최초 인식시점에 특정금융포트폴리오의 일부로 운용되는 단기이익 획득 목적의 자산)
> ⑤ 회계불일치를 제거하기 위해 FV-PL 금융자산으로 지정한 금융자산

※ 금융자산의 분류

| 구 분 | 정 의 | 평가손익 | 목적 |
|---|---|---|---|
| FV-PL금융자산 | ① AC 금융자산이나 FV-OCI 금융자산으로 분류되지 않는 경우(ex. 단기매매항목, 주식)<br>② 회계불일치를 제거하기 위해 FV-PL 금융자산으로 지정한 금융자산 | 당기손익 (PL) | 처분차익 |
| FV-OCI 금융자산 | ① 아래 두 조건을 모두 만족하는 금융자산<br>• 사업모형이 '계약상 현금흐름 수취와 매도'<br>• 계약상 현금흐름이 원리금으로만 구성<br>② 단기매매항목이 아닌 지분상품으로 최초 인식 시점에 선택한 경우 | 기타포괄 손익 (OCI) | 현금흐름 수취 + 처분차익 |
| AC금융자산 | ① 아래 두 조건을 모두 만족하는 금융자산<br>• 사업모형이 '계약상 현금흐름 수취'<br>• 계약상 현금흐름이 원리금으로만 구성 | | 현금흐름 수취 |

**FV-PL의 사례 〈딜사이트 기사 수정〉**

A사가 수년 째 벌이고 있는 금융자산 투자행보가 시장의 눈길을 끌고 있다. 갚아야 할 빚(리스부채 포함)만 8조 원에 달하는 회사가 수천억 원의 자금을 동원, 단기매매 차익을 노린 투자에 나서서다. A사는 2018년부터 올해 3분기까지 5년 여간 FVPL (당기손익-공정가치측정 금융자산) 취득에 3,128억 원을 썼다. FVPL이란 일반 예금 등과 달리 주식이나 단기채권 등 매매차익을 위해 취득한 상품 등으로 취득액 대비 결산시점 시가에 따라 당기순이익에 영향을 끼치는 자산을 말한다. 시장에선 이에 대해 A사의 ▲재무구조가 취약하고 ▲투자성과도 비비했던 점을 들어 회사의 FVPL 투자 단행에 의아하단 반응을 보이고 있다.

## Ⅲ 당기손익–공정가치측정 금융자산(A financial asset measured fair value through profit or loss: FV–PL 금융자산)★★★

### 1. 최초 측정

FV–PL 금융자산은 취득 당시 FV–PL 금융자산의 **공정가치[47]로 측정**한다. FV–PL 금융자산의 취득과 직접 관련되는 **거래원가는 취득원가에 가산하지 않고 지출시점에 당기비용[48])**으로 인식한다.

---

㈜A는 20×1년 7월 1일에 ㈜B의 주식 10주를 단기매매를 목적으로 주당 10,000원에 현금으로 취득하였다. 취득과 직접 관련되는 구매 수수료 10,000원을 현금으로 지급하였다.

×1. 7. 1.

| (차) FV–PL 금융자산 | 100,000 | (대) 현　　금 | 100,000 |
| 　　지급수수료 | 10,000 | 　　현　　금 | 10,000 |

---

### 2. 후속 측정(기말평가)

FV–PL 금융자산은 기말에 공정가치로 측정한다. 그리고 FV–PL 금융자산을 공정가치로 평가할 때 발생하는 **평가손익은 당기손익에 반영**하여야 한다.

---

㈜A의 20×1년 12월 31일 현재의 FV–PL 금융자산계정에 대한 내용이다.

| 종　목 | 취 득 원 가 | 공 정 가 치 | 평 가 손 익 |
|---|---|---|---|
| B 회사 | 100,000원 | 150,000원 | 50,000원 |
| C 회사 | 100,000원 | 70,000원 | (30,000)원 |

×1. 12. 31.

| (차) FV–PL 금융자산(B회사) | 50,000 | (대) FV–PL 금융자산 평가이익 | 50,000 |
| 　　FV–PL 금융자산 평가손실 | 30,000 | 　　FV–PL 금융자산 (C회사) | 30,000 |

---

47) 공정가치란 합리적인 판단력과 거래 의사가 있는 독립된 당사자 사이의 거래에서 자산이 교환되거나 부채가 결제될 수 있는 금액을 의미한다. 공정가치의 최선의 추정치는 활성시장에서 공시되는 가격으로 하고, 활성시장이 없다면 금융상품의 공정가치는 평가기법을 사용하여 측정하여야 한다.

48) FV–PL 금융자산의 경우에는 기말에 공정가치 평가를 하여 평가손익을 당기손익으로 인식하기 때문에 거래원가를 FV–PL 금융자산의 취득원가에 가산하더라도 기말에 공정가치 평가를 통하여 당기손익으로 인식되기 때문에 거래비용이 발생하는 취득시점에 당기비용으로 인식하는 것이다.

## 3. 처분과 배당금수익

FV-PL 금융자산을 처분하면 FV-PL 금융자산의 매도가액에서 거래수수료 및 거래세 등을 차감한 순처분가액에 해당하는 대금을 수령하게 된다. 이 순처분가액과 장부상의 가액을 비교해서 처분가액이 장부금액보다 크면 금융자산처분이익으로 처리하고, 작으면 금융자산처분손실로 처리한다.

---

㈜A가 보유하던 B회사 주식 10주를 주당 20,000원[49]에 처분하였다.

(차) 현　　　금　　　　　　　200,000　　　(대) FV-PL 금융자산(B회사)　150,000
　　　　　　　　　　　　　　　　　　　　　　　　금융자산 처분이익　　　　　50,000

---

한편, FV-PL 금융자산을 보유하는 기간 중에 발행회사로부터 현금배당금을 수령하는 경우가 있다. 이때 현금배당은 대변에 배당금수익계정으로 기록한다.

---

㈜A가 보유하던 FV-PL 금융자산의 발행자인 C회사로부터 현금배당 10,000원을 받았다.

(차) 현　　　금　　　　　　　10,000　　　(대) 배당금 수익　　　　　　　　10,000

---

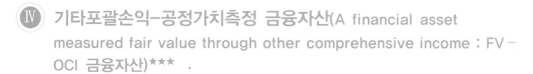

## Ⅳ 기타포괄손익-공정가치측정 금융자산(A financial asset measured fair value through other comprehensive income : FV-OCI 금융자산)★★★

FV-OCI 금융자산은 보유목적이 ① 계약에 명시된 현금흐름을 수령하는 목적과 ② 금융자산을 처분해서 차익을 얻는 것 모두를 가지고 있다고 판단되는 금융자산이다.

## 1. 최초 측정

FV-OCI 금융자산은 취득당시 FV-OCI 금융자산의 **공정가치로 측정**한다. FV-OCI 금융자산의 취득과 직접적으로 관련되는 거래원가는 취득원가에 가산한다.

---

49) 한 회계기간 동안 한 종류의 주식을 여러 번 취득해서 단위당 취득원가가 서로 다른 경우에는 재고자산과 마찬가지로 원가흐름의 가정이 필요하다. 개별법, 총평균법, 이동평균법 또는 다른 합리적인 방법을 사용하되 동일한 방법을 매기 계속 적용하여야 한다.

㈜A는 ㈜B의 주식 10주를 주당 10,000원(액면가 @5,000원)에 장기투자목적으로 현금매
입하고 취득과 직접 관련되는 구매 수수료 10,000원을 현금으로 지급하였다. 해당 주식은
장기간 보유할 목적으로 취득하여서 취득시점에 FV-OCI 금융자산으로 선택하였다.

| (차) FV-OCI 금융자산 | 100,000 | (대) 현　　　금 | 100,000 |
|---|---|---|---|
| FV-OCI 금융자산 | 10,000 | 현　　　금 | 10,000 |

## 2. 후속 측정(기말평가)

FV-OCI 금융자산은 기말에 공정가치로 측정한다. 그리고 FV-OCI 금융자산을 공정
가치로 평가할 때 발생하는 **평가손익은 당기손익으로 인식하지 않고 기타포괄손익으로
인식**하여야 한다. FV-OCI 금융자산은 공정가치가 변동되더라도 단기간 내에 실현될 가
능성이 낮기 때문에 굳이 이를 당기손익에 반영할 필요가 없으므로 자본항목으로 처리하는
것이다.

① ㈜A의 **지분상품** 취득과 평가 관련 거래는 다음과 같다.

20×1.1.1. 지분상품을 100,000원에 취득하고 거래 수수료 10,000원을 포함하여 110,000
을 지급하였다. 해당 주식은 장기간 보유할 목적으로 취득하여서 취득시점에 FV-
OCI 금융자산으로 선택하였다.

| (차) FV-OCI 금융자산 | 110,000 | (대) 현　　　금 | 110,000 |
|---|---|---|---|

20×1.12.31. FV-OCI 금융자산의 공정가치는 120,000이다.

| (차) FV-OCI 금융자산 | 10,000 | (대) FV-OCI 금융자산 평가이익 | 10,000 |
|---|---|---|---|
| | | (기타포괄손익) | |

20×2.12.31. FV-OCI 금융자산의 공정가치는 90,000이다.

| (차) FV-OCI 금융자산 평가이익 | 10,000 | (대) FV-OCI 금융자산 | 30,000 |
|---|---|---|---|
| FV-OCI 금융자산 평가손실 | 20,000 | | |
| (기타포괄손익) | | | |

20×3.12.31. FV-OCI 금융자산의 공정가치는 150,000이다.

| (차) FV-OCI 금융자산 | 60,000 | (대) FV-OCI 금융자산 평가손실 | 20,000 |
|---|---|---|---|
| | | FV-OCI 금융자산 평가이익 | 40,000 |
| | | (기타포괄손익) | |

② 20×1년 1월 1일 ㈜B의 **사채를 취득**해 FV-OCI로 분류하였다. 다음은 사채의 현금흐
름이다.

액면가액 = 10,000원, 액면이자율 = 8%, 만기3년, 유효이자율 = 10%
(3년, 10% 현가 계수 = 0.7513, 연금 현가 계수 = 2.4868)
×1.12.31 FV = 9,700 / ×2.12.31 FV = 9,800
PV = 10,000 × 0.7513 + 800 × 2.4868 = 9,502

| | 유효이자<br>(10%) | 액면이자(8%) | 차금 | BV |
|---|---|---|---|---|
| ×1.1.1 | | | | 9,502 |
| ×1.12.31 | 950 | 800 | 150 | 9,652 |
| ×2.12.31 | 965 | 800 | 165 | 9,817 |
| ×3.12.31 | 983 | 800 | 183 | 10,000 |

×1.1.1   (차) FV-OCI 금융자산 9,502   (대) 현금   9,502

×1.12.31 (차) 현금   800   (대) 이자수익   950
             FV-OCI 금융자산   150

        (차) FV-OCI 금융자산   48   (대) FV-OCI 금융자산평가이익(OCI)   48

×2.12.31 (차) FV-OCI 금융자산평가이익(OCI)   48
                        (대) FV-OCI 금융자산   48

        (차) 현금   800   (대) 이자수익   965
             FV-OCI 금융자산   165

        (차) FV-OCI 금융자산 평가손실 17   (대) FV-OCI 금융자산 17

## 3. 처분과 배당금수익

① 지분증권 : 처분시점에 공정가치 평가를 통해 금융자산평가손익을 기타포괄손익으로
먼저 인식하고 처분의 회계처리를 한다. 따라서 금융자산처분손익(당기손익)은 발생
하지 않는다.

② 채무증권 : 평가손익을 손익계산서상 처분손익에서 조정한다.

한편, FV-OCI 금융자산을 보유하는 기간 중에 발행회사로부터 현금배당금을 수령하는
경우에는 대변에 배당금 수익 계정을 기록한다.

① ㈜A는 ×1.1.1 FV-OCI 금융자산(지분상품)을 100에 취득하였다. 해당 금융상품의 공
정가치는 ×1.12.31 120이며, ×2.12.31에 150에 처분하였다.
  ×1.1.1   (차) FV-OCI 금융자산   100   (대) 현금   100
  ×1.12.31 (차) FV-OCI 금융자산   20   (대) FV-OCI 금융자산평가이익(OCI)   20

×2.12.31 (차) FV-OCI 금융자산　　30　　(대) FV-OCI 금융자산평가이익(OCI)　30

　　　　　(차) 현　　　　금　　150　　(대) FV-OCI 금융자산　　　　　150

　　　　　(차) FV-OCI 금융자산평가이익(OCI) 50　　(대) 이익잉여금　　　　　　50

→ 기타포괄손익으로 표시하는 금액은 후속적으로 당기손익으로 이전하지 않는다.

② ㈜A는 ×1.1.1에 다음과 같은 조건의 사채를 취득하였으며, 이 사채를 FV-OCI 금융자산으로 분류하였다. ㈜A가 이 사채를 ×2년 말에 공정가치로 처분한 경우 사채의 취득일부터 ×2년 말까지의 회계처리를 하시오.

[사채] 발행일 ×1.1.1 / 만기일 ×3.12.31 / 액면가액 1,000,000원 / 표시이자율 5%

　　　유효이자율 8% / FV-×1.12.31 : 960,000원, ×2.12.31 : 990,000원

　　　취득원가 : 922,687원

| | 유효이자(8%) | 액면이자(5%) | 차금 | BV |
|---|---|---|---|---|
| ×1.1.1 | | | | 922,687 |
| ×1.12.31 | 73,815 | 50,000 | 23,815 | 946,502 |
| ×2.12.31 | 75,720 | 50,000 | 25,720 | 972,222 |
| ×3.12.31 | 77,778 | 50,000 | 27,778 | 1,000,000 |

－20×1.1.1

　(차) FV-OCI 금융자산　922,687　　(대) 현　　　　금　　　　　922,687

－20×1.12.31

　(차) 현　　　　　금　　50,000　　(대) 이 자 수 익　　　　　　73,815

　　　FV-OCI 금융자산　23,815

　(차) FV-OCI 금융자산　13,498　　(대) FV-OCI 금융자산 평가이익(OCI)　13,498

－20×2.12.31

　(차) FV-OCI 금융자산 평가이익(OCI) 13,498　　(대) FV-OCI 금융자산　　　　13,498

　(차) 현　　　　　금　　50,000　　(대) 이 자 수 익　　　　　　75,720

　　　FV-OCI 금융자산　25,720

　(차) 현　　　　　금　990,000　　(대) FV-OCI 금융자산　　　　972,222

　　　　　　　　　　　　　　　　　　　금융자산 처분이익　　　　　17,778

## Ⓥ 상각후원가측정 금융자산(A financial asset measured at amortised cost : AC 금융자산)

AC 금융자산은 금융상품의 계약에 명시된 현금흐름을 수취하는 것이므로 보유기간 중 공정가치로 평가하지 않고, 유효이자율법에 따라 상각후원가로 금융자산을 평가한다.

## 1. 최초 측정

AC 금융자산의 취득원가는 취득당시 AC 금융자산의 **공정가치**[50]**로 측정**한다. AC 금융자산의 취득과 직접적으로 관련되는 거래원가는 취득원가에 가산한다.

## 2. 후속 측정(기말평가)

AC 금융자산은 유효이자율법을 사용하여 상각후원가로 측정한다. 여기서 상각후원가란 금융자산의 최초인식시점의 측정금액에서 상환된 원금을 차감하고, 최초인식금액과 만기금액의 차액에 유효이자율법을 적용하여 계산된 상각누계액을 가감한 금액을 말한다.

---

㈜A는 20×1.1.1에 다음과 같은 조건의 회사채를 취득하였으며, 회사가 이 사채를 AC 금융자산으로 분류할 경우, 사채의 취득일부터 만기일까지의 회계처리는?

[사채내역] 발행일 ×1.1.1 / 만기일 ×3.12.31 / 액면가액 1,000,000원
취득원가 922,687원 (유효이자율 8%) / 표시이자율 5%(매년 말 지급조건)

| | 유효이자(8%) | 액면이자(5%) | 차금 | BV |
|---|---|---|---|---|
| ×1.1.1 | | | | 922,687 |
| ×1.12.31 | 73,815 | 50,000 | 23,815 | 946,502 |
| ×2.12.31 | 75,720 | 50,000 | 25,720 | 972,222 |
| ×3.12.31 | 77,778 | 50,000 | 27,778 | 1,000,000 |

－20×1.1.1
  (차) AC 금융자산      922,687    (대) 현    금        922,687

－20×1.12.31
  (차) 현     금       50,000    (대) 이자수익         73,815
     AC 금융자산      23,815

－20×2.12.31
  (차) 현     금       50,000    (대) 이자수익         75,720
     AC 금융자산      25,720

---

50) 채무상품의 공정가치는 특정 시점 이후 당해 채무상품으로부터 발생하는 미래 현금흐름(이자 및 원금)을 특정 시점 현재의 유효이자율로 할인한 현재가치로 결정

```
-20×3.12.31
    (차) 현         금        50,000    (대) 이자수익                77,778
        AC 금융자산             27,778
    (차) 현         금     1,000,000    (대) AC 금융자산          1,000,000
```

## Ⅵ 금융자산의 손상

### 1. 손상차손의 인식

한국채택국제회계기준에서는 ①**상각후원가측정 금융자산**과 ②**기타포괄손익인식 금융자산으로 분류되는 채무상품**에 대해서 손상차손을 규정하고 있다. 이때 실제 금융자산에서 신용손실(손상)이 발생하지 않더라도 기대신용손실[51]을 추정하여 손상을 인식하는데 이를 기대손실모형이라고 한다.

| 구 분 | 손상차손 인식 |
| --- | --- |
| 상각후원가측정 금융자산<br>(AC 금융자산) | 당기비용 처리하고 손실충당금을 설정 |
| 기타포괄손익인식 금융자산<br>(FV-OCI 금융자산 중 채무상품) | 당기비용 처리하고 손실충당금이 아닌 기타포괄손익에서 조정(OCI) |

**금융자산 손상차손 사례 〈아시아타임즈 수정〉**

S사는 '매도 가능 금융자산'으로 D사 주식(1,321만5,822주)을 보유했는데 D사 주가가 계속 하락해도 이를 손상차손으로 인식하지 않고 회계처리를 했고 결국 당기순이익이 '뻥튀기'됐다.

기업은 금융자산의 손상 발생에 대한 객관적인 증거가 있는지 매 보고 기간 말에 평가하고 그러한 증거가 있는 경우 손상차손을 인식해야 한다. 시장 가치가 급격히 하락하면 이를 재무제표에 손실로 반영하라는 것이다.

D사 주가는 25만4,000원에서 13만9,500원으로 45.1% 하락했고 이후 20만원 선을 회복했다.

---

51) 기대신용손실은 개별 채무불이행으로 가중평균한 신용손실로서 다음 사항을 반영하여 측정한다.
　① 일정 범위의 발생가능한 결과를 평가하여 산정한 금액으로서 편의가 없고 확률로 가중평균한 금액
　② 화폐의 시간가치
　③ 보고기간 말에 과거자산, 현재 상황과 미래경제적 상황의 예측에 대한 정보로서 합리적이고 뒷받침 될 수 있으며, 과도한 원가나 노력 없이 이용할 수 있는 정보

금감원은 감리 결과 회계처리 위반 사항의 동기를 두고는 고의가 있거나 중대한 과실이 있다고 보진 않고 '과실'로 판단했다.

## 2. 신용손상 여부에 따른 손상차손의 인식

| | 구 분 | 측정방법 |
|---|---|---|
| 신용이 손상되지 않은 경우 | 금융상품의 **신용위험이 유의적으로 증가**한 경우 | 보고기간 말에 **전체기간** 기대신용손실에 해당하는 금액으로 손실충당금 측정 |
| | 금융상품의 **신용위험이 유의적으로 증가하지 않은** 경우 | 보고기간 말에 **12개월 기대 신용손실금액**에 해당하는 금액으로 손실충당금 측정 |
| 신용이 손상된 경우 | 전체기간에 대한 기대신용손실을 손상차손으로 인식 **[손상의 증거]** 1. 금융자산의 발행자나 지급의무자의 중요한 재무적 어려움 2. 이자지급이나 원금상환의 불이행이나 지연과 같은 계약위반 3. 차입자의 재무적 어려움에 관련된 경제적 또는 법률적 이유로 인한 당초 차입조건의 불가피한 완화 4. 차입자의 파산이나 기타 재무구조조정의 가능성이 높은 상태가 된 경우 5. 재무적 어려움으로 당해 금융자산에 대한 활성거래시장 소멸 6. 이미 발생한 신용손실을 반영하여 크게 할인한 가격으로 금융자산을 매입하거나 창출하는 경우 | |

### 예제

㈜A는 20×1년 1월 1일 액면이자율 5%, 액면금액 100,000,000원의 사채를 액면취득하고, 신용위험이 비슷한 금융상품인 ㈜B의 신용위험, 향후 12개월간 경제전망 등을 고려하여 향후 12개월간 채무불이행확률을 0.3%로 예상하였다. 채무불이행시 총 채권액의 20%가 손상될 것이고 신용위험은 유의적으로 증가하지 않았다고 판단하였다. 20×1년 말 공정가치는 110,000,000원인 경우 회계처리는?

1. FV-OCI 금융자산으로 분류한 경우

   20×1. 1. 1. (차) FV-OCI    100,000,000    (대) 현    금    100,000,000

| 20×1. 12. 31. | (차) 현　　금 | 5,000,000 | (대) 이 자 수 익 | 5,000,000 |
| 20×1. 12. 31. | (차) FV-OCI | 10,000,000 | (대) FV-OCI 평가이익 | 10,060,000 |
| | 손상차손 | 60,000 | | |

*손상차손 : 100,000,000 × 20% × 0.3% = 60,000

2. AC 금융자산으로 분류한 경우

| 20×1. 1. 1. | (차) AC 금융자산 | 100,000,000 | (대) 현　　금 | 100,000,000 |
| 20×1. 12. 31. | (차) 현　　금 | 5,000,000 | (대) 이 자 수 익 | 5,000,000 |
| | 손 상 차 손 | 60,000 | 손 실 충 당 금 | 60,000 |

## Ⅶ 재분류

　금융자산의 재분류는 지분상품 혹은 파생상품은 원칙적으로 불가능하고 채무상품만 사업모형을 변경하는 경우에만 가능하다. 금융자산을 재분류하는 경우 재분류일은 사업모형의 변경 후 첫 번째 보고기간의 첫 번째 날을 의미한다. 즉, 기중 사업모형이 변경되는 경우 다음 회계연도 초에 재분류를 하게 된다.

| 재분류 전 | 재분류 후 | 재분류시 회계처리 |
|---|---|---|
| FV-PL 금융자산 | AC 금융자산 | 재평가일에 취득한 것으로 인식 |
| | FV-OCI 금융자산 | 재평가일에 취득한 것으로 인식 |
| FV-OCI 금융자산 | AC 금융자산 | 평가손익(기타포괄손익)을 금융자산과 상계 제거 후 최초 취득부터 상각후원가로 측정한 것으로 인식 |
| | FV-PL 금융자산 | 평가손익(기타포괄손익)은 당기손익으로 대체 |
| AC 금융자산 | FV-PL 금융자산 | 공정가치 평가후 평가손익을 당기손익으로 인식 |
| | FV-OCI 금융자산 | 공정가치 평가후 평가손익을 기타포괄손익으로 인식 |

# Ⅷ 금융자산의 제거

## 1. 금융자산의 제거

금융자산은 당해 **금융자산의 현금흐름에 대한 계약상 권리가 소멸**하거나 당해 금융자산을 아래와 같은 방법으로 **양도하며 그 양도가 위험과 보상의 이전 정도에 따른 제거조건을 충족**하는 경우 제거한다.

① 금융자산의 현금흐름을 수취할 계약상 권리의 양도

② 금융자산의 현금흐름을 수취할 계약상 권리를 보유하고 있으나 그 현금흐름을 거래 상대방에게 지급할 의무를 부담하는 경우

| 위험과 보상 이전 | 회계처리 |
|---|---|
| 위험과 보상을 대부분 이전 | 금융자산 제거하고 양도에 따라 발생한 권리와 의무를 자산/부채로 인식 |
| 위험과 보상을 대부분 보유 | 금융자산을 계속 보유한 것으로 회계처리 |
| 위험과 보상 대부분을 보유 혹은 이전하지 않은 경우 | 양도자가 금융자산을 통제하고 있지 않은 경우 : 금융자산을 제거하고 발생한 권리, 의무를 자산/부채로 인식<br>양도자가 금융자산을 계속 통제하는 경우 : 금융자산에 지속적으로 관여하는 정도까지 금융자산을 보유하는 회계처리 |

01. ㈜A는 다음과 같은 조건으로 20×1년 초에 ㈜파주에게 자금을 대여하였다. 대여당시 시장이자율이 10%이었기 때문에 950,258원을 ㈜파주에게 지급하였다.

> (1) 만기 상환금액 : 1,000,000원 (20×3년 말 만기)
> (2) 액면이자율 : 8% (매년 말 이자수령)

㈜A가 20×2년 포괄손익계산서에 인식할 이자수익 금액은 얼마인가? 단, ㈜A의 결산일은 매년 말이며, 3년, 10%, 현가계수는 0.75131, 3년, 10%, 연금현가계수는 2.48685이다.

① 80,000원        ② 95,026원
③ 96,528원        ④ 98,188원

02. 다음 중에서 현금 및 현금성자산으로 분류되지 않는 항목은 무엇인가?

① 당좌예금, 보통예금
② 결산일 당시 만기가 3개월 이내에 도래하는 채무상품
③ 취득당시 만기가 3개월 이내인 양도성예금증서
④ 취득당시 3개월 이내의 상환조건인 환매채

03. 20×1년 12월 31일 현재 ㈜A의 현금 및 금융기관 관련자산은 다음과 같다. ㈜A의 20×1년 12월 31일 재무상태표의 현금 및 현금성자산으로 보고해야 할 금액은 얼마인가?

| | |
|---|---|
| 현금시재액 | 250,000원 |
| 타인발행당좌수표 | 100,000원 |
| 보통예금 | 5,000원 |
| 정기적금(만기 : 20×2년 4월 15일) | 120,000원 |
| (단, 차입금 관련 담보로 제공되어 있다) | |
| 정기예금(만기 : 20×2년 5월 31일) | 200,000원 |

① 350,000원        ② 355,000원
③ 555,000원        ④ 855,000원

**04.** 20×1년 6월 30일 현재 은행계정 잔액을 확정하기 위해 파악된 자료는 다음과 같다. 6월 30일 현재 은행 계정의 정확한 잔액은?

| | |
|---|---:|
| 거래은행으로부터 확인된 6월 30일 은행 잔액 | 900,000원 |
| 6월 30일 현재 은행 미기입 예금 | 45,000원 |
| 6월 30일 현재 은행이 확인한 부도수표 | 33,000원 |
| 6월 30일 현재 기발행미인출수표 | 20,000원 |
| 6월 30일 현재 은행이 확인한 은행수수료 | 1,200원 |

① 890,000원                    ② 912,000원
③ 925,000원                    ④ 945,000원

**05.** ㈜A가 90일 만기 액면가 100,000원의 무이자부어음을 30일이 경과한 후에 15%의 할인율로 할인한 경우 실제로 수령하는 금액은 얼마인가? 단, 1년을 360일로 가정한다.

① 97,500원                    ② 98,000원
③ 98,500원                    ④ 99,000원

**06.** 다음은 ㈜파주가 보유하고 있는 FV-PL 금융자산과 관련된 자료이다. ㈜파주가 20×5년 결산 시 인식해야 할 FV-PL 금융자산 평가손익은 얼마인가?

| | |
|---|---|
| 20×4. 10. 10 주식취득 매입가 | 2,000,000원 (매입수수료 20,000원) |
| 20×4. 12. 31 공정가치 | 2,100,000원 |
| 20×5. 12. 31 공정가치 | 2,500,000원 |

① 금융자산 평가이익 500,000원          ② 금융자산 평가이익 300,000원
③ 금융자산 평가이익 400,000원          ④ 금융자산 평가이익 100,000원

**07.** 주식 100주(액면 @6,000)를 6,500원에 단기매매목적으로 매입하고 이 중 40주를 주당 7,000원에 현금으로 매각하였다. FV-PL 금융자산 처분시 올바른 분개는?

① (차) 현        금        280,000        (대) FV-PL 금융자산        260,000
                                                금융자산처분이익         20,000

② (차) 현        금        280,000        (대) FV-PL 금융자산        240,000
                                                금융자산처분손실         40,000

③ (차) 현        금        280,000        (대) FV-PL 금융자산        240,000
                                                금융자산처분이익         40,000

④ (차) 현        금        280,000        (대) FV-PL 금융자산        260,000
                                                금융자산처분손실         20,000

**08.** 다음 중 재무상태표상에 기재될 현금및현금성자산 잔액을 계산하면 얼마인가?

| | |
|---|---:|
| 현금시재액 | 2,000,000원 |
| 타인발행당좌수표 | 800,000원 |
| 부도수표 | 3,000,000원 |
| 국민주택채권(취득당시 만기는 6개월) | 200,000원 |
| MMF(채권형이며 취득당시의 만기는 3개월) | 800,000원 |

① 3,600,000원
② 6,600,000원
③ 7,200,000원
④ 8,000,000원

**09.** 다음 중 금융자산의 손상에 대한 설명으로 가장 올바르지 않은 것은?

① 금융상품에서 실제 신용손실이 발생하지 않더라도 기대 신용손실을 추정하여 손상을 인식할 수 있다.
② 상각후원가측정 금융자산과 채무상품 중 기타포괄손익인식금융자산은 손상금액을 인식할 수 있다.
③ 상각후원가측정 금융자산의 손상금액은 손실충당금을 설정하여 금융상품의 장부금액에서 차감표시한다.
④ 신용이 손상되지 않은 경우 금융상품의 신용위험이 유의적으로 증가하지 않았다면 전체기간 기대신용손실에 해당하는 금액으로 손실충당금을 측정한다.

**10.** 다음 중 당기손익인식금융자산에 대한 설명으로 틀린 내용은?

① 단기매매 목적의 금융자산은 당기손익인식금융자산으로 분류된다.
② 채무상품인 당기손익인식금융자산은 다른 금융상품으로 재분류할 수 없다.
③ 당기손익인식금융자산은 취득후 공정가치로 평가하여 당기손익에 반영한다.
④ 당기손익인식금융자산 취득시 지출된 거래원가는 당기비용으로 처리한다.

**11.** 다음 중 기타포괄손익인식금융자산에 대한 설명으로 올바른 것은?

① 기타포괄손익인식금융자산은 원칙적으로 공정가치로 평가하여 평가손익을 당기손익으로 반영한다.
② 기타포괄손익인식금융자산 취득시 지출된 거래원가는 당기비용으로 처리한다.
③ 기타포괄손익인식금융자산으로 분류되는 채무상품은 당기손익인식금융자산으로 분류변경할 수 있다.
④ 기타포괄손익인식금융자산에 대한 손상차손은 인식하지 아니한다.

**12.** ㈜A의 단기매매목적으로 취득한 금융자산의 취득, 처분내용은 다음과 같다. 다음 자료를 이용하여 물음에 답하시오. 단, ㈜A의 결산일은 12월 31일이며, 시가를 공정가치로 본다.

| | |
|---|---|
| 20×1.1.7 | 1주당 액면금액이 500원인 ㈜용산의 주식 10주를 주당 1,200원에 취득하였다. |
| 20×1.9.10 | ㈜용산 주식 중 3주를 총 3,900원에 처분하였다. |
| 20×1.12.31 | ㈜용산 주식의 시가는 주당 1,100원이었다. |
| 20×2.4.10 | ㈜용산 주식 2주를 주당 900원에 처분하였다. |
| 20×2.12.31 | ㈜용산 주식의 시가는 주당 1,400원이다. |

20×1년 ㈜A의 포괄손익계산서에 보고될 금융자산의 평가손익은 얼마인가?

① 평가이익 4,200원
② 평가손실 1,400원
③ 평가손실 1,000원
④ 평가손실  700원


**13.** ㈜A는 20×1년에 다음과 같이 ㈜용산의 주식(기타포괄손익인식금융자산으로 분류)을 취득하여 보유하다 20×2년 말 처분하였다. 이 주식과 관련하여 ㈜A의 20×1년과 20×2년 재무상태표에 계상할 기타포괄손익인식금융자산 평가손익은 얼마인가? (단, 이연법인세효과는 고려하지 않는다)

- 20×1년 5월 1일 : ㈜용산 주식 1,000주 취득(취득원가 주당 5,000원)
- 20×1년 12월 31일 : ㈜용산 주식의 공정가치는 주당 5,200원
- 20×2년 12월 31일 : ㈜용산 주식의 처분금액은 주당 4,900원

| | | 20×1년 | 20×2년 |
|---|---|---|---|
| ① | 기타포괄손익인식금융자산 평가이익 | 100,000원 | 0원 |
| ② | 기타포괄손익인식금융자산 평가이익 | 200,000원 | 0원 |
| ③ | 기타포괄손익인식금융자산 평가이익(손실) | 200,000원 | (100,000)원 |
| ④ | 기타포괄손익인식금융자산 평가이익(손실) | 200,000원 | (300,000)원 |

14. ㈜파주는 주거래은행과의 은행계정조정표를 작성하여 당좌예금 잔액 230,000원이 정확한 잔액임을 확인하였다. 미확인된 다음 자료에 의하여 은행계정조정표 작성 전 회사와 은행간에 불일치한 차액으로 바른 것은?

> 1. 예입한 수표 27,000원이 은행에서 입금처리되지 않았다.
> 2. 회사에서 입금한 수표 26,000원이 부도처리되었으나 회사는 통보받지 못했다.
> 3. 회사에서 발행한 수표 32,000원이 당좌예금 계좌에서 아직 인출되지 않았다.
> 4. 매출처에서 당사 계좌로 17,000원이 입금되었으나 당사로 통보되지 않았다.
> 5. 당좌거래 수수료 8,000원이 부과되었으나 회사에 통보되지 않았다.

① 10,000원  ② 11,000원
③ 12,000원  ④ 13,000원

15. ㈜용산은 거래처의 부도로 인하여 회수 불가능한 것으로 판명된 매출채권 1,000,000원을 대손처리 하였다. 이때 대손충당금 잔액은 1,500,000원이었다. 매출채권의 대손확정에 관한 회계처리가 ㈜서울의 유동자산과 당기순이익에 미치는 영향으로 가장 옳은 것은?

|   | 유 동 자 산 | 당 기 순 이 익 |
|---|---|---|
| ① | 감 소 | 감 소 |
| ② | 감 소 | 불 변 |
| ③ | 불 변 | 감 소 |
| ④ | 불 변 | 불 변 |

16. ㈜A는 20×1년 10월 31일 상장회사인 ㈜B의 주식을 단기간 내에 매각할 목적으로 6,000원에 취득하면서 거래수수료 100원을 추가로 지출하였다. ㈜A는 위 주식을 당기손익 공정가치측정 금융자산으로 분류하였다. ㈜A는 20×1년 12월 20일 보유 중인 ㈜B의 주식 중 50%를 3,200원에 처분하였으며, 20×1년 말 현재 ㈜A가 보유 중인 ㈜B의 주식의 공정가치는 3,600원이다. 동 주식과 관련된 거래가 ㈜A의 20×1년도 포괄손익계산서의 당기순이익에 미치는 효과는?

① 100원 감소  ② 200원 증가
③ 200원 감소  ④ 700원 증가

17. ㈜A는 20×5년 중에 10,100원을 지급하고 지분상품을 취득하였는데, 지급액 중 100원은 매매수수료이다. 20×5년 말 현재 지분상품의 공정가치는 11,000원이며, ㈜A는 20×6년 초에 지분상품 전체를 11,200원에 처분하였다. ㈜A가 이 지분상품을 FV-PL 금융자산으로 인식할 경우, 이에 대한 회계처리가 20×5년과 20×6년 당기순이익에 미치는 영향은?

① 20×5년 100원 감소, 20×6년 1,200원 증가
② 20×5년 900원 증가, 20×6년 200원 증가
③ 20×5년 900원 증가, 20×6년 900원 증가
④ 20×5년 1,000원 증가, 20×6년 200원 증가


18. ㈜A는 20×3년 초에 ㈜B의 주식 5%를 5,000,000원에 취득하여 기타포괄손익인식금융자산으로 분류하였다. 20×3년 말, 20×4년 말, 20×5년 말 ㈜B의 주식에 대한 투자지분의 공정가치는 각각 4,900,000원, 4,150,000원, 5,100,000원이다. 20×5년 말 ㈜B의 주식은 손상에 대한 객관적 증거가 있다. ㈜A의 기타포괄손익인식금융자산과 관련된 다음의 설명 중 옳지 않은 것은?

① 20×3년 말 기타포괄손익인식금융자산의 장부금액은 4,900,000원이다.
② 20×4년도 당기손익에 반영되는 기타포괄손익인식금융자산 손상차손은 850,000원이다.
③ 20×4년 말 기타포괄손익인식금융자산의 장부금액은 4,150,000원이다.
④ 20×5년 기타포괄손익에 반영되는 기타포괄손익인식금융자산 평가이익은 100,000원이다.


19. ㈜A는 20×4년 초에 지분상품 10,000원을 취득하여 기타포괄손익인식금융자산으로 분류하였다. 해당 지분상품의 공정가치는 20×4년 말에 8,000원이었으며, 20×5년 3월 3일 해당 기타포괄손익인식금융자산을 8,500원에 처분하였다. 해당 거래의 회계처리가 20×5년도 포괄손익계산서상 당기손익과 기타포괄손익에 미치는 영향은 각각 얼마인가?

| | 당 기 손 익 | 기 타 포 괄 손 익 |
|---|---|---|
| ① | (-) 1,500원 | (+) 2,000원 |
| ② | (+) 500원 | 0원 |
| ③ | 0원 | (+) 500원 |
| ④ | (+) 500원 | (+) 2,000원 |

20. 20×4년 초 ㈜A는 만기보유목적으로 채권을 취득하여 상각후원가측정 금융자산으로 분류하였다. 해당 채권의 만기는 20×6년 말이며, 액면금액 100,000원, 액면이자율 12%이다. 취득시점의 시장이자율은 10%이다. 20×4년과 20×5년의 이자수익은 각각 얼마인가? (단, 3년 10% 단일금액의 현가계수는 0.7513, 연금의 현가계수는 2.4868이다)

| | 20×4년 | 20×5년 |
|---|---|---|
| ① | 10,000원 | 10,000원 |
| ② | 10,497원 | 10,347원 |
| ③ | 10,343원 | 10,343원 |
| ④ | 12,000원 | 12,000원 |

21. ㈜A는 다음과 같은 조건으로 발행된 채무상품을 20×2년 1월 1일에 취득하여 기타포괄손익인식금융자산으로 분류하였다. 동 금융자산의 20×2년 말 이자수취 후 공정가치가 18,800,000원인 경우 ㈜A가 인식해야 할 기타포괄손익인식금융자산 평가손익은 얼마인가? (단, 현가계수는 아래의 표를 이용한다)

| | 액면금액 : 20,000,000원 |
|---|---|
| | 액면이자 : 연 5%, 매년 12월 31일 지급 |
| | 발 행 일 : 20×2년 1월 1일 |
| | 유효이자율 : 연 8% |

| | 기간 말 1원의 현재가치 | | 정상연금 1원의 현재가치 | |
|---|---|---|---|---|
| | 8% | 5% | 8% | 5% |
| 1 | 0.92593 | 0.95238 | 0.92593 | 0.95238 |
| 2 | 0.85734 | 0.90709 | 1.78327 | 1.85941 |
| 3 | 0.79383 | 0.86384 | 2.57710 | 2.72325 |

① 476,296원 평가손실  ② 129,996원 평가손실
③ 129,996원 평가이익  ④ 346,300원 평가이익

22. 금융자산의 신용이 손상되었다는 객관적인 증거로 보기에 가장 어려운 것은?
① 금융자산의 발행자나 지급의무자의 중요한 재무적 어려움
② 금융상품이 더 이상 공개적으로 거래되지 않아 활성시장이 소멸
③ 차입자의 파산이나 기타 재무구조조정의 가능성이 높은 상태
④ 이자지급이나 원금상환의 불이행이나 지연과 같은 계약 위반

**23.** ㈜A는 20×3년 중 증권거래소에 상장된 ㈜B의 주식 1,000주를 1,500,000원에 장기간 보유할 목적으로 취득하였다. ㈜A가 20×5년 중에 보유 중인 ㈜B의 주식 중 30%를 630,000원에 처분한 경우 ㈜A가 20×5년도에 처분손익으로 계상할 금액은? (단, 회사가 보유한 금융자산 중 당기손익공정가치측정금융자산으로 지정된 금융자산은 없다)

| 구 분 | 20×3년 말 | 20×4년 말 | 20×5년 말 |
|---|---|---|---|
| 주당 공정가치(시가) | 1,580원 | 1,420원 | 1,380원 |

① 이익 180,000원  ② 이익 160,000원
③ 손실 150,000원  ④ 손실 170,000원

**24.** 다음은 20×1년 ㈜A가 취득한 주식에 대한 현황이다. 이 주식을 FV-PL 금융자산으로 분류한 경우와 FV-OCI 금융자산으로 분류한 경우와의 20×1년 당기손익에 미치는 영향에 대해 올바르게 설명한 것은?

> 20×1. 1. 1. 액면금액 5,000원의 주식을 주당 10,000원에 10주를 취득하였다.
> 20×1. 1. 1. 위 주식을 취득하면서 지급한 매입부대비용은 10,000원이다.
> 20×1. 12. 31. 취득한 주식의 공정가치는 주당 15,000원이다.
> 20×2. 12. 31. 취득한 주식의 공정가치는 주당 9,000원이다.

① 당기순이익 50,000원 증가  ② 당기순이익 40,000원 증가
③ 당기순이익 60,000원 감소  ④ 당기순이익 30,000원 증가

**25.** 다음 중 한국채택국제회계기준에 의한 금융상품의 발행자가 금융상품을 금융부채와 지분상품으로 분류할 때 가장 올바르지 않은 것은?
① 잠재적으로 불리한 조건으로 거래 상대방과 금융자산이나 금융부채를 교환하기로 한 계약상 의무는 금융자산으로 분류한다.
② 향후 현대자동차 제네시스 5대의 가치에 해당하는 확정되지 않은 금액의 현금을 대가로 자기지분상품을 380주를 인도하는 계약은 지분상품으로 분류하지 않는다.
③ 발행자가 보유자에게 미래의 시점에 확정된 금액을 의무적으로 상환해야 하는 의무가 있는 우선주는 금융부채로 분류한다.
④ A법인과 동일한 공정가치에 해당하는 자기지분상품을 인도할 계약은 인도할 자기지분상품이 수량이 확정되지 않았으므로 금융부채로 분류한다

**26.** 다음은 ㈜A의 매출채권과 대손에 대한 상황이다. 20×1년 12월 31일 당기손익에 미치는 영향은 얼마인가?

> 20×1.1.1. 현재 매출채권 잔액은 500,000원, 대손충당금 잔액은 40,000원이다.
> 20×1.2.10. 전기에 매출한 20,000원의 매출채권이 대손 확정되었다.
> 20×1.3.10. 당기에 매출한 7,000원의 매출채권이 대손 확정되었다.
> 20×1.7.10. 전기에 대손처리한 매출채권 5,000원이 회수되었다.
> 20×1.9.10. 2월 10일에 대손처리한 매출채권 중 10,000원이 회수되었다.
> 20×1.12.31. 기말현재 매출채권 잔액은 700,000원이며, 매출채권의 미래 현금회수할 금액 추정치는 680,000원이다.

① 당기손익 8,000원 증가  ② 당기손익 8,000원 감소
③ 당기손익 20,000원 감소  ④ 당기손익 20,000원 증가

**27.** ㈜A는 20×1년 7월 1일에 단기자금을 운용하기 위해 시장성 있는 ㈜B의 주식 100주를 주당 4,700원에 매입하고 매입수수료 3,500원을 지급하였다. 20×1년 12월 31일 ㈜B의 주식의 시가는 주당 6,000원으로 상승하였고, ㈜A는 20×2년 2월 1일에 주당 5,300원의 가격으로 주식 50주를 처분하였다. ㈜A는 ㈜B의 주식을 FV-PL 금융자산으로 분류하였을 때 20×1년 당기손익에 미치는 영향은 얼마인가?

① 당기손익 130,000원 증가  ② 당기손익 35,000원 감소
③ 당기손익 126,500원 증가  ④ 당기손익 91,500원 증가

**28.** 다음은 ㈜A의 투자주식에 관련된 거래내역이다.

> 20×1. 8. 1. 장기투자의 목적으로 ㈜B의 주식 500주를 주당 2,000원에 매입하였다.
> 20×2. 3. 2. ㈜B로부터 주당 200원의 배당금을 받았다.
> 20×2. 5. 10. ㈜B의 주식 중 300주를 주당 1,500원에 매도하였다.

㈜B의 주식이 시장성 있는 주식이고 주당 공정가치는 20×1.12.31 주당 2,500원, 20×2. 12.31 주당 1,000원인 경우 20×2년 당기손이익과 기타포괄손익에 미치는 영향은 얼마인가? 단, ㈜A는 ㈜B의 주식을 FV-OCI 금융자산으로 분류(선택)하였다.

| | 당기손익 | 기타포괄손익 |
|---|---|---|
| ① | 영 향 없 음 | (-) 600,000 |
| ② | 영 향 없 음 | (-) 300,000 |
| ③ | (+) 100,000 | (-) 300,000 |
| ④ | (+) 100,000 | (-) 600,000 |

**29.** 다음 중 금융자산의 제거에 관한 설명으로 가장 올바르지 않은 것은?

① 금융자산의 현금흐름에 대한 계약상 권리가 소멸한 경우에는 당해 금융자산을 제거한다.

② 금융자산의 현금흐름에 대한 계약상 권리를 양도하고 양도자가 매도 후에 미리 정한 가격으로 당해 금융자산을 재매입하기로 한 경우에는 당해 금융자산을 제거한다.

③ 금융자산의 현금흐름에 대한 계약상 권리를 양도하고 위험과 보상의 대부분을 이전하면 당해 금융자산을 제거한다.

④ 금융자산의 현금흐름에 대한 계약상 권리를 양도하고, 양수자가 당해 금융자산을 제3자에게 매각할 수 있는 능력을 가지고 있다면 당해 금융자산을 제거한다.

**30.** ㈜한국은 20×1년 12월 10일 주식 A를 취득하였다. 취득 이후 주식 A의 공정가치와 순매각금액은 다음과 같다. 취득시 주식 A를 당기손익–공정가치 측정 금융자산 혹은 기타포괄손익–공정가치 측정 금융자산으로 분류하여 회계처리할 경우 당기순이익에 미치는 영향은?

| 20×1. 12. 10. | 20×1. 12. 31. | 20×2. 2. 1. |
|---|---|---|
| 취득원가 | 공정가치 | 순매각금액 |
| 770,000원 | 720,000원 | 810,000원 |

① 당기손익–공정가치 항목으로 분류할 경우 20×2년 처분이익은 90,000원이다.

② 기타포괄손익–공정가치 항목으로 분류할 경우 20×1년 당기순이익은 50,000원 감소한다.

③ 기타포괄손익–공정가치 항목으로 분류할 경우 20×2년 당기순이익에 미치는 영향은 없다.

④ 금융자산의 분류에 관계없이 20×1년 당기순이익에 미치는 영향은 동일하다.

**31.** ㈜한국은 20×1년 6월 말에 주식 A와 B를 각각 500원, 600원에 취득하였다. 주식 A는 당기손익-공정가치 측정 항목으로, 주식 B는 기타포괄손익-공정가치 측정 항목으로 분류하였다. 다음 자료를 이용할 경우, 해당 주식 보유에 따른 기말평가 및 처분에 관한 설명으로 옳은 것은?

|  | 20×1년 말 공정가치 | 20×2년 말 공정가치 | 20×3년 말 매각금액 |
|---|---|---|---|
| 주식 A | 550원 | 480원 | 520원 |
| 주식 B | 580원 | 630원 | 610원 |

① 20×1년 기타포괄손익은 50원 증가한다.
② 20×2년 말 기타포괄손익누계액은 30원이다.
③ 20×2년 당기순이익은 10원 증가한다.
④ 20×3년 금융자산처분이익은 20원이다.

**32.** 다음 중 만기보유금융자산에 관한 설명으로 가장 옳은 것은?

① 만기보유금융자산은 지급금액이 확정되지 않은 비파생금융자산을 의미한다.
② 만기보유금융자산의 취득과 직접 관련되는 거래원가는 당기비용으로 인식한다.
③ 만기보유금융자산의 손상차손은 당기손익이 아닌 기타포괄손익으로 인식한다.
④ 만기보유금융자산은 최초 인식시점에 공정가치로 측정하며, 최초 인식 후 유효이자율법을 적용하여 상각후원가로 측정한다.

| 1 | 2 | 3 | 4 | 5 | 6 | 7 | 8 | 9 | 10 | 11 | 12 | 13 | 14 | 15 | 16 |
|---|---|---|---|---|---|---|---|---|---|---|---|---|---|---|---|
| ③ | ② | ② | ③ | ① | ③ | ① | ① | ④ | ② | ③ | ④ | ③ | ③ | ④ | ④ |

| 17 | 18 | 19 | 20 | 21 | 22 | 23 | 24 | 25 | 26 | 27 | 28 | 29 | 30 | 31 | 32 |
|---|---|---|---|---|---|---|---|---|---|---|---|---|---|---|---|
| ② | ④ | ③ | ② | ② | ② | ① | ② | ① | ① | ③ | ④ | ② | ④ | ② | ④ |

## chapter

# 09 금융부채

## Ⓘ 금융부채의 분류

금융부채는 거래상대방에게 현금 등 금융자산을 인도하기로 한 <u>계약상 의무</u>를 말한다.

## 1. 당기손익-공정가치측정 금융부채(FV-PL 금융부채)

당기손익인식 – 공정가치측정 금융부채는 다음 중 하나의 요건에 해당하는 금융부채이다.

---

① 단기매매 항목 분류(**단기매매금융부채**[52])
  ⓐ 주로 단기간 내에 매각하거나 재매입할 목적으로 취득하거나 부담한다.
  ⓑ 최초인식시점에 최근의 실제 운용형태가 단기적 이익획득 목적이라는 증거가 있으
    며, 그리고 공동으로 관리되는 특정 금융상품 포트폴리오의 일부이다.
  ⓒ 파생상품이다. (다만, 금융보증계약인 파생상품이나 위험회피수단으로 지정되고 위
    험회피에 효과적인 파생상품은 제외한다)
② 최초인식시점에 당기손익인식항목으로 지정(당기손익인식지정금융부채) – 다음 중 하
  나 이상을 충족하여 더 목적적합한 정보를 제공하는 경우에만 당기손익인식부채로 지
  정할 수 있음(단, 한번 당기손익인식금융부채로 지정하면 취소할 수 없음).
  ⓐ 당기손익인식항목으로 지정하면 회계 불일치가 제거되거나 유의적으로 감소
  ⓑ 문서화된 위험관리전략이나 투자전략에 따라, 금융상품집합을 공정가치기준으로 관
    리하고 그 성과를 평가하며 그 정보를 이사회, 대표이사 등 주요경영진에게 공정가
    치기준에 근거하여 내부적으로 제공

---

52) 단기매매금융부채의 예는 다음과 같다. ① 위험회피수단으로 회계처리 하지 아니하는 파생상품부채 ② 공매
자(차입한 금융자산을 매도하고 아직 보유하고 있지 아니한 자)가 차입한 금융자산을 인도할 의무 ③ 단기
간 내에 재매입할 의도로 발행하는 금융부채 ④ 최근의 실제 운용형태가 단기적 이익획득 목적이라는 증거
가 있고 공동으로 관리되는 특정 금융상품 포트폴리오를 구성하는 금융부채

## Ⅱ 금융부채의 최초측정 및 후속측정

### 1. 최초측정

금융부채는 원칙적으로 <u>최초인식시 **공정가치**로</u> 인식하도록 규정하고 있다. 공정가치의 최선의 추정치는 활성시장에서 공시되는 가격으로 금융상품에 대한 활성시장이 있다면 공정가치는 활성시장의 공시가격으로 하고, 활성시장이 없다면 금융상품의 공정가치는 평가기법을 사용하여 측정하여야 한다.

### 2. 거래원가

**(1) FV-PL 금융부채** : 거래원가는 <u>발생시점에서 즉시 비용</u>으로 처리 (**당기손익**)

**(2) 그 외 금융부채** : 금융부채와 직접 관련되는 거래원가는 최초인식시점에서 <u>공정가치에서 직접 차감</u> (**금융부채에서 차감**)

### 3. 후속측정

**(1) 당기손익 – 공정가치측정 금융부채(FV-PL 금융부채)의 후속측정**

당기손익 – 공정가치측정 금융부채의 후속측정은 보고기간 말 공정가치와 장부금액과의 차이를 당기손익으로 인식한다.

**(2) 상각후원가측정 금융부채(AC금융부채)의 후속측정**

상각후원가란 상각후원가측정 금융부채의 발행금액에서 상환기간에 걸쳐 **<u>유효이자율법을 적용할 경우의 할인(할증)차금 상각누적액을 가산(차감)한 금액</u>**을 말한다. 유효이자율법을 적용할 경우 이자비용과 금융부채의 장부금액 조정금액은 다음과 같이 계산한다.

| 구 분 | 최초인식 | | 후속측정 | |
| --- | --- | --- | --- | --- |
| | 최초인식 | 거래원가 | 평가방법 | 손익인식 |
| FV-PL 금융부채 | 공정가치로 측정 | 발생시점에서 즉시 비용처리 | 공정가치 | 평가손익을 당기손익으로 인식 |
| 그 외 금융부채 | 공정가치로 측정 | 공정가치에서 직접차감 (금융부채에서 차감) | 상각 후 원가 | 유효이자율법에 따른 이자비용 인식 |

## Ⅲ 사채의 회계처리(AC 금융부채)★★★

### 1. 사채의 정의

사채는 주식회사가 다수의 일반투자자로부터 거액의 장기자금을 조달하기 위하여 발행하는 유가증권이다. 사채를 발행하면 사채발행회사는 미래에 특정액을 지급해야 하는 의무가 발생하기 때문에 사채는 미래에 지급될 것으로 기대되는 총 현금유출액의 현재가치로 평가해야 한다. 이는 사채의 표시이자율과 현행 시장이자율이 다르기 때문에 발생하며 상환기간에 따라서 상각 또는 환입하여야 한다.

일반적으로 사채는 발행조건에 따라 다음과 같이 구분한다.

---

① 지급보증 유무 : 보증사채, 무보증사채
② 담보유무 : 담보부사채, 무담보사채
③ 부여된 권리종류 : 전환사채, 신주인수권부사채
④ 상환방법 : 일시상환사채, 연속상환사채
⑤ 명의 기재여부 : 기명식사채, 무기명식사채

---

### 2. 사채의 가격결정

사채를 발행하면 발행회사는 미래에 채무액을 상환하여야 할 의무가 있으므로 사채의 가격은 미래에 지급될 것으로 기대되는 현금유출액 즉, 액면금액과 이자의 현재가치로 결정되어야 한다.

① 액면금액
사채의 표면에 만기일에 상환하기로 기재한 금액을 말한다. 사채를 발행한 회사는 사채의 만기일에 액면금액에 해당하는 현금을 사채투자자에게 지급할 의무가 있다.

② 액면이자율

사채를 발행한 회사가 이자지급일에 지급하기로 사채의 표면에 표시한 이자율을 말하며 표시이자율이라고도 한다. 사채의 액면이자율은 기업에서 임의로 결정한 이자율일 뿐이며 사채에 자금을 투자할 투자자들이 받기를 원하는 이자율은 액면이자율과 다를 수 있다.

③ 시장이자율

일반투자자들이 사채에 투자하는 대신에 다른 곳에 돈을 빌려주고 받을 수 있는 이자율을 말한다. 이 시장이자율이 사채발행자가 실질적으로 부담하는 이자율이 되므로 회계에서는 이를 '**유효이자율**'이라고 부른다.


## 3. 사채의 발행[53]

액면이자율과 시장이자율이 다른 경우에는 사채의 액면금액과 발행시점에 투자자로부터 조달할 수 있는 자금(발행가액)이 달라지게 된다. 사채는 권면에 표시된 액면이자율과 시장이자율과의 비교에 따라 ① 액면발행, ② 할인발행 및 ③ 할증발행의 세가지 유형으로 구분된다.

| 이 자 율 | 사채발행 |
| --- | --- |
| ① 액면이자율 = 시장이자율 | 액면발행 |
| ② 액면이자율 〈 시장이자율 | 할인발행 |
| ③ 액면이자율 〉 시장이자율 | 할증발행 |

① 액면발행

액면이자율과 시장이자율이 같을 경우에 액면금액으로 사채를 발행하는 것을 말한다.

② 할인발행

사채의 할인발행이란 사채를 액면금액보다 낮은 가액으로 발행함을 의미한다. 사채의 할인발행은 사채발행시점의 시장이자율이 사채의 표시이자율보다 높기 때문이다. 사채할인발행차금은 사채의 발행자가 투자자에게 시장이자율을 보장해 주기 위해서 사채의 발행금액을 액면금액 이하로 할인해 준 금액이다. 투자자가 투자한 발행가액보다 많은 금액을 만

---

53) 한국채택국제회계기준은 사채할인발행차금과 사채할증발행차금에 대한 계상을 규정하지 않고 있다. 이에 대하여 사채할인발행과 사채할증발행에 대하여 순액으로 계상하는 방법과 총액으로 계상하고 사채할인(할증)발행차금을 계상하는 방법 중에서 선택하여 처리하면 되지만 실무상 편의 등을 위하여 후자의 방법을 많이 채택한다.

기에 액면금액으로 상환하므로 그 차액(사채할인발행차금)만큼은 추가로 지급한 이자비용에 해당한다. 따라서 **실제로 부담하는 이자비용은 현금으로 지급하는 이자비용에 사채할인발행차금을 합한 금액**이 된다.

---| 예제 |---

20×1.1.1.에 ㈜A는 20×3.12.31.에 만기가 도래하는 사채(액면금액 500,000원, 표시이자율 10%)를 발행하였다. 이자지급일은 매년 12월 31일이며 시장이자율은 18%이다(단, 18% 3년 1원의 현가계수는 0.60863이며 1원의 연금현가계수는 2.17427이다).

1. 20×1.1.1.에 발생한 거래를 회계처리
2. 20×1.12.31.에 필요한 회계처리

| | 유효이자율 (18%) | 액면이자율 (10%) | 차금 | BV |
|---|---|---|---|---|
| 20×1.1.1. | | | | 413,029 |
| 20×1.12.31. | 74,345 | 50,000 | 24,345 | 437,374 |
| 20×2.12.31. | 78,727 | 50,000 | 28,727 | 466,101 |
| 20×3.12.31. | 83,899 | 50,000 | 33,899 | 500,000 |

20×1.1.1.　(차) 현　　　　　금　　413,029　(대) 사　　　채　　　500,000
　　　　　　　사채할인발행차금　　86,971
20×1.12.31.　(차) 이　자　비　용　　74,345　(대) 현　　　금　　　　50,000
　　　　　　　　　　　　　　　　　　사채할인발행차금　24,345

③ 할증발행

사채의 할증발행이란 사채를 액면금액보다 높은 가액으로 발행함을 의미한다. 사채의 할증발행은 사채발행시점의 시장이자율이 사채의 표시이자율보다 낮기 때문에 발생한다. 투자자가 투자한 발행가액보다 적은 금액을 만기에 액면가액으로 상환하므로 그 차액(사채할증발행차금)만큼은 현금으로 지급한 이자비용 중에서 돌려받은 금액에 해당한다. 따라서 **실제로 부담하는 이자비용은 현금으로 지급하는 이자금액에서 사채할증발행차금을 차감한 금액**이 된다.

| 예제 |

20×1.1.1.에 ㈜A는 사채 액면 1,000,000원 표시이자율 12%를 발행하였다. 사채이자계산은 20×1.1.1.부터 시작되며 만기일은 20×3.12.31.이다. 시장이자율은 10%이며, 사채의 발행금액은 1,049,730원이다.

1. 20×1.1.1.에 발생한 거래를 회계처리

2. 20×1.12.31.에 필요한 회계처리

| | 유효이자율 (10%) | 액면이자율 (12%) | 차금 | BV |
|---|---|---|---|---|
| 20×1.1.1. | | | | 1,049,730 |
| 20×1.12.31. | 104,973 | 120,000 | (15,027) | 1,034,703 |
| 20×2.12.31. | 103,470 | 120,000 | (16,530) | 1,018,173 |
| 20×3.12.31. | 101,827 | 120,000 | (18,173) | 1,000,000 |

20×1.1.1.　　(차) 현　　　　　금　　1,049,730　(대) 사　　　　채　　1,000,000
　　　　　　　　　　　　　　　　　　　　　　　　사채할증발행차금　49,730

20×1.12.31.　(차) 이　자　비　용　　104,973　(대) 현　　　　금　　120,000
　　　　　　　　사채할증발행차금　　15,027

④ 사채발행비

사채발행비란 사채를 발행하는데 직접적으로 발생한 발행수수료 및 기타 지출비용으로 사채인쇄비용, 법률수수료 및 기타 절차비용, 공고비용 등이 있다. 한국채택국제회계기준에서는 사채발행비를 사채발행금액에서 차감하도록 하고 있다. 그 결과 할인발행의 경우는 사채발행금액이 감소하고 사채할인발행차금이 증가학 되며, 할증발행의 경우는 사채발행금액과 사채할증발행차금이 감소하게 된다(사채발행비는 발행형태에 관계없이 유효이자율을 상승시키게 된다).

| 발행형태 | 이자율 비교 |
|---|---|
| 액면발행 | 액면이자율 = 시장이자율 |
| 할인발행 | 액면이자율 〈 시장이자율 |
| 할증발행 | 액면이자율 〉 시장이자율 |

⑤ 사채의 상환

사채의 만기가 도래하면 사채를 발행한 회사는 사채의 액면금액을 사채투자자에게 지급하여야 하며 이렇게 만기시점에 사채를 상환하는 것을 만기상환이라고 한다. 발행형태와는 상관없이 만기시점에 사채의 장부금액은 액면금액이 되며 이 금액을 상환하게 된다.

한편, 만기가 도래하기 전에 상환하는 경우도 있는데 이를 **조기상환**이라고 한다. 사채를 조기상환하는 경우 사채상환손익이 발생하게 되는데, 사채의 상환손익이 발생하는 이유는 상환일의 시장이자율이 발행일의 시장이자율과 다르기 때문이다.

┤ 예제 ├

㈜A가 20×1.1.1.에 다음과 같은 조건의 사채를 발행하였을 경우 취득일로부터 만기일까지의 회계처리를 하시오.

> [사채내역]
> 1. 발행일 : 20×1.1.1. / 만기일 : 20×3.12.31.
> 2. 액면금액 : 1,000,000원
> 3. 표시이자율 : 5%(매년말 지급조건), 발행금액 : 922,687원(유효이자율 8%)

1. 20×1.1.1.에 발생한 거래를 회계처리

2. 20×1.12.31.에 필요한 회계처리

| | 유효이자율(8%) | 액면이자율(5%) | 차금 | BV |
|---|---|---|---|---|
| 20×1.1.1. | | | | 922,687 |
| 20×1.12.31. | 73,815 | 50,000 | 23,815 | 946,502 |
| 20×2.12.31. | 75,720 | 50,000 | 25,720 | 972,222 |
| 20×3.12.31. | 77,778 | 50,000 | 27,778 | 1,000,000 |

| 20×1.1.1. | (차) 현      금 | 922,687 | (대) 사      채 | 1,000,000 |
|---|---|---|---|---|
| | 사채할인발행차금 | 77,313 | | |
| 20×1.12.31. | (차) 이 자 비 용 | 73,815 | (대) 현      금 | 50,000 |
| | | | 사채할인발행차금 | 23,815 |
| 20×2.12.31. | (차) 이 자 비 용 | 75,720 | (대) 현      금 | 50,000 |
| | | | 사채할인발행차금 | 25,720 |
| 20×1.12.31. | (차) 이 자 비 용 | 77,778 | (대) 현      금 | 50,000 |
| | | | 사채할인발행차금 | 27,778 |
| | (차) 사      채 | 1,000,000 | (대) 현      금 | 1,000,000 |

예제 : ㈜A는 20×1년 1월 1일 사채의 액면이 1,000,000원이고 액면이자율이 8%이며 만기가 3년이고 이자지급일이 매년 12월 31일인 사채를 발행하기로 결정하였다. 시장이자율은 10%이고 발행가액이 950,258원으로 할인발행하였으며 사채할인발행차금은 유효이자율법에 따라 상각하고 있다. 20×2년 1월 1일 액면 1,000,000원인 사채를 950,000원에 조기 상환

하였다.

| | | | | | | |
|---|---|---|---|---|---|---|
| 20×1.1.1. | (차) 현 | 금 | 950,258 | (대) 사 | 채 | 1,000,000 |
| | 사채할인발행차금 | | 49,742 | | | |
| 20×1.12.31. | (차) 이 자 비 용 | | 95,026 | (대) 현 | 금 | 80,000 |
| | | | | 사채할인발행차금 | | 15,026 |
| 20×2.1.1. | (차) 사 | 채 | 1,000,000 | (대) 현 | 금 | 950,000 |
| | | | | 사채할인발행차금 | | 34,716 |
| | | | | 사채상환이익 | | 15,284 |

⑥ 자기사채

자기사채는 사채의 발행회사가 자기가 발행한 사채를 재취득하여 보유하고 있는 경우를 말한다. 자기사채의 취득은 사채의 조기상환과 경제적 실질이 동일하므로 **사채의 조기상환 과 동일한 방법으로 처리**한다. 따라서 자기사채를 취득하는 경우 취득금액과 사채 장부금 액의 차액은 사채상환손익으로 처리한다.

⑦ 연속상환사채

연속상환사채는 사채의 액면금액을 만기에 일시상환하지 않고 중도에 분할하여 상환하는 사채이다. 연속상환사채의 발행금액은 일반사채와 마찬가지로 사채로부터 발생하는 미래현 금흐름을 사채 발행시점의 시장이자율로 할인한 현재가치가 된다. 연속상환사채의 사채발행 할인(할증)차금도 일반사채와 마찬가지로 유효이자율법을 적용하여 상각(환입)한다.

---

┤ 예제 ├

20×1.1.1에 ㈜A는 액면 2,000,000원, 표시이자율 8%의 사채를 발행하였으며, 사채의 원금 은 20×1년과 20×2년에 각각 500,000원을 분할상환하고 잔액 1,000,000원을 20×3년에 상환 한다. 이자지급일은 매년 12월 31일이며 발행시점의 시장이자율은 10%이다. (단, 10%의 1년, 1원의 현가계수는 0.90909이며, 2년 1원의 현가계수는 0.82644이고, 3년 1원의 현가계 수는 0.75131이다)

1. 20×1.1.1.에 발생한 거래를 회계처리
2. 20×1.12.31.에 필요한 회계처리

PV = ① + ② = 1,923,807
① 원금의 현가 = 500,000 × 0.90909 + 500,000 × 0.82644 + 1,000,000 × 0.75131
             = 1,619,075

---

② 이자의 현가 = 2,000,000 × 8% × 0.90909 + 1,500,000 × 8% × 0.82644
+ 1,000,000 × 8% × 0.75131 = 304,732

| | 유효이자율 (10%) | 액면이자 | 차금 | 사채상환 | BV |
|---|---|---|---|---|---|
| 20×1.1.1 | | | | | 1,923,807 |
| 20×1.12.31. | 192,381 | 160,000 | 32,381 | (500,000) | 1,456,188 |
| 20×2.12.31 | 145,619 | 120,000 | 25,619 | (500,000) | 981,807 |
| 20×3.12.31 | 98,193 | 80,000 | 18,193 | (1,000,000) | |

20×1.1.1 (차) 현　　　　금　　1,923,807 (대) 사　　　　채　　2,000,000
　　　　　　　사채할인발행차금　　76,193
20×1.12.31 (차) 이 자 비 용　　192,381 (대) 사채할인발행차금　　32,381
　　　　　　　사　　　　채　　500,000 　　　현　　　　금　　660,000

##  Ⅳ 기타의 금융부채

### 1. 금융보증계약

　금융보증계약은 채무상품의 최초 계약 조건이나 변경된 계약 조건에 따라 지급기일에 특정 채무자가 지급하지 못하여 <u>보유자가 입은 손실을</u> 보상하기 위해 발행자가 특정 금액을 지급하여야 하는 계약이다.

---

① 금융보증계약은 최초 인식시 공정가치로 인식한다.
② 금융보증계약 후속측정 = Max [ⓐ, ⓑ]
　ⓐ '충당부채, 우발부채 및 우발자산'에 따라 결정된 금액
　ⓑ 최초인식금액 – 수익 인식 누계액

---

**금융보증계약의 사례 〈연합인포맥스 기사 수정〉**

일본 S사는 회계연도에서 9천억엔의 순손실을 기록할 것으로 예상했다. 앞서 내놓은 전망치보다 1천500억엔 더 커진 손실 규모다. S사는 대규모로 투자한 미국 사무실 공유업체 위워크 등에서 지분 가치 손실액이 더 커졌다며 이같이 발표했다. S사는 성명에서 "위워크와 관련해 대출과 금융보증계약에서 새로운 손실이 발생했다는 것을 인지했다"며 "이에 따라 앞선 전망치보다 손실액이 더 커질 것으로 예상한다"고 말했다.

## 2. 상환우선주

상환우선주란 특정기간 동안 우선주의 성격을 가지고 있다가 기간이 만료되면 발행회사에서 이를 되사도록 한 주식을 말한다.

| 누적적 상환우선주 (금융부채) | 비누적적 상환우선주 (복합금융상품) |
|---|---|
| 누적적 = 배당을 소급 지급<br>(이자성격=금융부채)<br>상환우선주 = 발행자에겐 상환의무(금융부채),<br>　　　　　　　보유자에겐 상환청구권 발생 | 비누적적 = 배당을 소급 지급 × (지분상품)<br>→ 발행자의 재량에 따라 지급<br>상환우선주 = 발행자에겐 상환의무(금융부채),<br>　　　　　　　보유자에겐 상환청구권 발생 |

---

**상환우선주 사례 〈아시아경제 수정〉**

S사가 투자자에게 매년 지급하는 상환우선주의 배당률은 4.5%인 것으로 알려졌다. 금액 기준으로는 연 34억원 규모다. 대신에 S사가 원하는 제3자에게 상환우선주를 매도하도록 투자자들에게 요구할 수 있다. 일종의 조기상환권(콜옵션)이다.

S사는 상환우선주를 발행한 1년 후부터 10년동안 매년 콜옵션을 행사할 수 있다. S사가 3년 이내에 상환우선주를 인수할 다른 투자자를 지정하지 않으면 우선주 배당률이 9.5로 올라간다. 적기 상환 불발시 무려 500bp(5%포인트)의 가산금리(배당)가 붙는 셈이다.

---

┤ 예제 ├

㈜A는 20×1년 초에 액면금액이 주당 500원인 상환우선주 100주(연배당률 액면금액의 5%, 매년 말 지급)를 발행하였다. 상환우선주는 3년 후에 의무적으로 상환하여야 하며, 상환시 주당 600원의 조건이다.(상환우선주의 유효이자율은 10%이며, 10% 3년 현가계수는 0.751, 10% 3년 연금현가계수는 2.487로 가정한다)

1. 누적적 우선주의 경우(20×1년 분개)
   - 발행금액 : 51,278
   - 배당금 현가 : 2,500 × 2.487 = 6,218
   - 원금 현가 : 60,000 × 0.751 = 45,060

|  | 유효이자 | 배당금 | 차금 | BV |
|---|---|---|---|---|
| 20×1.1.1 |  |  |  | 51,278 |
| 20×1.12.31. | 5,128 | 2,500 | 2,628 | 53,906 |
| 20×2.12.31. | 5,391 | 2,500 | 2,891 | 56,797 |
| 20×3.12.31. | 5,703 | 2,500 | 3,203 | 60,000 |

20×1.1.1.　（차）현　　금　　　　　51,278　　　（대）상환우선주(부채)　　　60,000

|  |  | 현재가치할인차금 | 8,722 |  |  |  |
|---|---|---|---|---|---|---|

20×1.12.31. (차) 이 자 비 용　　5,128　　(대) 현　　　　　금　　2,500
　　　　　　　　　　　　　　　　　　　　　현재가치할인차금　　2,628

2. 비누적적 우선주의 경우(20×1년 분개)
　　- 발행금액 ： 45,060
　　- 원금 현가 ： 60,000 × 0.751 ＝ 45,060

|  | 유효이자 | 배당금 | 차금 | BV |
|---|---|---|---|---|
| 20×1.1.1 |  |  |  | 45,060 |
| 20×1.12.31. | 4,506 |  | 4,506 | 49,566 |
| 20×2.12.31. | 4,957 |  | 4,957 | 54,523 |
| 20×3.12.31. | 5,477 |  | 5,477 | 60,000 |

20×1.1.1.　　(차) 현　　　　　금　　45,060　　(대) 상환우선주(부채)　　60,000
　　　　　　　　　 현재가치할인차금　　14,940

20×1.12.31. (차) 이 자 비 용　　　4,506　　(대) 현재가치할인차금　　4,506
　　　　　　　　　 이익잉여금　　　　2,500　　　　현　　　　　금　　2,500

 금융부채의 재분류

　금융부채는 원칙적으로 당기손익-공정가치측정 금융부채와 상각후원가로 측정하는 금융부채 항목 간에 재분류하지 아니한다.

 제거

　금융부채는 <u>계약상 의무가 이행, 취소 또는 만료되어 소멸</u>한 경우 재무상태표에서 제거한다. 기존 채무자와 채권자가 실질적으로 다른 조건으로 채무상품을 교환한 경우, 금융부채의 조건이 실질적으로 변경된 경우에는 금융부채를 제거하고 새로운 금융부채를 발행한 것으로 본다.

**01.** ㈜A는 시중에 있는 은행을 통하여 사채를 발행하였다. 발행당시 ㈜A는 사채할인발행차금을 인식하였는데 다음 중 ㈜A가 발행한 사채의 유효이자율, 액면이자율 및 시장이자율의 관계가 적절하게 표시된 것은?

① 시장이자율 〉 유효이자율 〉 액면이자율
② 유효이자율 〉 시장이자율 〉 액면이자율
③ 유효이자율 = 시장이자율 〉 액면이자율
④ 유효이자율 = 시장이자율 = 액면이자율

**02.** 다음 중 금융상품에 대한 설명으로 가장 올바르지 않은 것은?

① 금융상품은 정기예금, 정기적금과 같은 정형화된 상품뿐만 아니라 다른 기업의 지분상품, 거래상대방에게서 현금 등 금융자산을 수취할 계약상의 권리 등을 포함하는 포괄적인 개념이다.
② 매입채무와 미지급금은 금융부채에 해당하지 않는다.
③ 한국채택국제회계기준은 보유자에게 금융자산을 발생시키고 동시에 상대방에게 금융부채나 지분상품을 발생시키는 모든 계약으로 금융상품을 정의하였다.
④ 현금및현금성자산, 지분상품 및 채무상품은 금융자산에 해당한다.

**03.** 다음 중 금융부채에 해당하는 것은 무엇인가?

① A사가 재고자산을 외상으로 판매하면서 발생한 채권
② B사가 발행한 의무상환우선주(5% 배당을 의무적으로 지급하는 비참가적 우선주)
③ C사가 보유하고 있는 다른 기업의 지분상품
④ 5백만원을 받고 자기지분상품 100주를 발행해주기로 한 계약

**04.** 다음 중 유가증권의 소유자가 일정한 조건하에 보통주의 전환권을 행사할 수 있는 사채로서, 전환권을 행사하면 보통주로 전환되는 사채를 무엇이라 하는가?

① 전환사채                    ② 영구채
③ 신주인수권부사채              ④ 회사채

**05.** ㈜A는 20×1년 1월 1일 4년 만기의 액면금액 100,000원인 사채(표시 이자율은 10%, 이자는 매년 말 지급 예정)를 발행하였다. 발행일의 유효이자율은 8%이다. 20×1년 1월 1일 이 사채의 발행가액을 구하시오.

| 이자율 | 1원의 현재가치 (4년) | 연금 1원의 현재가치 (4년) |
|---|---|---|
| 8% | 0.7350 | 3.3121 |
| 10% | 0.6830 | 3.1699 |

① 106,621원  ② 105,199원
③ 101,421원  ④ 100,000원

**06.** 다음 중 금융부채에 해당하지 않는 것은?
① 2년 후 금 50돈에 해당하는 자기지분상품을 주기로 한 계약
② 자기지분상품 50주를 공정가치의 70%로 주기로 한 계약
③ 1,000,000원의 대가로 1,000주의 자기지분상품을 지급해야 하는 콜옵션
④ 금 8돈을 매입하기로 하는 옵션을 매도한 경우로 옵션이 행사되면 옵션계약의 가치와 동일한 가치에 해당하는 수량의 기업 자체의 주식으로 순액 결제하는 조건

**07.** 금융부채의 최초측정 및 후속측정과 관련한 다음 설명으로 가장 올바르지 않은 것은?
① 상각후원가측정 금융부채는 유효이자율법에 따라 매기 이자비용을 인식한다.
② 당기손익인식금융부채의 거래원가는 당기손익처리하며, 금융부채에서 직접 차감하지 아니한다.
③ 당기손익인식금융부채는 공정가치로 후속측정하여 평가손익을 당기손익으로 처리한다.
④ 금융부채는 최초측정 시 공정가치로 인식하여야 하며, 만약 금융상품에 대한 활성시장이 없는 경우에는 유사한 사례를 적용하여 인식하여야 한다.

**08.** 다음 중 단기매매금융부채의 예가 아닌 것은?
① 위험회피수단으로 회계처리하는 파생상품부채
② 공매자가 차입한 금융자산을 인도할 의무
③ 단기간 내에 재매입할 의도로 발행하는 금융부채
④ 최근의 실제 운용형태가 단기적 이익획득 목적이라는 증거가 있고 공동으로 관리되는 특정 금융상품 포트폴리오를 구성하는 금융부채

09. ㈜A는 사채를 할인발행하고, 사채할인발행차금에 대하여 유효이자율법으로 상각하지 않고 정액법을 적용하여 상각하였다. 이러한 오류가 발행연도 재무제표에 미치는 영향으로 올바른 것은?

| | 사채의 장부금액 | 당기순이익 |
|---|---|---|
| ① | 과대계상 | 과대계상 |
| ② | 과대계상 | 과소계상 |
| ③ | 과소계상 | 과대계상 |
| ④ | 과소계상 | 과소계상 |

10. 사채의 발행에 관한 설명으로 옳지 않은 것은?

① 사채발행일의 시장이자율이 액면이자율보다 낮으면 사채발행가격은 액면금액보다 높아진다.

② 사채할인발행에 유효이자율법을 적용하면, 만기까지의 기간 중에 발행기업의 실질 부채금액과 사채 이자비용 금액은 매년 증가한다.

③ 사채를 할인발행한 경우 발행기업의 실질 부채금액은 사채계정의 액면금액에서 사채할인발행금액을 차감한 금액이다.

④ 사채발행 시점에서 사채발행비가 지출된 경우 발행당시의 유효이자율은 발행 당시의 시장이자율보다 낮다.

11. 다음에서 20×1년도 사채할인발행차금 상각액은?

> 1. 20×1년 1월 1일 액면 20,000,000원을 18,984,952원에 현금발행, 만기 20×6년 12월 31일, 액면이자율 4%, 유효이자율 5% 이자지급은 매년 말이다.
> 2. 20×1년 12월 31일 이자 현금 지급하고 사채할인발행차금을 상각하였다.

① 249,284원      ② 209,248원
③ 169,248원      ④ 149,248원

12. 20×3년 1월 1일에 액면금액 1,000,000원의 사채(유효이자율 10%, 표시이자율 9%, 상환기간 5년, 이자 내면 말 1회 지급)를 962,091원에 발행하였다. 유효이자율법에 의해 회계처리하는 경우 20×4년 포괄손익계산서에 보고되는 이자비용을 계산하면 얼마인가?

① 90,000원      ② 96,209원
③ 96,830원      ④ 97,200원

**13.** ㈜A는 20×1년 1월 1일 액면 1,000,000원의 사채를 975,000원에 할인발행하였다. 그 후 이 사채와 관련된 분개내역은 아래와 같다. 만약 이 사채전액을 20×2년 1월 1일 900,000원에 상환하였다면 사채상환이익(또는 손실)은?

```
-20×1년 1월 1일
 (차) 현          금   975,000      (대) 사        채   1,000,000
      사채할인발행차금   25,000

-20×1년 12월 31일
 (차) 이 자 비 용      107,000      (대) 현        금     100,000
                                      사채할인발행차금       7,000
```

① 82,000원(상환손실)  ② 75,000원(상환이익)
③ 75,000원(상환손실)  ④ 82,000원(상환이익)

**14.** 한국채택국제회계기준의 사채발행차금과 사채발행비에 대한 다음 설명 중 올바른 것은?
① 사채발행차금을 유효이자율법으로 상각(환입)하는 경우 할인발행되면 이자비용은 매년 감소하고 할증발행되면 이자비용은 매년 증가한다.
② 사채발행차금을 정액법으로 상각(환입)하는 경우 장부금액에 대한 이자비용의 비율은 매년 동일하다.
③ 한국채택국제회계기준에서는 사채발행차금에 대한 정액법 상각을 인정하지 않는다.
④ 한국채택국제회계기준에서는 사채발행비는 사채기간에 걸쳐 정액법으로 상각한다.

**15.** ㈜A는 20×4년 1월 1일 시장이자율이 연 10%일 때 액면금액이 10,000원이고, 만기가 3년인 회사채를 9,200원에 할인발행하였다. 이 회사채는 매년 말 이자를 지급한다. 이 회사채의 20×5년 1월 1일 장부가액이 9,520원이라면, 이 회사채의 표시이자율은 얼마인가? (문제풀이 과정에서 계산되는 모든 화폐금액은 소수점 이하에서 반올림하시오)
① 5.8%  ② 6%
③ 6.2%  ④ 6.5%

**16.** ㈜A는 20×4년 1월 1일에 다음과 같은 조건의 연속상환사채를 발행하였다. 20×5년도 사채이자비용과 20×5년 말 사채의 장부가액은 각각 얼마인가? (단, 소수점 첫째자리에서 반올림하시오)

> 1. 액면가액 : 900,000원
> 2. 이자지급 : 연 5%의 이자율을 적용하여 매년 12월 31일에 지급
> 3. 상      환 : 20×5년부터 20×7년까지 매년 12월 31일에 300,000원씩 연속상환
> 4. 사채발행시 유효이자율 7%이며, 7% 현재가치 계수는 다음과 같다.
>    (1기간 현가계수 0.935, 2기간 현가계수 0.873, 3기간 현가계수 0.816, 4기간 현가계수 0.763)

|   | 이자비용 | 사채의 장부금액 |
|---|---|---|
| ① | 61,841원 | 884,546원 |
| ② | 61,841원 | 584,546원 |
| ③ | 60,731원 | 883,318원 |
| ④ | 60,731원 | 583,318원 |

**17.** A회사는 20×5년 1월 1일 액면가액 1,000,000원의 사채(연 5% 이자를 매년 12월 31일에 지급)를 발행하였다. 20×5년 12월 31일 동 사채의 장부가액은 946,467원이며, 20×5년도 계상한 사채할인발행차금상각액은 23,812원이다. 사채발행일의 유효이자율은 몇 %인가? (단, 소수점 이하는 반올림한다)

① 5%                                    ② 6%
③ 7%                                    ④ 8%

**18.** 한국채택국제회계기준에서 정하는 자기사채의 회계처리로 틀린 것은?

① 매입의 목적에 관계없이 모든 자기사채는 당해 사채계정 및 사채발행차금계정에서 직접차감하여 보고한다.
② 자기사채의 취득가액과 장부가액과의 차이는 사채상환손익으로 처리한다.
③ 취득한 자기사채를 소각하는 경우 사채상환손실이 발생한다.
④ 자기사채를 매각처분한 경우는 처분가액을 자기사채의 발행가액으로 한다.

[19~20] ㈜A는 20×1.1.1 다음과 같은 연속상환사채를 발행하였다. 주어진 현가계수를 이용하여 아래의 물음에 답하시오.

- 액면금액 3,000,000원 (표시이자율 10%, 만기 20×3.12.31.)
- 이자는 매년 12월 31일 지급
- 유효이자율 12%
- 매년 말 원금 1,000,000원씩 상환되는 연속상환사채

|  | 10% | 12% |
|---|---|---|
| 1년 | 0.90909 | 0.89286 |
| 2년 | 0.82645 | 0.79719 |
| 3년 | 0.75131 | 0.71178 |

**19.** 상기 연속상환사채의 발행금액은 얼마인가?

① 2,642,013원
② 2,855,890원
③ 2,900,304원
④ 3,122,379원

**20.** 유효이자율법에 의해 사채할인(할증)발행차금을 상각(환입)하는 경우 20×2년 이자비용은 얼마인가?

① 200,000원
② 217,859원
③ 233,801원
④ 248,036원

**21.** 다음과 같은 조건의 사채를 발행한 경우 동 사채로 인하여 만기까지 인식해야 하는 총 이자비용은 얼마인가?

ㄱ. 액면금액 : 50,000,000원
ㄴ. 발행일 : 20×1년 1월 1일
ㄷ. 만기일 : 20×3년 12월 31일
ㄹ. 액면이자율 및 이자지급조건 : 연 4%, 매년 말 지급
ㅁ. 발행일의 시장이자율 : 6%
ㅂ. 이자율 6%, 3년 연금현가계수 : 2.6730 / 이자율 6%, 3년 현가계수 : 0.8396

① 2,839,560원
② 5,037,600원
③ 6,000,000원
④ 8,674,000원

**22.** ㈜한국은 20×1년 초에 3년 후 만기가 도래하는 사채(액면금액 1,000,000원, 표시이자율 연 10% 유효이자율 연 12% 이자는 매년 말 후급)를 951,963원에 취득하고 상각후원가 측정 금융자산으로 분류하였다. ㈜한국이 20×1년도에 인식할 이자수익은? (단, 취득시 신용이 손상된 금융자산이 아니며, 20×1년 말 신용위험이 유의적으로 증가하여 전체기간 기대신용손실 20,000원을 측정하였다)

① 100,000원
② 114,236원
③ 115,944원
④ 120,000원

**23.** 서울회사가 발행하는 사채의 액면이자율이 10%이고 시장이자율은 12%인 경우, 사채를 발행하는 시점에 예상되는 분개로서 가장 옳은 것은?

① (차) 현금 ××× (대) 사채 ×××
　　　사채할인발행차금 ×××

② (차) 현금 ××× (대) 사채 ×××
　　　　　　　　　　　　사채할증발행차금 ×××

③ (차) 현금 ××× (대) 사채 ×××
　　　사채할인발행차금 ××× 　사채할증발행차금 ×××

④ (차) 현금 ××× (대) 사채 ×××
　　　사채할인발행차금 ××× 　차입금 ×××

**24.** 20×1년 1월 1일 ㈜한국은 액면금액 1,000,000원의 사채를 918,000원에 할인 발행하였다. 이 사채의 발행에 적용된 유효이자율은 7%, 액면이자율은 5%(이자지급 : 매년 말 지급)이다. 이와 관련된 설명 중 옳지 않은 것은?

① 20×1년도 사채의 유효이자는 64,260원이다.
② 20×1년도 사채할인발행차금의 상각액은 14,260원이다.
③ 20×1년도 말 사채의 장부금액은 932,260원이다.
④ 20×2년 1월 1일 이 사채를 935,000원에 상환한다면 2,740원의 상환이익이 발생한다.

| 1 | 2 | 3 | 4 | 5 | 6 | 7 | 8 | 9 | 10 | 11 | 12 | 13 | 14 | 15 |
|---|---|---|---|---|---|---|---|---|----|----|----|----|----|----|
| ③ | ② | ② | ① | ① | ③ | ④ | ① | ② | ④ | ④ | ③ | ④ | ③ | ② |

| 16 | 17 | 18 | 19 | 20 | 21 | 22 | 23 | 24 | | | | | | |
|----|----|----|----|----|----|----|----|----|--|--|--|--|--|--|
| ④ | ④ | ③ | ③ | ③ | ④ | ② | ① | ④ | | | | | | |

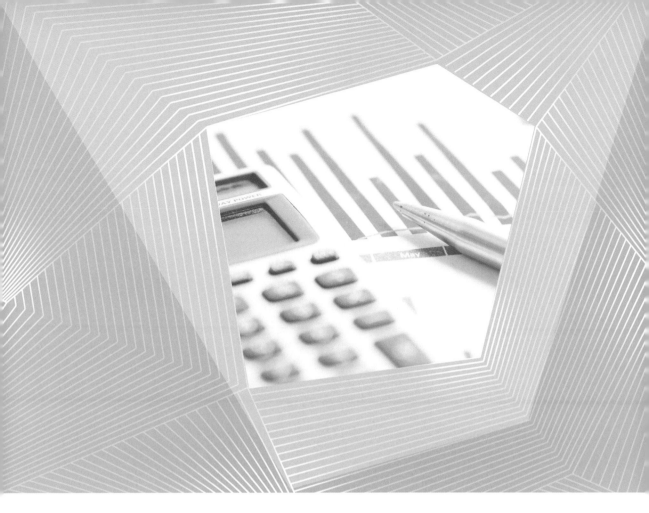

Part

**03**

# 현금흐름표 및
# 재무제표분석

## 1. 현금흐름표의 정의

현금흐름표는 일정 기간 동안 기업의 영업활동, 투자활동, 재무활동으로 인한 현금의 유입과 유출에 따른 현금흐름의 변동 원인을 나타내는 재무제표이다.

기업에게 있어 현금은 매우 중요한데, 이익이 발생해도 현금이 회수되지 않아 부채를 상환하지 못하여 위험에 직면한 경우도 종종 발생하기도 한다. 이에 따라 이익창출 능력뿐만 아니라 현금창출 능력에 대한 평가도 중요한데 현금흐름표로부터 이에 대한 정보를 구할 수 있다.

현금흐름표는 다음과 같은 장점을 갖는다. 현금흐름표는 발생주의하에서 산출된 회계상 이익이 내포하지 못하는 실질적인 기업의 현금흐름에 대한 정보 및 기업의 가치를 산출할 때 가장 중요한 정보인 미래현금흐름에 대한 정보를 제공한다. 또한 기업의 유동성 및 채무지급능력에 대한 정보를 제공하며 현금흐름정보는 동일한 거래와 사건에 대하여 서로 다른 회계처리를 적용함에 따라 발생하는 영향을 제거하기 때문에 영업성과에 대한 기업 간의 비교가능성을 제고한다.

반면에 현금흐름표는 다음과 같은 단점을 갖는다. 현금흐름표는 회계기간별 적절한 수익정보 및 수익과 비용의 대응에 따른 비용정보를 제공하지 못한다. 또한 장기적인 관점에서 미래 이익을 예측하기 위한 정보를 제공하는데 제한적이다. 이는 재무상태표와 포괄손익계산서 등 발생주의에 의해 작성된 다른 재무제표와 연계하여 이용되어야 한다.

---

**현금흐름표 사례 〈연합인포맥스 수정〉**

H사는 올해 들어 해운 시황 악화로 전년 대비 크게 규모가 줄긴 했지만, 여전히 흑자를 내는 기업이다. 부유현금을 써가며 영업활동을 해야 하는 상황이 아니라는 의미다. 단번에 대규모 자금이 들어가는 인수합병(M&A) 등을 실시한 적도 없다.

중장기 경영전략에 맞춰 투자를 진행 중이지만 이 역시 단기간에 대규모 현금 유출이 동반되는 내용은 아니다. H사는 오는 2026년까지 선박 등 핵심 자산 확보와 사업다각화 등에 15조원가량을 투자해 사업 경쟁력 강화에 나서겠단 계획이다.

H사에 따르면 작년 4분기는 물론, 올 1분기에도 실제 외부로 유출된 유의미한 수준의 현금은 없다. 그런데도 현금성 자산이 줄어든 건 단기적 자금 운용 목적으로 만기 1년 이하의 금융상품 등에 넣어뒀기 때문이다. 언제든 현금화할 수 있는 돈으로 사실상의 현금성 자산과 마찬가지다.

실제로 최근 금융감독원 전자공시시스템에 게재된 분기 보고서상 현금흐름표를 보면 투자활동현금흐름이 마이너스(-)3조원에 육박한 것을 확인할 수 있다. 마이너스로 기록됐지만 실제 회사 밖으로 나가진 않은 돈이다. 구체적으로 '금융상품 취득'에 3조1천억원이 투입됐다.

이 내용은 재무상태표에서도 확인할 수 있다. '현금 및 현금성 자산'이 줄어든 대신 '기타유동금융자산' 항목이 전년 대비 3조원 가까이 급증해 9조8천530억원을 기록했다. 전액 단기 금융상품이다. 이 때문에 전체 유동자산은 작년 말과 크게 다르지 않은 14조6천억원대를 유지했다.

H사는 작년 4분기에도 단기금융상품 투자를 3조원가량 늘렸고, 재무제표상 현금성 자산 숫자가 줄어드는 직접적인 원인이 됐다.

## 2. 현금흐름표의 구분

현금흐름표 작성의 기준이 되는 현금의 범위는 현금및현금성자산인데, 현금성자산에는 만기가 3개월 이내인 정기예금과 90일 만기의 단기 기업어음 등이 있다.

현금흐름표는 기업의 세 가지 경영활동인 영업활동, 투자활동, 재무활동으로 구분하여 활동별 현금흐름에 대한 정보를 제공한다.

영업활동은 기업의 주요 수익창출활동, 그리고 투자활동이나 재무활동이 아닌 기타의 활동이다. 영업활동은 주로 제품의 생산과 판매활동, 상품과 용역의 구매와 판매활동 및 관리활동을 포함한다.

투자활동은 장기성 자산 및 현금성자산에 속하지 않는 기타 투자자산의 취득과 처분 활동이다. 투자활동은 유·무형자산, 다른 기업의 지분상품이나 채무상품 등의 취득과 처분활동, 제3자에 대한 대여 및 회수활동 등을 포함한다.

재무활동은 기업의 납입자본과 차입금의 크기 및 구성내용에 변동을 가져오는 활동이다. 재무활동은 자본과 차입금의 조달, 환급 및 상환에 관한 활동을 포함한다.

| 현금유입액 | 활동 | 현금유출액 |
|---|---|---|
| 재화 및 용역의 공급으로 인한 현금 유입액 | 영업<br>활동 | 재화 및 용역의 구입으로 인한 현금유출액 |
| 수수료, 로열티 및 기타수익에 의한 현금유입 | | 수수료, 로열티 지급 |
| 거래의 중개에 의한 중개수수료 수입 | | 종업원 관련 현금유출액 |
| 법인세 환급 | | 법인세 납부 |
| 대여금 및 선급금 회수 | 투자<br>활동 | 대여금 및 선급금 지급 |
| 지분 및 채무상품 처분 | | 지분 및 채무상품 취득 |
| 유형(무형)자산 처분 | | 유형(무형)자산 취득 |
| 장·단기차입금 | 재무<br>활동 | 차입금 상환 |
| 어음·사채 발행 | | |
| 주식 발행 | | 자기주식 취득 |
| 자기주식 처분 | | |

**01.** 제조업을 영위하는 ㈜한국의 현금흐름표에 관한 설명으로 옳지 않은 것은?

① 단기매매목적으로 보유하는 유가증권의 취득과 판매에 따른 현금흐름은 재무활동현금흐름으로 분류한다.
② 현금흐름표는 회계기간 동안 발생한 현금흐름을 영업활동, 투자활동 및 재무활동으로 분류하여 보고한다.
③ 유형자산 또는 무형자산 처분에 따른 현금유입은 투자활동현금흐름으로 분류한다.
④ 차입금의 상환에 따른 현금유출은 재무활동현금흐름으로 분류한다.

**02.** 다음 자료를 이용하여 계산한 영업활동순현금흐름은?

| | |
|---|---|
| • 당기순이익 | 300,000원 |
| • 감가상각비 | 30,000원 |
| • 재고자산 증가 | 40,000원 |
| • 매입채무 증가 | 60,000원 |
| • 기계장치 처분금액(장부금액 : 70,000원) | 90,000원 |

① 290,000원　　　　　　　　② 310,000원
③ 330,000원　　　　　　　　④ 350,000원

**03.** 다음은 ㈜경성의 현금흐름표의 일부이다. 기초 현금및현금성자산이 80,000원이고, 기말 현금및현금성자산이 105,000원일 때, 영업활동현금흐름은?

| Ⅰ. 영업활동현금흐름 | ? |
|---|---|
| Ⅱ. 투자활동현금흐름 | (1,214,000원) |
| Ⅲ. 재무활동현금흐름 | 354,000원 |

① 755,000원　　　　　　　　② 780,000원
③ 885,000원　　　　　　　　④ 940,000원

**04.** ㈜대전은 영업활동 현금흐름을 손익계산서상 법인세차감전손익에서 시작하는 간접법으로 작성하고 있다. 다음 손익계산서 항목 중 영업활동 현금흐름 계산시 현금유출이 없는 비용 등으로 가산되는 항목으로 가장 올바르지 않은 것은?

① 대손상각비
② 유형자산처분손실
③ 감가상각비
④ 판매수수료

**05.** ㈜한국의 영업활동으로 인한 현금흐름이 500,000원일 때, 다음 자료를 기초로 당기순이익을 계산하면?

| | |
|---|---|
| • 매출채권(순액) 증가 | 50,000원 |
| • 재고자산 감소 | 40,000원 |
| • 미수임대료의 증가 | 20,000원 |
| • 매입채무의 감소 | 20,000원 |
| • 유형자산처분손실 | 30,000원 |

① 420,000원
② 450,000원
③ 520,000원
④ 540,000원

| 1 | 2 | 3 | 4 | 5 |
|---|---|---|---|---|
| ① | ④ | ③ | ④ | ③ |

# chapter
# 02 재무제표 분석

## 1. 재무제표 분석의 개념과 활용

### (1) 재무제표 분석의 개념

재무제표는 일정 기간 동안 기업이 수행한 경영활동이 의미 있게 요약된 기업 정보에 대한 원천자료이므로 재무제표 자료의 분석을 통하여 기업과 관련된 의사결정을 위한 정보로 활용한다. 재무제표 분석은 기업의 재무적 성과에 관심 있는 기업 내·외부의 이해관계자에게 유용한 정보를 제공하기 위한 목적으로 행하는 재무제표의 분석활동이다.

### (2) 재무제표 분석의 활용

재무재표 분석을 통해 기업의 대출 규모를 결정하고 기업도산을 예측하며 또한 신용등급평가에 사용할 수 있다. 그리고 기업가치를 평가하는 데 응용될 수도 있다.

금융기관은 대출 규모를 결정을 할 때, 대출신청기업의 재무제표, 주요 재무제표 항목에 대한 추정치, 세부 사업계획서 및 담보자산 내역 등에 관한 정보를 고려한다. 특히, 대출결정에서 중요한 사항은 대출신청기업의 대출금 상환능력에 있다. 이와 관련하여 단기간 혹은 장기간에 걸친 기업의 현금흐름 및 지급능력을 파악하기 위하여 재무제표 분석이 필요하다.

기업의 도산이란 기업이 만기가 도래한 채무를 상환할 수 없는 지급불능상태를 의미한다. 이러한 기업도산가능성의 예측은 금융기관의 대출 결정과 관련하여 중요할 뿐만 아니라, 투자자들이 최적의 포트폴리오를 구성하기 위해서도 중요하다. 일반적으로 기업의 수익성, 유동성 및 재무구조 등을 파악하여 기업의 도산 가능성을 예측한다.

자본시장에서는 정보비대칭으로 인한 역선택이 발생할 수 있는 가능성이 존재하므로 이를 완화하기 위하여 신용평가기관인 정보중개인이 기업에 대한 신용을 평가한다. 신용평가기관은 기업이 발행한 사채나 어음 등의 상환가능성에 대해 재무제표 분석을 통하여 투자자들에게 기업의 위험에 대한 정보를 제공한다. 국내 신용평가기관은 사업분석, 재무분석, 자금조달능력분석 등을 통하여 기업에 대한 위험에 등급을 부여하여 평가한다.

일반적으로 기업의 가치는 예상배당금액, 예상이익흐름 등 미래 발생하는 현금흐름의 현재가치로 평가된다. 미래의 배당금액이나 이익수준은 과거 및 현재의 재무제표에 나타나는 과거 및 현재의 배당금액 또는 이익수준과 기업의 환경 및 내부 성장요인 등을 고려하여 예측된다. 이러한 예측을 위하여 재무제표 분석이 활용된다. 또한 현재가치 계산을 위해 필요한 할인율은 재무제표 분석 또는 주식평가모형 등을 이용하여 파악한다.

## 2. 재무제표 분석

### (1) 재무비율 분석

재무비율 분석은 기업의 재무제표의 정보를 정보이용자의 목적에 맞는 정보를 얻기 위하여 재무제표 정보를 가공하여 상황, 추세 등을 분석하는 기법이다. 재무비율 분석은 재무제표의 정보를 이용하여 각 항목을 목적에 맞게 비율화하여 정보를 가공하여 분석함으로써 해당 재무비율의 의미를 파악하게 된다. 재무비율 분석은 크게 재무상태표 분석과 포괄손익계산서 분석으로 구분된다. 재무상태표 분석은 다음의 사항에 초점을 두고 분석이 이루어진다.

| 목적 | 주요 재무비율 |
|---|---|
| 안전성 | 유동비율, 부채비율 |
| 성장성 | 총자산증가율 |
| 활동성 | 총자산회전율, 재고자산회전율 |
| 추정 재무상태표 작성 | 기준연도의 재무상태표의 각 항목을 100으로 하고, 그 이후 연도는 기준연도 대비 증가율을 계산<br>• 각 항목별 변화추세 분석<br>• 증감원인 분석<br>• 매출채권 중 불량채권 분석<br>• 재고자산 중 진부화가능성 높은 재고자산 분석<br>• 유형자산 중 노후화 설비자산 분석 |

한편, 포괄손익계산서 분석은 다음의 사항을 중점적으로 분석한다.

| 목적 | 주요 재무비율 |
| --- | --- |
| 수익성 | 자기자본이익률, 총자산이익률, 매출액영업이익률 |
| 성장성 | 매출액증가율, 영업이익증가율, 당기순손익증가율 |
| 추정 포괄손익계산서 작성 | 기준연도의 손익계산서의 각 항목을 100으로 하고, 그 이후 연도는 기준연도 대비 증가율을 계산<br>• 수익성 추세 분석<br>• 향후 현금흐름 추정 |

## (2) 안정성 분석

안전성 분석은 기업의 안정적인 재무상황을 파악하기 위한 분석이다. 즉, 지급불능위험을 파악하기 위하여 장기 및 단기 지급능력을 평가하기 위한 분석이다. 안전성 분석은 경영활동이 원활하게 수행될 수 있도록 일정 시점에 있어서의 각종 자산, 부채, 자본이 균형적인 재무구조를 유지하고 있는가를 분석한다.

### 1) 유동비율

기업의 단기채무상환능력을 파악하기 위한 비율이다. 단기채무상환능력이 충분하기 위해서는 현금 및 쉽게 현금화할 수 있는 자산을 충분히 보유해야 하고 기업의 유동자산 총액이 유동부채 총액보다 많을수록 단기채무상환능력이 양호한 것으로 평가된다. 일반적으로 유동비율 200% 이상이면 양호하다고 판단한다. 그러나 기업의 유동비율이 너무 높다는 것은 기업이 자산을 효율적으로 운용하지 못함을 의미하기도 한다.

$$\text{유동비율} = \frac{\text{유동자산}}{\text{유동부채}} \times 100$$

**유동비율 사례 〈BLOTER 기사 수정〉**

2022년 3분기 기준 A사의 유동비율과 부채비율은 안정적인 수준이다. 기업이 1년 안에 현금화할 수 있는 자산을 의미하는 유동자산(이하 연결기준)은 5,093억 원이다. 반면 1년 안에 갚아야 할 부채인 유동부채는 2,805억 원으로 유동부채 규모가 더 작다. 때문에 유동자산을 유동부채로 나눈 값인 유동비율은 181.5%로 일반적으로 안정적인 수준이라고 평가하는 150%를 넘어선다. 유동비율이 181.5%라는 것은 당장 현금화할 수 있는 자산이 부채보다 1.815배 많다는 것을 의미한다.

## 2) 부채비율

기업은 타인자본 의존도가 높을수록 미래의 지급불능위험이 높아진다. 기업의 타인자본 의존도를 분석하여 지급능력을 파악하기 위해 사용되는 비율로 대표적인 것이 부채비율이다. 부채비율은 부채총계를 자본총계로 나누어서 계산한다. 부채가 많은 기업은 부채가 적은 기업에 비해 미래에 지급할 금액이 상대적으로 많으므로 원리금 지급의 불확실성이 상대적으로 높다고 할 수 있다. 부채비율은 일반적으로 100% 이하를 표준비율로 하고 있으나 업종에 따라서 차이가 있다.

$$부채비율 = \frac{부채총계}{자본총계} \times 100$$

**부채비율 사례 〈BLOTER 기사 수정〉**

A사의 자본총계 대비 부채총계의 비율을 나타내는 부채비율이 3분기 기준 부채총계는 3,933억 원, 자본총계는 5,183억 원으로 75.8%로 기록했다. 업종과 기업에 따라 다르지만 일반적으로 적정 부채비율은 200% 이하로 본다. A사의 관계자는 "기존 보유하고 있던 현금을 사용할 것이며 새로 차입금이 발생하는 상황이 없으니 악화되는 부분이 없다"고 설명했다.

# (3) 성장성 분석

성장성 분석은 기업의 규모나 경영성과 등과 관련해서 전기대비, 전년동기대비, 추세대비 등을 비교하여 얼마만큼 성장 혹은 감소하였는지를 분석한다. 이러한 성장성 분석을 통하여 미래 기업의 수익창출능력을 예측한다.

## 1) 매출액증가율

매출액증가율은 전기매출액에 대한 당기매출액의 증가율로 산출되고 이는 기업의 성장세를 판단하는 주요지표로 이용된다.

$$매출액증가율 = \frac{(당기매출액 - 전기매출액)}{전기매출액} \times 100$$

### 2) 이익증가율

이익증가율은 전기이익(영업이익, 당기순손익)에 대한 당기이익(영업이익, 당기순손익)의 증가율로 산출된다. 이는 성장성의 분석에 있어서 가장 중요한 비율이다.

$$이익증가율 = \frac{(당기이익 - 전기이익)}{전기이익} \times 100$$

### 3) 총자산증가율

총자산증가율은 전기총자산에 대한 당기총자산의 증가율로 산출된다. 총자산증가율은 기업에 투하되어 운용되고 있는 총자산이 당해 연도에 얼마나 증가했는가를 표시하는 비율이자 기업의 전체적인 성장규모를 측정하는 지표이다.

$$총자산증가율 = \frac{(당기총자산 - 전기총자산)}{전기총자산} \times 100$$

## (4) 활동성 분석

기업이 보유자산을 얼마나 효과적으로 관리하고 있는가를 측정하기 위한 비율로써 각 자산의 보유 잔액이 현재 및 미래의 영업수준에 비하여 적당한가를 판단하는 데 이용된다.

### 1) 총자산회전율

자산이 1년 동안 몇 번 회전했는지를 나타내는 비율로써 기업이 얼마나 총자산을 효율적으로 사용했는지를 나타낸다. 이 비율이 낮을수록 과다투자나 비효율적인 투자를 하는 것으로 볼 수 있고 높을수록 총자산을 이용하여 높은 매출액을 창출하였다는 것을 의미하므로 자산이 효율적으로 활용되고 있다고 판단할 수 있다.

$$총자산회전율 = \frac{매출액}{(기초총자산 + 기말총자산) \div 2} \times 100$$

**총자산회전율 사례 〈The Bell 수정〉**

S조합은 최근 5년새 자산 규모를 두배로 키우는 등 급성장을 거듭하고 있다. 고금리 수신 상품을 내놓고 준조합원 대상 대출을 확대하는 등 공격적인 영업을 이어간 결과다. 외부 전문 인력을 영입해 조직에 변화도 주고 있다.

금융감독원 등에 따르면 지난해 말 기준 전국 141개 S조합의 총자산은 10조3922억원이다. 지난 5년 전 총자산이 5조7031억원이었던 점을 감안하면 총자산이 두 배 가량 증가했다. 매년 평균 총자산 증가율은 15%를 넘는다. 같은 기간 C조합과 N조합 등 대형 상호금융사의 자산 증가율이 5% 안팎인 것을 감안하면 성장세가 가파르다.

## 2) 재고자산회전율

재고자산이 얼마나 빨리 판매되는가를 나타내는 비율이다. 즉, 매출원가를 평균재고자산으로 나눈 값으로 기업이 해당 기간 동안 재고자산을 평균적으로 몇 번 판매하고 있는지를 보여준다. 이 비율이 높을수록 낮은 수준의 재고자산을 가지고 높은 수준의 판매를 달성한 것이기 때문에 재고자산을 효율적으로 관리하고 있어 기업경영을 잘하는 것으로 판단할 수 있다.

$$재고자산회전율 = \frac{매출원가}{(기초재고자산 + 기말재고자산) \div 2} \times 100$$

재고자산회전율 사례 〈연합뉴스 기사 수정〉

A사의 재고자산 총액은 52조 922억 원으로 작년 말보다 10조 7천78억 원(26%) 증가했다. A사의 재고자산이 50조 원을 넘은 것은 이번이 처음이다. 반도체 사업을 담당하는 DS부문 (30.7%↑)을 비롯해 스마트폰과 TV·가전 사업을 담당하는 DX부문(21.3%↑), 디스플레이 부문(21.8%↑) 등 전체 사업 부문에서 재고자산이 대폭 증가했다. 이로 인해 A사가 보유한 전체 자산에서 재고자산이 차지하는 비율은 작년(9.7%)보다 1.9%포인트(p) 상승한 11.6%로 집계됐다. 재고자산은 시중에 바로 팔 수 있는 상품 재고와 생산과정에 있는 반제품·재공품, 원재료 등으로 나누는데 A사는 이 중에서도 상품 재고 증가율(43.1%)이 가장 높은 것으로 나타났다.

A사의 재고자산 회전율은 작년 말 4.5회에서 올해 6월 말 4.0회로 낮아졌다. 재고자산 회전율은 매출원가를 재고자산으로 나눈 것으로, 기업이 보유한 재고자산을 판매하는 속도를 측정하는 지표다. 회전율이 높을수록 재고자산이 빠르게 매출로 이어지는 것을 의미한다. A사의 재고자산이 늘어난 것은 공급망 차질에 대비한 원재료 확보 움직임이 예년보다 적극적이었고, 이와 동시에 수요위축에 따라 TV와 스마트폰, 반도체 등 상품 재고가 늘었기 때문으로 분석된다.

## (5) 수익성 분석

수익성은 기업이 이익을 창출할 수 있는 능력을 말한다. 경영자도 기업의 수익성에 대해 파악하고 있어야 경영계획을 수립하고 투자의사결정을 할 수 있으므로 재무비율 분석에서 가장 기본적인 분석이다. 수익성 분석은 기업이 얼마나 효율적으로 관리되고 있는가를 나타내는 종합적인 지표이다.

### 1) 자기자본이익률

주주들에 의하여 출자된 자본으로 얼마의 이익을 내고 있는지를 나타내는 재무비율이다. 자기 돈을 가지고 사업을 한 결과 얼마의 이익을 올렸는지 나타내며 다른 사람 또는 다른 투자안과 비교할 수 있다. 즉, 자기자본을 투자했을 때 얼마의 당기순손익을 창출하였는지를 측정한다. 기업이 창출한 당기순손익은 한 기간 동안 기업의 경영성과를 나타내는 측정치이다. 이러한 당기순손익은 타인자본에 대한 이자비용을 차감한 후의 금액이므로 기업의 소유주의 몫이 된다. 기업의 규모에 따라 차이가 존재하므로 기업이 한 기간 동안 당기순손익을 얼마나 많이 창출하였는가를 파악하기 위해 단순히 금액을 살펴보는 것에는 한계가 있다. 따라서 기업의 규모를 통제하여 주주가 투자한 금액에 대비하여 창출된 당기순손익을 파악하는 방법으로 자기자본이익률을 사용한다.

$$자기자본이익률 = \frac{당기순손익}{(기초자기자본 + 기말자기자본) \div 2} \times 100$$

### 2) 총자산이익률

총자산을 얼마나 효율적으로 이용하고 있는지를 나타내는 재무비율이다. 기업 전체의 관점에서는 주주들이 출자한 투자금액만 수익창출에 기여하는 것이 아니라 타인자본까지 고려한 총자산을 사용하여 수익을 창출한다. 즉, 총자산을 운용한 결과에 따라 기업의 전체 수익이 결정된다. 총자산의 운용성과를 분석하는 과정은 기업의 영업활동의 수익성을 평가하는 과정으로 해석된다. 이 분석을 위해 영업활동에서 획득된 이익을 총자산과 대비시켜 총자산이익률을 계산하기도 한다.

$$총자산이익률 = \frac{당기순손익(또는 영업이익)}{(기초자산총계 + 기말자산총계) \div 2} \times 100$$

**총자산이익률 사례 〈아시아경제 수정〉**

작년 50대기업 총자산이익률(ROA)이 5%대에 머물렀던 것으로 나타났다. 한 해 전보다 2.2%포인트 낮아졌다. 자동차와 배터리 업체 수치는 상승했고 전기전자, 정보기술(IT) 기업 수치는 떨어졌다. 총자산이익률은 기업 자산 투자 효율을 나타내는 지표다. 총자산 투입 대비 산출 이익이 얼마나 높았는지를 보여준다. 순이익을 자산총액으로 나눠서 구한다. 순이익이 적을수록 값이 낮아진다.

### 3) 매출액영업이익률

매출액에 대한 영업이익의 비율을 나타낸다. 즉, 물건을 팔았을 때 얼마의 영업이익이 나는지 나타냄으로써 기업의 주된 영업활동에 의한 경영성과를 판단하기 위한 지표가 된다. 이는 제조 및 판매활동과 직접 관계가 있는 영업이익만을 매출액과 대비한 것으로 판매마진을 의미한다.

$$\text{매출액영업이익률} = \frac{\text{영업이익}}{\text{매출액}} \times 100$$

**매출액영업이익률의 사례 〈뉴스1 기사 수정〉**

한국은행은 국내 비금융 영리법인기업 85만 8,566곳을 대상으로 조사·분석한 결과를 발표하였다. 지난해 조사 대상 기업들의 매출액 증가율은 역대 최고치인 17.0%를 기록했다. 한은 관계자는 "국제 원자재가격 상승 등으로 석유정제·화학업·운수창고업 등의 실적이 크게 개선됐다"고 설명했다. 지난해 총자산증가율 역시 12.7%로 역대 최고를 나타냈다. 글로벌 수요 증가에 힘입어 매출액영업이익률은 5.6%를 기록했으며 매출액순이익률은 역대 최고치인 6.5%를 나타냈다. 부채비율은 120.3%로 상승했다. 반면 같은 기간 차입금의존도는 30.4%에서 30.2%로 소폭 하락했다.

## 3. 재무제표 분석의 기준 및 고려사항

### (1) 재무비율 비교 기준

#### 1) 분석대상기업의 과거 비율

기업의 수익성과 재무위험에 대해 과거의 재무비율과 비교하여 당해 회계연도의 수준이 양호한지를 판단할 수 있다. 이와 같이 한 기간의 비율을 과거 기간의 비율과 비교하여 진행하는 분석을 추세분석이라고 한다. 일반적으로 과거 3년에서 5년간 재무비율과 비교하여 추세분석을 한다.

#### 2) 자본비용

기업의 수익성을 판단함에 있어서는 절대적 비교기준인 투자자본과 비교하여야 한다. 즉, 기업의 투자자본으로 인해 발생하는 비용 대비 이익이 높을 때 수익성이 좋다고 판단할 수 있다. 투자자본으로 인해 발생하는 비용으로 자기자본비용, 타인자본비용, 가중평균자본비용 등이 사용된다.

#### 3) 산업평균비율

기업의 재무비율은 유사한 경제환경 및 특성을 가지고 있는 동일산업평균 재무비율과 비교하거나 동일업종 다른 기업의 재무비율과 비교하여 분석한다.

## (2) 재무제표 분석시 고려사항

재무비율 분석의 장점은 간편하고 빠르게 기업의 재무상태 및 경영성과를 파악할 수 있다는데 있다. 하지만 재무비율 분석은 한계점이 존재하기 때문에 재무비율 분석을 할 때에는 다음과 같은 사항들을 추가적으로 고려해야 한다. 재무제표에 나타난 정보를 이해하기 위해서는 단순히 계량적인 수치 정보 이외에 기업의 경영전략, 기업구조 및 산업의 특성을 고려하여 재무정보를 분석할 필요가 있다. 또한 회계방법 및 회계정책의 차이(변경)를 고려하여 기업 간 재무비율을 계산하여야 기업 간 비교가 더욱 정확할 것이다.

**01.** 다음 보기 중 회사의 안정성을 파악하는 비율이 아닌 것은 무엇인가?

① 유동비율　　　　　　　　　② 매입채무회전율

③ 이자보상비율　　　　　　　④ 부채비율

**02.** 총자산이익률은 (　　　)에 총자산회전율을 곱하여 산정할 수 있다. 괄호 안에 올바른 단어는 무엇인가?

① 매출액총이익률　　　　　　② 매출액영업이익률

③ 매출액순이익률　　　　　　④ 매출액순영업이익률

**03.** 다음 중 회사의 성장성을 파악하는 비율이 아닌 것은?

① 매출액증가율　　　　　　　② 재고자산회전율

③ 영업이익증가율　　　　　　④ 총자산증가율

| 1 | 2 | 3 |
|---|---|---|
| ② | ③ | ② |

|저|자|소|개|

■ 박성욱

▌저자 약력

• 서울대학교 인문대학 국어국문학과(학사)
• 서울대학교 대학원 경영학과 회계학전공(석사)
• 서울대학교 대학원 경영학과 회계학전공(박사)

• SSCI, SCI급 논문을 포함한 82편의 학술논문 게재
• 한국세무학회 우수논문상 수상
• 한국세무학회 최우수학위논문상 수상
• 한국경영학회 융합학술대회 우수논문상 수상
• 한국조세연구포럼 우수논문상 수상
• 국세청장 표창 수상
• 국가고시 출제위원

(현)
• 경희대학교 경영대학 회계 · 세무학과 교수
• 경희대학교 경영대학원 세무관리학과 학과장
• 한국세무관리학회 회장
• 사단법인 한국세무학회 〈세무학연구〉 편집위원장
• LH 기술심사 평가위원
• 한국수력원자력 특수계약 심의위원회 위원
• 조달청 평가위원
• 한국철도공사 기술평가위원
• 경기도 물류단지 실수요검증위원회 위원
• 하남도시공사 기술자문위원
• 김포도시관리공사 계약심의위원회 위원
• 사단법인 한국회계정보학회 부회장
• 사단법인 한국회계학회 이사
• 사단법인 한국조세연구포럼 부회장

(전)
• 경희대학교 경영대학원 부원장
• 중부지방국세청 국세심사위원회 위원
• 국민체육진흥공단 자산위험관리위원회 위원
• 서울특별시 투자 · 출연기관 경영평가 위원
• 세무와회계저널 편집위원장
• 경희대 등록금심의위원회 위원장

■ 김선일

▌저자 약력

• 연세대학교 경제학과(학사)
• 경희대학교 경영대학원 세무관리학과(석사)
• 경희대학교 대학원 회계세무학과(박사수료)

(현)
• 세무사
• 경희대학교 경영대학원 세무관리학과 겸임교수
• 한양여자대학교 세무회계학과 겸임교수
• 한국세무사회 세무연수원 교수
• 인천지방세무사회 연수위원
• 한국세무사회 자격시험 출제위원

(전)
• 명지전문대학교 세무회계학과 겸임교수
• 웅지세무전문대학교 경영세무정보학부 겸임교수

# 개정증보판 사례를 통해 보는 K-IFRS 회계원리

2020년 9월 1일 초판 발행
2023년 8월 11일 2판 2쇄 발행

저 자  박 성 욱
김 선 일

발 행 인  이 희 태

발 행 처  **삼일인포마인**

저자협의
인지생략

서울특별시 용산구 한강대로 273 용산빌딩 4층
등록번호 : 1995. 6. 26 제3-633호
전    화 : (02) 3489-3100
F A X : (02) 3489-3141
I S B N : 979-11-6784-121-6  93320

♣ 파본은 교환하여 드립니다.　　　　　　　　　　　　정가 27,000원